utb 5456

Eine Arbeitsgemeinschaft der Verlage

Böhlau Verlag · Wien · Köln · Weimar
Verlag Barbara Budrich · Opladen · Toronto
facultas · Wien
Wilhelm Fink · Paderborn
Narr Francke Attempto Verlag / expert Verlag · Tübingen
Haupt Verlag · Bern
Verlag Julius Klinkhardt · Bad Heilbrunn
Mohr Siebeck · Tübingen
Ernst Reinhardt Verlag · München
Ferdinand Schöningh · Paderborn
transcript Verlag · Bielefeld
Eugen Ulmer Verlag · Stuttgart
UVK Verlag · München
Vandenhoeck & Ruprecht · Göttingen
Waxmann · Münster · New York
wbv Publikation · Bielefeld

Silke van Dyk (Prof. Dr.), geb. 1972, ist Professorin für Politische Soziologie am Institut für Soziologie der Friedrich-Schiller-Universität Jena. Sie promovierte an der Universität Göttingen und habilitierte sich an der Universität Jena. Ihre Forschungsschwerpunkte sind die Soziologie des Alters und der Demografie, die politische Soziologie sowie die Soziologie der Sozialpolitik und des Wohlfahrtsstaats.

Silke van Dyk

Soziologie des Alters

transcript Verlag, Bielefeld

Bibliografische Information der Deutschen Nationalbibliothek

Die Deutsche Nationalbibliothek verzeichnet diese Publikation in der Deutschen Nationalbibliografie; detaillierte bibliografische Daten sind im Internet über http://dnb.d-nb.de abrufbar.

2., aktualisierte und ergänzte Ausgabe

Einbandgestaltung: Atelier Reichert, Stuttgart
Satz: Michael Rauscher, Bielefeld
Druck: Friedrich Pustet GmbH & Co. KG, Regensburg

utb-Bandnr. 5456
Print-ISBN 978-3-8252-5456-8
PDF-ISBN 978-3-8385-5456-3

Gedruckt auf alterungsbeständigem Papier mit chlorfrei gebleichtem Zellstoff.
Besuchen Sie uns im Internet: *https://www.transcript-verlag.de*
Unsere aktuelle Vorschau finden Sie unter *www.transcript-verlag.de/vorschau-download*

Inhalt

I. Einleitung

Nachdem sich jahrzehntelang nur wenige für das höhere Lebensalter interessiert haben und die Alterssoziologie als Bindestrich-Soziologie kaum Beachtung fand, ist das Altersthema neuerdings omnipräsent. Es gibt heute mehr Alter in der Gesellschaft als je zuvor, und zwar sowohl was die absolute Zahl älterer und hochaltriger Menschen und ihren relativen Bevölkerungsanteil betrifft als auch mit Blick auf die politische, mediale und wissenschaftliche Thematisierung von alter(n)s- und demografiebezogenen Fragen. Wer hat sie noch nicht gehört, die Klage von der vergreisten Gesellschaft, den niedrigen Geburtenraten, den drohenden Innovationsblockaden, der Rentnerdemokratie und Demenzgesellschaft, dem geistigen Stillstand, der Last der Pflege für die Jungen. Wer hat sie noch nicht gelesen, die vielfältigen Zahlenspiele und Szenarien, die vor allem eines darlegen, dass ›die Gesellschaft‹ sich ›das Alter‹ in dieser Zahl und Größe nicht wird leisten können. Die alternde Gesellschaft ist in verbreiteter Diktion eine überalterte Gesellschaft, eine Gesellschaft deren vermeintlich natürlicher Altersaufbau aus den Fugen geraten ist.

Zugleich aber leben wir in Zeiten des institutionalisierten Alterslobs, der politischen Kampagnen, die »Alter schafft Neues« (www.bmfsfj.de) verheißen und mit wissenschaftlicher Flankierung die produktiven Potenziale des höheren Lebensalters bewerben (BMFSFJ 2010; Council of the European Union 2010); in Zeiten des Europäischen Jahres des aktiven Alters und der Solidarität zwischen den Generationen (www.ej2012.de); in Zeiten der allgegenwärtigen Popularisierung der körperlichen und geistigen Kapazitäten Älterer und ihrer unverzichtbaren (Lebens-)Erfahrung. Produktives Alter, erfolgreiches Alter, aktives Alter, kompetentes Alter – die Liste an Positivattribuierungen des höheren Lebensalters wird beständig länger. In der Werbung begegnen wir aktiven und gesunden Menschen im sechsten, siebten und achten Lebensjahrzehnt, die vor allem eines vermitteln: alt und grau, eingeschränkt und dem Leben abgewandt – das war gestern, die Zukunft gehört den aktiven *Best Agern*. Tatsächlich ist das Alter im 20. Jahrhundert von einem kurzen, nur wenigen beschiedenen Lebensrest zu einer Lebensphase geworden, die mehrere Jahrzehnte umfassen kann und von einer größeren Zahl an Menschen bei vergleichsweise guter Gesundheit erlebt und vielfältig gestaltet wird. Neue Anerkennungsrhetorik und neue Lebensweisen gehen jedoch einher mit der ungebrochenen Persistenz negativer Altersstereotype (langsam, gebrechlich, altmodisch etc.) und diskriminierender Praktiken, die empirisch vielfach belegt sind (vgl. z. B. Rothermund 2009; Gilleard/Higgs 2000: 70 ff.). In diesem Spannungsfeld von Positiv- und Negativszenarien, von demografischer Klage, negativen Altersstereotypen und vielstimmigem Alterslob, von Verheißung und Problematisierung, vollzieht sich derzeit eine grundlegende gesellschaftliche Neubestimmung des höheren Lebensalters.

Es ist ein überaus vielschichtiger, in theoretischer Hinsicht stark vernachlässigter Gegenstand, der damit neue Aufmerksamkeit erhält: Alter(n) zeichnet sich durch den komplexen Doppelcharakter von Alt*sein* und Älter*werden* aus, ist es doch lebenslanger Prozess und Zustand zugleich. »Aging is living« (Marshall/Clarke 2007: 621) und in diesem Sinne die kulturelle Repräsentation »of the passage of time« (Hockey/James 1993: 130). Alter ist aber auch ein Differenzmarker, der das Lebensalter verschiedener Altersgruppen ausweist und damit der Gliederung der Gesellschaft nach alterskodierten Unterscheidungen dient. Augenfällig ist nun, dass – obwohl auch die Jugend oder das junge Erwachsenenalter ein Alter haben – die Bezeichnung ›Alter‹ zum Synonym für das höhere Lebensalter geworden ist, ohne dass damit eindeutig bestimmt wäre, wann diese Lebensphase genau beginnt.

Alter(n) ereignet sich sowohl als eminente existenzielle Erfahrung wie als Produkt kultureller Repräsentationen und gesellschaftlicher

Institutionalisierungen – so zum Beispiel in Gestalt des erwerbsbefreiten Ruhestands, der in den westlichen Industrienationen im Verlauf des 20. Jahrhunderts zum Synonym für die Lebensphase des Alters geworden ist (vgl. Ehmer 1990; Göckenjan 2000a). Alter(n) ist unausweichlich und aufgrund seines Doppelcharakters als Prozess und Differenzmarker doch flexibel und ausdeutbar wie kaum eine andere soziale Kategorisierung: das Bonmot »Alt sind nur die anderen« findet sich in zahlreichen empirischen Studien bestätigt – und zwar auch bei Menschen, die nach gängigen Kriterien die Hochaltrigkeit längst erreicht haben. Bemerkenswert ist nicht zuletzt, dass ›Alter‹ als soziale Zuschreibung trotz des Prozesscharakters und der Existenz zahlreicher Altersstufen entlang der binären Pole jung/alt operiert, während die mittleren Lebensjahre sowohl im Alltagsverständnis wie in der wissenschaftlichen Analyse als weitgehend alterslos behandelt werden. Die Alterskodierung der Lebensränder – das Jung-Sein von Kindern und Jugendlichen sowie das Alt-Sein der Älteren – bei gleichzeitiger vermeintlicher Alterslosigkeit der dazwischen liegenden Jahre spiegelt sich auch in der wissenschaftlichen Analyse wider: Bis heute tritt uns die Analyse des Alter(n)s »ganz am Rande der allgemeinen Soziologie« (Kohli 1992: 232) vornehmlich als Beschäftigung mit den Rändern des Lebens entgegen. Damit einher geht die weitgehende Alter(n)sabstinenz soziologischer Theorie- und Konzeptbildung, die Fragen der Subjektivierung und Vergesellschaftung in der Regel für vermeintlich alterslose, erwachsene Subjekte erörtert. Tatsächlich ist Alter(n) jedoch nicht nur ein weiterer Themenbereich, mit dem sich die Soziologie zu beschäftigen hat, sondern »eine Herausforderung für die Grundlagen der Theoriebildung« (Kohli 2013: 12) selbst.

Da es sich bei der wissenschaftlichen Beschäftigung mit dem Alter(n) um ein ausgesprochen multidisziplinäres Feld handelt, kann eine Soziologie des Alter(n)s nicht nur im disziplinären Kontext verortet werden. Neben der Soziologie interessieren sich insbesondere die Biologie und die Medizin, die Psychologie und Erziehungswissenschaft, die Theologie und Philosophie für das Alter(n) (vgl. im Überblick: Prahl/Schroeter 1996: 19). Mit der Gerontologie widmet sich ein eigenes, multidisziplinäres Forschungsfeld der vor allem empirischen

Erkundung von alter(n)sbezogenen Fragen, wobei eine starke bio-medizinische Ausrichtung des Feldes auszumachen ist. Innerhalb der sozial- und verhaltenswissenschaftlichen Gerontologie ist wiederum eine Dominanz psychogerontologischer Ansätze zulasten sozialwissenschaftlicher Perspektiven zu konstatieren. Die auf das höhere Lebensalter konzentrierte sozialwissenschaftliche Forschung ist in diesem natur- und verhaltenswissenschaftlich dominierten Kontext ein Refugium der quantitativ-empirischen Forschung geworden; die Klage über ihr Theoriedefizit – »data rich and theory poor« (Birren/Bengtson 1988: ix) – ist an den kritischen Rändern des Feldes Legion.

Damit ist jedoch nicht die ganze Geschichte der Alter(n)sforschung erzählt. Im Schatten des einflussreichen wissenschaftlichen Mainstreams ist im angelsächsischen Raum in den vergangenen drei Jahrzehnten eine theoretisch inspirierte und qualitativ orientierte, kritische Gerontologie entstanden, in die unterschiedliche theoretische und epistemologische Strömungen eingegangen sind: von marxistisch inspirierten polit-ökonomischen Perspektiven über die Kritische Theorie der Frankfurter Schule, feministische Theorien, die *Cultural Studies* und Foucault'sche Einflüsse bis hin zu biografisch-narrativen Ansätzen und postmodernen Theorien (vgl. im Überblick: Marshall/Clarke 2007). Einer kritischen Gesellschaftsanalyse verpflichtet, eröffnet dieses heterogene Feld in theoretischer wie zeitdiagnostischer Hinsicht ganz neue Perspektiven für die mit dem Alter(n) befasste sozialwissenschaftliche Forschung. Erstaunlicherweise ist diese Entwicklung im deutschsprachigen Raum bis in die jüngere Vergangenheit und von Ausnahmen abgesehen (vgl. z. B. van Dyk/Lessenich 2009a; von Kondratowitz 2003) kaum zur Kenntnis genommen worden.

Der vorliegende Band verfolgt das Ziel, diese Lücke zu schließen, in das Feld der kritischen Gerontologie und Alter(n)sforschung einzuführen und diese dabei in dreifacher Hinsicht in Beziehung zu setzen: erstens zur sozialwissenschaftlichen Theorieentwicklung jenseits der Alter(n)sforschung, zweitens zum Mainstream der sozialwissenschaftlichen Altersforschung sowie drittens zum Feld der multidisziplinären Gerontologie. Mitunter wird in der Soziologie zwischen einer

Alterssoziologie und einer Soziologie der Lebensalter unterschieden (vgl. z. B. Rosenmayr 1991), wobei erstere sich für die Lebenslagen und -weisen älterer Menschen im Kontext der sozialen Struktur der Gesellschaft interessiert und letztere für Altersgruppen, Altersphasen und Altersstrukturen. Ich ziehe es vor, von Alter(n)ssoziologie zu sprechen und mit diesem Terminus die untrennbare Verschränkung von Lebensphase und Prozess zum Ausdruck zu bringen. Auch nehme ich, anders als eine Soziologie der Lebensalter dies tun müsste, dahingehend eine Einschränkung vor, als dass ich mich auf das höhere Lebensalter in Relation zum nicht alterskodierten Erwachsenenleben konzentriere, während ich auf Kindheit und Jugend bezogene Fragestellungen nicht vertiefe.

Da Alter(n) ein zutiefst sozialer und historisch gebundener Sachverhalt ist, ist die Einführung in kritische Theorien der Alter(n)sforschung aufs Engste verschränkt mit einer Zeitdiagnose des Alter(n)s in der spätmodernen Gesellschaft. Diese Verschränkung wird im Folgenden aus zwei unterschiedlichen Perspektiven entwickelt: Im Anschluss an das zweite Kapitel, das einem historischen Rückblick sowie grundsätzlichen Begriffsklärungen gewidmet ist, stehen in Kapitel III die in chronologischer Folge dargestellten theoretischen Ansätze sowie die ihnen eigenen Zeitdiagnosen im Vordergrund. Das vierte Kapitel dreht die Perspektive um und fokussiert ausgehend von zentralen alter(n)sbezogenen Zeitdiagnosen wissenschaftliche Kontroversen und Debatten: Hier geht es um den demografischen Wandel und Fragen der Generationenbeziehungen, die Aktivierung des Alters und den Ruhestand, die Konjunktur des *Anti-Ageing*, Altersidentität(en) und Altersdiskriminierung sowie um Hochaltrigkeit und Endlichkeit.[1]

Ausgehend von der theoriegeleiteten Einführung in Kapitel III sowie den themen- und zeitdiagnostisch konturierten Ausführungen in Kapitel IV werden in Kapitel V Leerstellen und Probleme der gegenwärtigen sozialwissenschaftlichen Alter(n)s-forschung erörtert. Ich werde aufzeigen, wie stark die Forschung zu Alter(n)sfragen – auch an ihren kritischen Rändern – durch zwei Polaritäten bestimmt ist, die zur Positionierung drängen und mitunter den Blick auf eine fundierte Analyse des Gegenstandes verstellen: Viele wissenschaftliche

Analysen oszillieren zwischen Alterslob und Altersklage, zwischen Optimismus und Niedergangsszenarien einerseits sowie zwischen Positionen der Differenz und Gleichheit andererseits, die ältere Menschen entweder als ›anders‹ und ›besonders‹ oder aber als in der Kontinuität des Erwachsenenlebens stehende ›Gleiche‹ ausweisen. Dieses »polarisierende Konzept ›Alter‹ ist nicht Alterswirklichkeit, sondern ein spezifisches Deutungskonzept« (Göckenjan 2000b: 94). Eine kritische Soziologie des Alter(n)s hat ganz grundsätzlich die Aufgabe, die Genese und Perpetuierung dieser einflussreichen Polaritäten und der ihr zugrundliegenden Konstruktionen des Alter(n)s zu analysieren und zu historisieren. Im fünften Kapitel werde ich darlegen, inwiefern eine poststrukturalistisch-praxistheoretisch inspirierte Perspektive das Rüstzeug für eine solche Analyse liefern kann.

II. Eine Annäherung: Was ist Alter(n)?

historische Stimmen

So aktuell die öffentliche Lobpreisung des aktiven und leistungsfähigen Alters in Zeiten apokalyptischer demografischer Szenarien ist, so alt ist die hier aufscheinende doppelgesichtige Perspektive auf das höhere Lebensalter und den Prozess des Alterns. Literarische und philosophische Abhandlungen changieren seit Jahrhunderten zwischen Lob und Klage, zwischen Verheißung und Verachtung, zwischen Gestaltungseuphorie und Schicksalsergebenheit.[2] Schon im antiken Griechenland stritten Mimnermos und Solon ca. 600 vor Christus darüber, ob Altern als Verfallen oder Reifen zu lesen sei. Und der römische Politiker und Philosoph Cicero ist mit seiner im Jahr 44 vor Christus verfassten Schrift »De senectute« einer der bis heute prononciertesten Vertreter eines dezidierten Alterslobs: »Große Dinge vollbringt man nicht durch körperliche Kraft, Behändigkeit und Schnelligkeit, sondern durch Planung, Geltung und Entscheidung; daran pflegt man im Alter nicht nur nicht abzunehmen, sondern gar noch zuzunehmen.« (Cicero 1998: 37) Zahllose Sprichwörter der vergangenen Jahrhunderte loben das Alter und würdigen die Komplementarität verschiedener Altersgruppen: »Je länger eine gute Geige gespielt wird, desto schöner ist ihr Ton.«; »Der Alten Rat, der Jungen Tat, macht Krummes grad.«; »Die Jungen laufen schneller, aber die Alten kennen die Abkürzungen.« Doch so allgegenwärtig wie die Lobpreisung des höheren Lebensalters war und ist, so verbreitet scheint das Bestreben, sich dem Altern entgegenzustemmen, jung zu bleiben, den Zumutungen des späteren Lebens zu entgehen. Der Traum vom Jungbrunnen, dem Lucas Cranach der Ältere 1564 mit dem gleichnamigen Gemälde ein Gesicht verliehen hat, ist ein uralter Menschheitstraum. Die frühe Klage des Mimnermos, die dem Alter keine guten Seiten abgewinnen kann, findet sich in unterschiedlichsten Auskleidungen bis in die Gegenwart der alternden Gesellschaft und kein Aphorismus existiert in so vielen Variationen wie die Feststellung: »Alle wollen alt werden, aber niemand will alt sein«.

Altersklage

Im 20. Jahrhundert begegnen wir der Altersklage in besonders eindringlicher Weise in den Arbeiten von Simone de Beauvoir, Jean Améry und Noberto Bobbio, die das verbreitete Alterslob als ›vergiftetes‹ demaskieren: Die Lobpreisung des Alters wird aus dieser Perspektive zum Mittel der altersfeindlichen Gesellschaft, die körperlichen wie geistigen Beeinträchtigungen, die sozialen Ausschlüsse und Härten des Alters der öffentlichen Aufmerksamkeit zu entziehen. Bobbio, der seine »De senectute« überschriebene Abhandlung zum Alter zur Abrechnung mit dem Alterslob in der Tradition Ciceros macht, proklamiert in Anlehnung an das Sprichwort »Wer den Krieg preist, hat ihm noch nicht ins Gesicht gesehen«: »Wenn ich die Lobreden auf das Alter lese, an denen die Literatur aller Zeiten überreich ist, bin ich versucht, das Sprichwort des Erasmus folgendermaßen abzuwandeln: ›Wer das Alter preist, hat ihm noch nicht ins Gesicht gesehen.‹« (Bobbio 2006: 60)

1. Alter(n) – Dimensionen und Perspektiven

Alter als Differenzmarker

So wiederkehrend die polarisierende Struktur von Alterslob und Altersklage historisch ist, so sehr wandeln sich die Rahmungen dieser doppelgesichtigen Ausdeutung, mehr noch, so sehr ist der Gegenstand des Interesses selbst – das Alter – ein zu historisierendes Phänomen.[3] Der Doppelcharakter von Alter(n) als Differenzmarker und lebenslangem Prozess stellt die soziologische Analyse des Gegenstandes vor besondere Herausforderungen. Bereits der Differenzmarker Alter erweist sich als vielschichtig: Einerseits sind wir gegenwärtig mit einer Vielzahl an unterschiedlichen, voneinander abgegrenzten Altersphasen im Lebenslauf konfrontiert und es wird zu Recht betont, das Alter anders als Geschlecht oder Ethnizität nicht nominal, »sondern ordinal organisiert ist. Es gibt nicht die Alten und die Jungen, sondern nur relativ Alte und relativ Junge.« (Saake 2002: 283) Andererseits fungiert der Marker Alter in der alltäglichen Verwendung aber zumeist eindeutig binär, entlang der Polarität alt/jung: »Jung und Alt lernen voneinander«, »Gesunde Mischung zwischen Jung und Alt«, »Die Alten liegen den Jungen auf der Tasche« – Beispiele für diese Binarität sind unendlich.

Alter als Prozess

Anders als die Differenzmarker Geschlecht und Ethnizität existiert das höhere Lebensalter aufgrund der inhärenten Prozessperspektive zudem in doppelter Relationierung: In synchroner Relation zu allen, die – zum gleichen Zeitpunkt – nicht als alt gelten, sowie in diachroner Relation zur eigenen Vergangenheit eines jeden Menschen. Damit sind sowohl Generationenbeziehungen als auch Fragen der (Dis-)Kontinuität und Identität im Lebensverlauf wesentlicher Gegenstand der mit dem Alter befassten Forschung. Alter(n) dürfte die einzige Klassifikation sein, die zugleich kategorialer und gradueller Art ist, die sowohl einer Logik der qualitativen Differenz (z. B. Mann/Frau, schwarz/weiß, jung/alt) als auch einer Logik der quantitativen Urteile (z. B. Einkommen, Bildung, chronologisches Alter) folgt (vgl. zu dieser Unterscheidung: Neckel 2003).

biologisches Alter

Gemeinhin wird zwischen biologischem, chronologischem, sozialem und psychischem Alter unterschieden. Das biologische Alter bezeichnet das Entwicklungsstadium des Organismus, während das biologische Alter*n* in der Regel als nicht umkehrbarer physiologischer Vorgang beschrieben wird, der mit dem Tod endet. Darüber, warum nicht nur Menschen, sondern alle höheren Organismen altern, existieren unterschiedliche naturwissenschaftliche Theorien (vgl. im Überblick: Bengtson et al. 2009: Teil III); debattiert wird auch, ob das Alter(n) selbst als (Meta-)Krankheit zu begreifen und damit vorbeugend – ebenso medizinisch wie durch eine bewusste Lebensführung – zu behandeln ist oder ob es sich um einen ›normalen‹ Prozess handelt, der lediglich begrenzten individuellen Gestaltungsspielraum lässt (vgl. im Überblick: van Dyk/Graefe 2010). In dieser Debatte geht es vor allem darum, wie weit die menschliche Lebensspanne perspektivisch ausgedehnt werden kann, wobei die – an Popularität gewinnenden –

Anti-Ageing-Prognosen, die Lebensspannen jenseits von 150 Jahren verheißen, im wissenschaftlichen Feld mehrheitlich als unseriös gelten (vgl. Spindler 2009: 385 f.).

chronologisches Alter

Vom biologischen Alter zu unterscheiden ist das chronologische Alter, das unabhängig vom Zustand des Organismus, den physiologischen und/oder geistigen Kapazitäten das kalendarische Alter nach Jahren bezeichnet. Menschen gleichen chronologischen Alters können in biologischer Hinsicht unterschiedlich alt sein. Tatsächlich ist die rasant angestiegene durchschnittliche Lebenserwartung, die sich in den vergangenen 150 Jahren mehr als verdoppelt hat, neben dem Rückgang der Kindersterblichkeit und der Abnahme von Epidemien auch Ausdruck einer signifikanten Verjüngung des Alters: Infolge verbesserter hygienischer Bedingungen, gesünderer Ernährung, besserer Arbeitsbedingungen und medizinischen Fortschritts wurden Menschen gleichen kalendarischen Alters im Vergleich mit Angehörigen vorheriger Alterskohorten biologisch gesehen zunehmend jünger. Ein zentrales Ergebnis der wegweisenden *Berliner Altersstudie* (vgl. Mayer/Baltes 1996) war Mitte der 1990er Jahre, dass die zum Zeitpunkt der Erhebung 70-Jährigen in physiologischer Hinsicht in etwa den 65-Jährigen der vorherigen Generation entsprachen, dass also innerhalb von 30 Jahren eine Verjüngung um fünf Jahre stattgefunden hatte. Diskrepanzen im Verhältnis von chronologischem und biologischem Alter existieren aber nicht nur in diachroner Hinsicht, also im historischen Vergleich, sondern auch in synchroner Hinsicht zwischen Angehörigen derselben Alterskohorte: Mortalität und Morbidität (erhöhte Krankheitsanfälligkeit) sind in hohem Maße bildungs- und einkommensabhängig (vgl. Wurm et al. 2010; Mergenthaler 2018). Vor allem schlechte Arbeitsbedingungen, starke körperliche Belastungen und/oder ökonomische Prekarität lassen schneller altern und bedingen bis in die Gegenwart eine klassenspezifische Lebenserwartung (vgl. Therborn 2009; Lampert et al. 2007).

Neben dem Eigennamen wird im Alltag kein persönliches Merkmal so häufig abgefragt wie das kalendarische Alter und obwohl es – wie soeben angedeutet – höchst Unterschiedliches bezeichnen kann, handelt es sich um *den* verbreiteten gesellschaftlichen Altersmarker: Angefangen vom Alter der Einschulung oder dem der Volljährigkeit über die Bedeutung von runden Geburtstagen bis hin zum Regelpensionsalter dient das kalendarische Alter als gesellschaftlicher Richtwert und nur in Ausnahmefällen – wie der Zurückstellung bei der Einschulung oder der Erwerbsminderungsrente – wird nach den tatsächlichen physiologischen, sozialen und psychischen Kapazitäten, d. h. dem funktionalen Alter gefragt.[4] Die große Bedeutung kalendarischer Altersmarkierungen, so auch das Zelebrieren von Geburtstagen, gewinnt erst in der zweiten Hälfte des 19. Jahrhunderts überhaupt an Bedeutung (vgl. Hockey/James 2003: 60 ff.). Über Jahrtausende war es üblich, dass Menschen ihr genaues chronologisches Alter gar nicht kannten. Norbert Elias (1969) und Philip Ariès (1975) haben auf Basis historischer Analysen gezeigt, dass in vormodernen Gesellschaften der Status innerhalb der Familie und nicht das chronologische Alter als Marker für Seniorität und Reife diente.

physisches und soziales Alter

Neben dem biologischen und chronologischen Alter werden das psychische und soziale Alter unterschieden, wobei diese Dimensionen so eng miteinander verschränkt sind, dass es aus soziologischer Perspektive kaum sinnvoll erscheint, sie heuristisch zu trennen. Das psychische Alter bezieht sich auf das personale System und umfasst Fragen der altersbezogenen Selbstverortung und Eigenwahrnehmung, die ihrerseits natürlich nur mit Blick auf das soziale Alter zu analysieren sind. Dieses wiederum ist Produkt gesellschaftlicher Institutionalisierungen und kultureller Repräsentationen, die den stetigen Alternsprozess in Lebensphasen unterteilen, Übergänge markieren und damit überhaupt erst eine Gliederung der Gesellschaft nach Lebensalter konstituieren. »Die eindeutigen Zäsuren gegenwärtiger Lebensläufe sind [...] sozial gesetzt. Der Zeitpunkt des Eintritts in den Ruhestand wird [zum Beispiel] generell von den Vorgaben der gesetzlichen Rentenversicherung und der Arbeitsmarktsituation bestimmt und nicht vom Zustand der körperlichen und geistigen Kräfte des einzelnen Individuums, seinen Präferenzen und Erfordernissen.« (Ehmer 1990: 11 f.) Das Alter als kollektiv erfahrbare Lebensphase erwächst damit aus dem Zusammenspiel soziodemografischer und sozialpolitischer Entwicklungen in den sich industrialisierenden Gesellschaften – und nicht aus biologischen Dispositionen. Es ist diese »soziale Hervorbringung« (Rosenmayr 1978: 22) für die sich die Soziologie des Alter(n)s in besonderer Weise interessiert.

sichtbares Alter

Neben den gängigen Unterscheidungen von biologischem, chronologischem und psychischem/sozialem Alter erhält eine weitere Dimension in der jüngeren Vergangenheit immer größere Aufmerksamkeit: das sichtbare Alter. Während der arbeitende Körper in der spätmodernen Dienstleistungsgesellschaft in seinen instrumentellen Funktionen zunehmend entwertet wird, gewinnt seine symbolische Funktion an Bedeutung. Der Körper wird zur »sichtbarste[n] Visitenkarte« (Villa 2007: 22) im Alltag, zur Visitenkarte einer bewusst ausgestellten Fitness und Vitalität, die nicht notwendigerweise Ausweis des physiologischen Zustandes ist: »In a media-dominated popular culture obsessed with visual presentation, outward bodily signs become mirrors of morality as well as reminders of mortality.« (Blaikie 2004: 84)

Wie diese verschiedenen Dimensionen des Alter(n)s zusammenhängen bzw. inwiefern sie überhaupt heuristisch unterschieden werden, ist nun keineswegs eindeutig bestimmt, sondern abhängig von theoretischen Konzepten und disziplinären Perspektiven (Mahr 2016: 145 f.). Über eines besteht jedoch weitgehende Einigkeit, und zwar darüber, »that mere chronological age explains virtually nothing about human aging« (Moody 1988: 30).

2. Alter(n) als soziale Hervorbringung

Konstruktionsperspektive

Dass Alter und Altern keine rein biologischen Tatsachen, sondern (auch) soziale Hervorbringungen historisch wandelfähigen Charakters sind, wird im sozialwissenschaftlichen Feld nicht ernsthaft in Zweifel gezogen: »Die Biologie ist immer nur der Grundstoff für die gesellschaftliche Konstruktion. Dies wird allein schon durch die große Spannweite der gesellschaftlichen Lösungen des Problems der Lebensalter – oder der gesellschaftlichen Nutzung der durch sie gebotenen Möglichkeiten – belegt.« (Kohli 2013: 12) In der multidisziplinären

Gerontologie, geprägt durch die »hegemony of biomedicine« (Estes et al. 2003: 81), kommt die Betonung einer grundlegenden sozialen Konstituierung des Alter(n)s jedoch mitunter einer kleinen Revolution gleich und auch psychogerontologische Ansätze interessieren sich nicht für die *soziale* Konstruktion, sondern für die *individuelle* Gestaltbarkeit des Alternsprozesses. Es dürfte auch der Verortung innerhalb dieses Settings geschuldet sein, dass die Konstruktionsperspektive in der sozialwissenschaftlichen Alter(n)sforschung ihre Kraft vornehmlich aus der Abgrenzung ›nach außen‹, d. h. gegenüber natur- und verhaltenswissenschaftlichen Ansätzen schöpft, ihrerseits aber theoretisch erstaunlich unausgeleuchtet bleibt. Während beispielsweise in der Geschlechterforschung seit vier Jahrzehnten auf hohem theoretischem Niveau kontrovers über das Zusammenwirken von sozialer Konstruktion und Materie/Körper, das Verhältnis von Struktur und Praxis im Konstruktionsprozess sowie grundsätzlich über die Vermittlung von biologischem Geschlecht (sex) und sozialem Geschlecht (gender) diskutiert wird, bleibt die Alter(n)sforschung diesbezüglich theoretisch vage.

Sichtet man das Feld soziologischer und kulturwissenschaftlicher Analysen, stellt sich schnell heraus, dass der angenommene Konstruktionscharakter auf sehr unterschiedliche Dimensionen und Aspekte des Alter(n)s bezogen wird. Die Feststellung, dass Alter(n) nicht auf einen biologischen Prozess reduziert werden kann, der in einem sozialen Vakuum vonstattengeht, lässt ebenso wie die verbreitete Diktion, dass Alter(n) *auch* ein sozialer Sachverhalt ist, zentrale Fragen zum Verhältnis von biologischem, sozialem und chronologischem Alter offen. Gilt die Annahme der sozialen Konstruktion auch für die chronologische Ordnung des Lebens und Alterns (vgl. z. B. Rubinstein 1990)? Wird das biologische Alter als gegeben vorausgesetzt und nur mit Blick auf seine historisch variable institutionelle Rahmung und soziale Deutung analysiert? Oder wird die biologische Materialität als Teil der sozialen Hervorbringung betrachtet und damit »die gesellschaftliche Überformung auch der biologischen Abläufe selbst, nicht nur ihrer Wahrnehmung und Interpretation« (Schroeter/Künemund 2010: 396) ins Blickfeld gerückt? Wie weit reicht also das *auch*, wenn

zentrale Fragen

die Rede davon ist, dass Alter(n) *auch* eine soziale Hervorbringung ist?

fehlender Konsens

Die ausbleibende theoretische Kontroverse hat zur Folge, dass sehr unterschiedliche Konstruktionsverständnisse nebeneinander stehen und die vermeintliche Einigkeit ob der sozialen Hervorbringung des Alter(n)s mehr Konsens suggeriert als tatsächlich vorhanden ist. Wo es den einen darum geht, der sozialen Konstruktion von Übergängen zwischen verschiedenen Lebensphasen nachzugehen, betrachten andere nicht nur die konkreten Übergänge, sondern grundsätzlicher die Untergliederung in Lebensphasen selbst als soziales Phänomen. Wieder andere fokussieren nicht alle Lebensphasen, sondern insbesondere die des Dritten Alters als soziale Konstruktion, während die Hochaltrigkeit des Vierten Alters biologisch bestimmt (vgl. z. B. Woodward 1991) und das ›nicht-alte‹ Erwachsenenleben häufig gar nicht als Lebensphase ausgewiesen wird. Auch bei den Wissenschaftler_innen, die sich mit der Analyse von Altersbildern und -stereotypen beschäftigen, herrscht keineswegs Einigkeit bezüglich des Konstruktionscharakters des höheren Lebensalters: Viele untersuchen Altersbilder »als Selbst- und als Fremdwahrnehmung ›des Alters‹, wobei die Analyse-Dimensionen der Wahrnehmung der Positiv-Negativ-Polarisierung ›des Alters‹ folgen« (Göckenjan 2000b: 95) und damit das Alter selbst als Substanz voraussetzen. Ganz anders solche Analysen, die – wie Hohmeier bereits Ende der 1970er Jahre – darauf hinweisen, dass »Erscheinung und Verhalten als solche [...] nicht mit dem Merkmal ›alt‹ ausgestattet [sind]«, sondern dass diese »erst in einem komplexen sozialen Prozeß der Interpretation und Bewertung zugeschrieben« werden (Hohmeier 1978: 12).

Altern als Abbau

Augenfällig ist schließlich, dass in solchen Analysen, die sich für die Konstruktion von Altersübergängen, Altersphasen und konkreten Alterszuschreibungen interessieren, der physiologische *Alterns*prozess als Abbau häufig vorausgesetzt wird: »Beyond the certainty that death is the end of life and *that our bodies are involved in a lifelong process of decline* [...], there is little regularity about the experience of old age. The point at which old age starts and its social and cultural attributes are historically contingent.« (Tulle-Winton 1999: 284; Hervorhebung SvD) Im Gegensatz zu dieser Perspektive betrachten einige Autor_innen gerade nicht nur den Beginn der Lebensphase Alter und die damit einhergehenden sozialen Zuschreibungen als kontingent, sondern auch die Perspektive des Alterns als Abbau, sei doch das Verständnis von »biological change as ›decline‹«, so die Annahme »culturally constructed and interpreted through discourse« (Hepworth 2003: 90, zit. n. Bytheway 2011: 207).

Ziel der Einführung ist es, ein wenig Übersichtlichkeit in das ebenso verbreitete wie unscharfe Diktum von der sozialen Hervorbringung des Alter(n)s zu bringen, Leerstellen und Probleme zu erkunden und im abschließenden fünften Kapitel mögliche theoretische Weiterungen des aktuellen Forschungsstandes zu erörtern. Die angestrebte Theorieentwicklung kann dabei einerseits an das konstruktivistische Erbe aus anderen Forschungsfeldern anschließen, sie steht andererseits aber vor der Herausforderungen, dem Alter(n) mit seinem inhärenten Prozesscharakter als »different difference« (Gullette 2004: 111) Rechnung zu tragen.

3. Die historische Genese der Lebensphase Alter

Lebenserwartung und Erwerbsfähigkeit

Menschen sind immer schon (mehr oder weniger) alt geworden, aber wie bereits angedeutet, entsteht das Alter als eigenständige Lebensphase – und damit eine altersbasierte Strukturgliederung der Gesellschaft – erst sukzessive seit dem ausgehenden 19. Jahrhundert aus dem Zusammenspiel soziodemografischer und sozialpolitischer Entwicklungen. Einerseits steigt in dieser historischen Periode, bedingt durch den Rückgang von Hungersnöten und Epidemien, die Verbesserung der medizinischen Versorgung sowie durch die allmähliche Senkung der Säuglings- und Kindersterblichkeit die durchschnittliche Lebenserwartung von Männern und Frauen rasant an: von 35,6 bzw. 38,6 Jahren im Zeitraum 1871/1881 über 59,9 bzw. 62,8 Jahre zu Beginn der 1930er Jahre bis auf 77,4 bzw. 82,7 Jahre im Jahr 2012 (Schimany 2003: 147; Statistisches Bundesamt 2012: 11).[5] Das bis zum Beginn des 20. Jahrhunderts in quantitativer Hinsicht marginale höhere Lebensalter gewann damit deutlich an Gewicht. Andererseits wird das höhere Alter mit der Durchsetzung der industriellen Produktionsweise zunehmend zum Gegenstand sozialpolitischer Intervention. Durch die Auflösung spätfeudaler Abhängigkeitsverhältnisse wie auch der (Groß-)Familie als (Re-)Produktionsgemeinschaft wurde die Sicherung des Lebensunterhalts älterer Menschen stärker als zuvor von ihrer individuellen Erwerbsfähigkeit abhängig. Mit der Einführung eines von der individuellen Arbeitsunfähigkeit abgekoppelten Regelpensionsalters durch die 1891 in Kraft getretene Bismarck'sche Invaliditäts- und Alterssicherung bildete sich erstmals eine eigenständige Lebensphase Alter heraus, die als kollektives Lebensrisiko begriffen und politisch bearbeitet wurde (vgl. Schimany 2003: 315, 324). Tatsächlich erreichten in der Anfangszeit jedoch nur 20 Prozent der Männer und 25 Prozent der Frauen überhaupt das damalige Renteneintrittsalter von 70 Jahren (vgl. Kohli 2013: 13 f.). Auch ließ dieses System der Alterssicherung zunächst die alltägliche Normalität lebenslanger Arbeit unberührt, da die Versicherung explizit als Zuschuss zu dem noch vorhandenen Arbeitsverdienst angelegt war: Versichert wurden lediglich die aufgrund nachlassender Arbeitsproduktivität gegen Ende des Lebens zu erwartenden Lohneinbußen.

Ruhestand als Lebensabschnitt

Die Institutionalisierung der Leitidee vom Alter als erwerbsentpflichtetem Ruhestand hingegen sollte noch mehrere Jahrzehnte auf sich warten lassen: In Deutschland wie in fast allen kapitalistischen Ländern dauerte es bis in die 1950er und 60er Jahre, dass die umfassende erwerbsgesellschaftliche Entpflichtung nicht automatisch mit Armut einherging und dass sie – mit abermaliger zeitlicher Verzögerung – auch alltagskulturell zum »Ruhestand« (Ehmer 1990: 152) werden konnte. Erst mit der Großen Rentenreform im Jahr 1957 wurde in Deutschland die Vorstellung eines arbeitsfreien Alters institutionell und moralökonomisch verankert: Die Rentenzahlungen wurden diskursiv als ›Alterslohn für Lebensleistung‹ legitimiert und so in die Rechtfertigungsordnung der Leistungsgesellschaft integriert, das Regelpensionsalter für Männer wurde auf 65 Jahre, das für Frauen auf 60 Jahre festgesetzt.[6] Es war also die Sozialpolitik, die aus zuvor vereinzelten Menschen höheren Lebensalters sukzessive »einen eigenen ›Stand‹ machen, sie von anderen Populationen durch besondere Anforderungen und besondere Leistungen abgrenzen« (Göckenjan 2000a: 305) sollte. Damit fand eine institutionelle Entwicklung ihren vorläufigen Endpunkt, die als »Institutionalisierung des Lebenslaufs« (Kohli 1985: 15) analysiert worden ist. Dieser basiert auf der sozialpolitischen Herstellung und Absicherung der Dreiteilung des Lebenslaufs in Kindheit/Jugend, Erwachsenenalter und Alter, womit der Ruhestand zum Synonym eines biografisch vereinheitlichten Alters wurde. Diese vermeintliche Vereinheitlichung weist als männliche Normalbiografie jedoch eine eindeutig geschlechtsspezifische Note auf, rekurrierte der konservative deutsche Wohlfahrtsstaat doch empirisch wie normativ auf das Modell der Ein-Ernährer-Familie mit der Ehefrau als Hausfrau oder teilzeitbeschäftigter Zuverdienerin (vgl. Ostner 1995).

kulturelles Dilemma

Alltagskulturell verwandelten sich die sozialpolitisch konstituierten Rentner_innen erst sukzessive und »im Laufe der späten 1960er und 1970er Jahre in Ruheständler« (Göckenjan 2000a: 375), also in Repräsentant_innen einer spezifisch nacherwerblichen Lebensweise, deren Rahmung und Gestaltung alsbald zum Gegenstand von Kontroversen werden sollte. Gegenstand der Debatte war das, was Martin Kohli das »kulturelle Dilemma des Ruhestandes« (Kohli 1987: 413) genannt hat: die post-erwerbsförmige Vergesellschaftung, gekennzeichnet durch »Passivität und Freizeitorientierung« (ebd.) nach einem durch Aktivität und Arbeitsorientierung geprägten Leben. Nachdem das ruheständlerische Alter zunächst allein ex-negativo durch die existenzsichernde Befreiung vom Zwang zur Erwerbsarbeit bestimmt worden war, als ›rollenlose Rolle‹ im »Wandel vom tätigen zum zuschauenden Leben« (Blättner 1957: 15), setzte in den 1970er Jahren eine bis heute andauernde, in Konjunkturen verlaufende Debatte über das »Leben im Ruhestand« (Denninger et al. 2014), seine individuelle Bewältigung und seine gesellschaftliche Funktion und Aufgabe ein.

Privileg und Ausschluss

Im Kontext der kapitalistischen Lohnarbeitsgesellschaft ist die Institution des Ruhestands stets eine ambivalente Konstruktion geblieben: einerseits verbunden mit dem Privileg der dauerhaften und legitimierten Befreiung vom Zwang zum Verkauf der eigenen Arbeitskraft, andererseits einhergehend mit dem vom eigenen Leistungsvermögen abgekoppelten Ausschluss aus den zentralen Vergesellschaftungsstrukturen der Arbeitsgesellschaft. Welche Facette dieser Ambivalenz stärker akzentuiert wird, hängt im Ländervergleich in hohem Maße vom Wohlfahrtsstaatstypus (vgl. Esping-Andersen 1990), von der organisatorischen Struktur der Alterssicherung, dem Leistungsniveau und vor allem der Legitimationsbasis eines arbeitsfreien Alters ab. Während der im internationalen Vergleich lange Zeit gut abgesicherte Ruhestand in Deutschland spätestens seit den frühen 1970er Jahren als »späte Freiheit« (Rosenmayr 1983) große Zustimmung und Legitimität genoss – und dies in der Bevölkerung nach wie vor tut (vgl. Denninger et al. 2014: 216 ff.) – wurde der mit erheblich größeren gesundheitlichen und finanziellen Risiken verbundene Ausschluss aus der Erwerbsarbeit in anglophonen Ländern (vgl. ILO 2011) von jeher und von Seiten unterschiedlichster Akteure als Diskriminierung problematisiert (vgl. Estes et al. 2003: 176).

4. Die Ausdifferenzierung der Lebensphase Alter

Altersstrukturwandel

Vor dem Hintergrund der sozio-demografischen und sozialpolitischen Entwicklungen des 20. Jahrhunderts ist eine Ausdifferenzierung und Veränderung der Lebensphase Alter auszumachen, die seit Anfang der 1990er Jahre als Altersstrukturwandel analysiert worden ist (vgl. Tews 1993; Naegele/Tews 1993). Der Strukturwandel wird von den Autoren anhand der fünf Konzepte Entberuflichung, Verjüngung, Feminisierung, Singularisierung und Hochaltrigkeit beschrieben.[7] Zentraler Ausgangspunkt der Diagnose ist die Entberuflichung des Alters durch eine umfassende, sich in den 1970er und 1980er Jahren in allen Industrienationen ausweitende Politik der Frühverrentung (vgl. Ebbinghaus 2006), die mit der wachsenden Bedeutung der Institution des Vorruhestands (vgl. Kohli 1987) und einer Ausdifferenzierung der Übergangspfade von der Erwerbsarbeit in den Ruhestand einherging. Das Regelpensionsalter als eindeutiger Marker des Eintritts in die Altersphase verlor im Zuge dieser Entwicklung sukzessive an Bedeutung; da aber das Ende der Erwerbsarbeit gesellschaftlich eng mit dem Eintritt in das Alter verbunden blieb, war mit der Entberuflichung eine soziale Verjüngung des Alters verbunden, das seit den 1970er Jahren für immer mehr Menschen bereits in der zweiten Hälfte des sechsten Lebensjahrzehnts begann. Parallel zur sozialen Verjüngung des Alters hat zudem infolge steigender ökologischer wie physiologischer Lebenserwartung[8] und sinkender Geburtenraten die Phase der Hochaltrigkeit individuell wie gesellschaftlich an Bedeutung gewonnen (vgl. Kaufmann 2005: 46 f.). Aufgrund der längeren Lebenserwartung von Frauen geht damit zugleich eine Feminisierung des Alters einher: Knapp zwei Drittel der über 80-Jährigen sind heute weiblich, in der Gruppe der über 85-Jährigen sind es sogar fast drei Viertel (vgl. Statistisches Bundesamt 2012, Online-Datenbank: Fortschreibung der Bevölkerungsstatistik). Die demografisch bedingte Feminisierung hat zudem eine Singularisierung des Alters, d. h. eine Zunahme von alleinlebenden Frauen und Einpersonenhaushalten zur Folge – eine Entwicklung, die zusätzlich dadurch verstärkt wird, dass Ehefrauen häufig jünger sind als ihre Ehemänner.

Feminisierung

Die Diagnose des Altersstrukturwandels ist als Diagnose der 1990er Jahre ihrerseits zu historisieren, hat sich doch insbesondere der Trend zur Frühverrentung und frühen Entberuflichung in der jüngeren Vergangenheit in allen Industrienationen – wenn auch in Reichweite und Tempo variierend – umgekehrt (vgl. Ebbinghaus 2006). Begleitet wird diese Entwicklung in vielen Ländern von der Erhöhung des regulären Renteneintrittsalters – so in Deutschland schrittweise auf 67 Jahre – sowie der Angleichung der Altersgrenze von Männern und Frauen. Dieser neueren Entwicklungen ungeachtet ist für das 20. Jahrhundert infolge der sozialen Verjüngung des Alters bei weiterhin steigender Lebenserwartung eine erhebliche Ausdehnung der als Alter begriffenen Lebensphase zu konstatieren, die mehrheitlich von Frauen erlebt wird.

Ausdehnung der Lebensphase

4.1 Drittes und Viertes Lebensalter

Vor diesem Hintergrund hat sich wissenschaftlich und politisch, aber auch im Alltagsverständnis eine analytische Zweiteilung der Altersphase in ein Drittes, junges Alter sowie ein Viertes Alter der stärker durch Krankheit und Pflegebedürftigkeit geprägten Hochaltrigkeit durchgesetzt (vgl. Neugarten 1974; Mayer/Baltes 1996; Laslett 1995). Vereinzelt wird auch zwischen einem chancenreichen Dritten, einem eingeschränkten Vierten und einem nicht mehr zur selbstständigen Lebensführung fähigen Fünften Lebensalter unterschieden (vgl. Rosenmayr 1996: 35). Zu berücksichtigen ist dabei, dass eine Untergliederung des Alters nicht ›automatisch‹ bzw. monokausal aus der Verlängerung der Lebensphase resultiert, sondern nur im Zusammenspiel von demografischen, politischen und kulturellen Entwicklungen zu verstehen ist (vgl. Amrhein 2008: 182 f.).

Drittes Alter als Konzept

Die Unterscheidung in ein Drittes und ein Viertes Lebensalter operiert sowohl anhand kalenderischer Altersgrenzen als auch mit Blick auf die jeweilige körperliche und geistige Physis – also das, was gemeinhin als funktionales Alter gefasst wird. Während diese beiden Definitionsweisen darauf zielen, *Altersgruppen* zu differenzieren, existiert das Dritte Alter auch als Konzept, das konkrete – häufig mittelschichtsaffine – Lebensweisen und Lebensstile ausweist und damit eine qualitative, zumeist klassengebundene Unterscheidung innerhalb einer Altersgruppe vornimmt. Und nicht zuletzt begegnet uns das Dritte Alter unter dem Topos des Neuen Alters auch als *Kohortenphänomen*.

kalendarische Bestimmung

Kalendarische Bestimmungen des Dritten und Vierten Lebensalters lassen das Dritte Alter in der Regel mit dem 60. oder 65. Lebensjahr beginnen und verorten den Übergang ins Vierte Alter bei 75, meistens aber eher bei 80 Jahren (vgl. z. B. Kaufmann 2005: 46; Backes/Clemens 2013: 22 f.). Der kalendarische Beginn des Dritten Alters orientiert sich am Beginn des Rentenalters und ist damit, wie anhand der historischen Genese dargelegt, in hohem Maße – und anders als der Beginn der Hochaltrigkeit – gesellschaftlich institutionalisiert. Dass sowohl das 60. als auch das 65. Lebensjahr häufig als Einschnitt benannt werden, verweist allerdings darauf, dass im Zuge der Pluralisierung von Lebensläufen und Altersübergängen auch der Übergang ins Dritte Alter gegenwärtig alles andere als klar bestimmt ist. Wenn der Übergang ins Vierte Lebensalter bei 75, 80 oder mitunter auch 85 Jahren verortet wird, geht diese variierende kalendarische Bestimmung mit der Annahme einher, dass in diesem Alter weitgehende Einschränkungen der körperlichen und geistigen Leistungsfähigkeit *wahrscheinlich* werden.[9] Obwohl Gesundheitszustand, Kontrolle der Körperfunktionen und die Fähigkeit zur selbstständigen Lebensführung als wichtigste Marker für den Übergang in die Hochaltrigkeit gelten (vgl. Westerhoff/Tulle 2007: 250 ff.), erweist sich die Verknüpfung von *wahrscheinlicher* körperlicher-geistiger Konstitution und kalendarischem Alter als ausgesprochen folgenreich: Eine geistig fitte, nicht auf Pflege oder Betreuung angewiesene 85-Jährige würde kaum als Junge Alte begriffen werden, hochbetagt oder hochaltrig wären hingegen die üblichen Adjektive. Eine Koppelung der Lebensphasenuntergliederung an ein kalendarisches Alter ist vor diesem Hintergrund wenig sinnvoll und mit Blick auf diskriminierende Effekte problematisch (vgl. kritisch: Künemund 2005: 533).

Gesundheit als Kriterium

Doch auch das ›sachliche‹ Kriterium des Gesundheitszustandes ist – aller Plausibilität zum Trotz – keineswegs selbstevident, umfasst es doch so viele Facetten, dass die Bestimmung eines Umschlagpunktes in der Regel schwierig sein dürfte. Von konkreten Ereignissen wie einem Schlaganfall abgesehen, der die betroffene Person von einem Tag auf den anderen in den Zustand der Pflegebedürftigkeit versetzen kann, handelt es sich um schleichende Entwicklungen, denen eine Untergliederung in zwei klar voneinander geschiedene Altersphasen kaum gerecht werden kann. Darüber hinaus wäre die Frage zu klären, welche körperlichen und geistigen Veränderungen für wen und in welchem Kontext überhaupt als bedeutsam und einschränkend erlebt werden. Forschungsergebnisse zeigen, dass ›subjektive‹ und ›objektive‹ Gesundheit, d. h. Gesundheitserleben und Gesundheitsstatus keineswegs deckungsgleich sind (vgl. Wurm et al. 2010: 105 ff.). Erstaunlich ist schließlich, dass die Unterscheidung von Drittem und Viertem Lebensalter sehr pauschal, ohne systematische

Differenzierung nach Lebensbereichen oder Geschlecht Verwendung findet. Tatsächlich deuten neuere Forschungsergebnisse aber darauf hin, dass Menschen sowohl dem eigenen Erleben nach wie auch in der Außenwahrnehmung ungleichzeitig altern, dass also ein bestimmtes chronologisches und/oder funktionales Alter in verschiedenen Lebensbereichen als unterschiedlich alt eingestuft bzw. erlebt wird (vgl. Kornadt/Rothermund 2011). In geschlechtsspezifischer Hinsicht ist mit Blick auf eine Lebensphasenuntergliederung zu berücksichtigen, dass Frauen eine längere (gesunde) Lebenserwartung haben, zugleich aber früher als Männer als alt wahrgenommen werden (vgl. McConatha et al. 2003).

4.2 Lebensstile und Lebensweisen im Dritten Alter

qualitative Bestimmung

Sehr verbreitet ist neben der Lebensphasenuntergliederung entlang chronologischer und gesundheitsbezogener Kriterien eine qualitative Bestimmung des Dritten Alters: *Third-Agers* sind demnach nicht alle Menschen einer bestimmten Altersgruppe, sondern nur diejenigen, die bestimmte Konsum-, Aktivitäts- und Lebensführungsmuster erfüllen. Die Vorstellung des Dritten Lebensalters als eine Phase der Freiheit und Selbstverwirklichung, bedingt durch neue finanzielle, gesundheitliche und bildungsbezogene Ressourcen bei gleichzeitiger Erwerbsentpflichtung wurde im angelsächsischen Raum vor allem durch Peter Lasletts Buch »A fresh map of life. The emergence of the Third Age« populär (vgl. auf deutsch: Laslett 1995). Laslett sieht Menschen im Dritten Lebensalter als Treuhänder von Kunst und Kultur, als Menschen, die nach Selbstverwirklichung, Selbstentfaltung und kreativer Aktivität streben. Was die Abgrenzung des Dritten Alters betrifft, betont er, dass der Eintritt »vom individuellen Standpunkt aus ein persönliches und kein öffentliches Ereignis ist: er hat wenig mit dem kalendarischen, dem sozialen oder gar dem biologischen Alter zu tun und ist vor allem eine Sache eigener Wahl. Nach unserer Theorie gilt all dies trotz der Tatsache, dass für die meisten Menschen das Dritte Alter erst mit dem Ruhestand möglich wird.« (Ebd.: 277) Das im Gegensatz zum Dritten Alter negativ konnotierte und an Verluste gebundene Vierte Alter gilt es nach Laslett so lange wie möglich herauszuzögern. Das Konzept Lasletts ist von verschiedenen Seiten dafür kritisiert worden, dass es »a thinly disguised set of élitist middle-class values« (Bury 1995: 23) als Alterskonzept verallgemeinere, den Klassencharakter dieser Verallgemeinerung nicht reflektiere und suggeriere, dass ein Leben nach diesen Kriterien allen Menschen gleichermaßen offen stünde (vgl. kritisch z. B. Ginn/Arber 1995: 8; Gilleard/Higgs 2002: 370).

Alterselite

Zugleich ist in der Literatur aber unbestritten, dass sich seit den frühen 1980er Jahren ein öffentlich wahrnehmbarer Wandel von Lebensweisen im Ruhestand abzeichnete, auch wenn dieser zunächst nur eine – stetig wachsende – Minderheit betraf. In Deutschland rückten seinerzeit, da das Ende der Arbeitsgesellschaft und der Aufstieg der Konsum- und Erlebnisgesellschaft in aller Munde waren, die »Neuen Alten« (Tokarski/Karl 1989) als Pioniere einer Post-Arbeitsgesellschaft ins Blickfeld der Forschung. Diejenigen, die es sich finanziell, sozial und gesundheitlich leisten konnten, verbrachten die mit dem Ruhestand gewonnene Zeit zunehmend mit öffentlich sichtbaren, vermeintlich altersuntypischen Aktivitäten wie Fernreisen, neuen Sportarten, Bildungsaktivitäten und extravaganten Hobbies. Die von Infratest in Auftrag gegebene Studie »Die Älteren. Zur Lebenssituation der 55- bis 70jährigen« kommt Anfang der 1990er Jahre zu dem Schluss, dass die Neuen Alten aus den gehobenen Sozialmilieus stammten und ca. 25 Prozent der 55- bis 70-Jährigen ausmachten. Zur Charakterisierung dieser Alterselite heißt es: »Sie wollen die Chance, die das ›Älterwerden‹ in ihren Augen bietet, aktiv nutzen. Selbstverwirklichung, Kreativität, Persönlichkeitswachstum, Aufgeschlossenheit für das Neue stehen im Zentrum ihrer Lebensansprüche. Lebensgenuss (auch durch Konsum), Mobilität (man reist gern), vielfältige Kommunikation, soziale Kontakte, das Wahrnehmen kultureller Angebote kennzeichnen diesen Lebensstil.« (Infratest et al. 1991: 86)

Generationenphänomen »Neue Alte«

Tatsächlich haben wir es bei den Neuen Alten nicht nur mit einem klassenspezifischen Dritten Alter, sondern auch mit einem Kohorten-, möglicherweise sogar einem Generationenphänomen zu tun. Während Kohorten durch den Geburtsjahrgang oder ein bestimmtes Eintrittsalter (z. B. in die Schule) einerseits eindeutig bestimmt werden können, stellt sich andererseits die schwierige Frage, nach welche Kriterien Kohorten voneinander abgegrenzt werden. Diese Frage weist bereits in Richtung der Generationenzugehörigkeit, bei der qualitative Aspekte der Gleichartigkeit hinzukommen. Karl Mannheim entwickelt in seiner für die Soziologie wegweisenden Abhandlung »Problem der Generationen« von 1928 das Phänomen der Generationenlagerung, die »eine besondere Art der gleichen Lagerung verwandter ›Jahrgänge‹ im historisch-sozialen Raume« beschreibt (Mannheim 1964: 529). Von Generationszusammenhang spricht Mannheim, wenn diese Lagerung auch subjektiv empfunden wird und sie »eine reale Verbindung zwischen den in derselben Generationslagerung befindlichen Individuen« (ebd.: 543) stiftet. Zieht man die Kohortenzugehörigkeit und mögliche Generationenlagerung alternder Menschen in Betracht, wird offensichtlich, dass jede Ära ihre eigenen ›Neuen Alten‹ hat, auch wenn bestimmte charakteristische Phänomene in der jüngeren Vergangenheit häufig durch die innerhalb einer Kohorte Privilegierten verkörpert wurden.

Alters- vs. Kohorteneffekt

Mit den Neuen Alten wurde in den 1980er Jahren eine Alterskohorte analysiert, die ihr Erwachsenenleben unter Bedingungen von ökonomischer Prosperität und rasantem Wirtschaftswachstum, von Bildungsboom und neuer Konsumkultur verbracht hat und zunehmend weniger durch die Pflicht- und Verzichtethik der Kriegsgenerationen geprägt war. Eine kohortensensible – und mehr noch eine generationensensible – Analyseperspektive zieht genau diese sich wandelnden Kontextbedingungen des Älterwerdens in Betracht. In der keineswegs einfachen, in soziologischer Hinsicht aber interessanten Unterscheidung, ob Charakteristika von Menschen ähnlichen Alters eher als Alters- oder als Kohorten- bzw. Generationeneffekt einzuschätzen sind, erweist sich die Komplexität des Doppelcharakters von Alter und Altern: Es ist der Prozesscharakter, der zur Folge hat, dass das, was als *alters*typisch – also als typisches Merkmal einer bestimmten Altersgruppe – erscheint, im Zweifelsfall wenig mit dem

Alter, aber viel mit einer kohorten- oder generationenspezifischen Prägung in jüngeren Jahren zu tun hat.

Neue Alte seit 2000

Dass auch die Altersforschung nicht immer systematisch zwischen Altersgruppen und Alterskohorten differenziert, wird dort offenkundig, wo sich die wissenschaftliche Spur der Kohorte der Neuen Alten in den 1990er Jahren verliert. Damit werden die Neuen Alten der 1980er Jahre quasi ›eingefroren‹ und rückwirkend zu einem Synonym für ein Junges bzw. Drittes Alter. Tatsächlich ist die spätere Hochaltrigkeit der Neuen Alten ein Forschungsdesiderat geblieben, sodass wir nichts darüber wissen, ob mit dieser Kohorte möglicherweise auch eine neue Hochaltrigkeit verbunden war bzw. ist. Stattdessen wird seit einigen Jahren eine neue Kohorte Neuer Alter im Dritten Lebensalter ausgerufen, geprägt durch die so genannten 1968er, die sich seit den 2000er Jahren im Übergang zum Ruhestand befinden (vgl. z. B. Rosenmayr 2002; Aner et al. 2007: 13 f.). Ganz überraschend ist diese wiederkehrende Fokussierung auf das Dritte Alter nicht, hat sich doch gerade die Gerontologie in den letzten Jahrzehnten dem Anliegen verschrieben, positive Perspektiven auf das Alter zu stärken. Während Menschen im Dritten Alter zunehmend als Subjekte und als Träger_innen von Ressourcen adressiert werden, verbleiben hochaltrige Menschen im Objektstatus als zu Pflegende, zu Betreuende, zu Versorgende (vgl. Gilleard/Higgs 2000: 199).

5. Aufgaben und Herausforderungen für eine Soziologie des Alter(n)s

Den bis zu diesem Punkt nur skizzenhaft umrissenen Gegenstand des Interesses – das Alter(n) – gilt es im Folgenden theoretisch und zeitdiagnostisch zu vertiefen. Der sozio-historischen Genese der Lebensphase Alter und ihrer Ausdifferenzierung ebenso Rechnung tragend wie dem Prozesscharakter des Alterns und dem Zusammenspiel von individuellem und gesellschaftlichem Alter(n) sind für eine Soziologie des Alter(n)s folgende Perspektiven und Themenkomplexe von besonderem Interesse:

- Alter(n) und Demografie unter besonderer Berücksichtigung aktueller Debatten um gesellschaftliche Alterung und die Zukunft der Generationenbeziehungen.
- Alter(n) im sozio-kulturellen und polit-ökonomischen Kontext des flexiblen Kapitalismus unter besonderer Berücksichtigung wohlfahrtsstaatlichen und gesundheitspolitischen Wandels.
- Alter(n) im Lebenslauf unter besonderer Berücksichtigung der gesellschaftlichen Institutionalisierung des Lebenslaufs wie der individuellen biografischen Aneignung und Erfahrung.
- Alter(n) in der intersektionalen Verschränkung mit anderen gesellschaftlichen Differenz- und Ungleichheitsmarkern wie Geschlecht, Ethnizität, Klasse, Sexualität und Behinderung.

III. Theoretische Ansätze im Überblick

1. Die Soziologie und das Alter(n)

»How can so much contemporary theorizing maintain a no-age subject?«
(Gullette 2004: 122)

Ferdinand Tönnies und Max Weber

Es gibt kein Leben ohne Alter, keinen Atemzug ohne Altern, keine menschliche Praxis, mit der nicht Lebenszeit verstreichen würde – und doch tritt uns die Analyse des Alter(n)s zumeist nur »ganz am Rande der allgemeinen Soziologie« (Kohli 1992: 232) entgegen, ist das Alter(n) »als Konzept der allgemeinen Soziologie noch nicht systematisch erschlossen worden« (Schimany 2003: 474). Dieser Umstand lässt unbenommen, dass sich einige soziologische Klassiker eingehender mit der Thematik befasst haben. Ferdinand Tönnies berücksichtigte das Alter beispielsweise als Strukturkategorie im Rahmen seiner Analysen zu »Vergemeinschaftung« und »Vergesellschaftung«. Er ging davon aus, dass das ›organische‹ gemeinschaftliche Leben auf einer patriarchalen Herrschaftsordnung beruhte, in der die Erhabenheit und Weisheit des Alters die Statuszuweisung qua Seniorität legitimierte (vgl. Tönnies [1887] 2005). Max Weber interessierte sich aus der Perspektive der verstehenden Soziologie für den Alternsprozess und die Art und Weise, in der soziales Handeln auf diesen bezogen wird: »Die Absterbeordnung und der organische Kreislauf des Lebens überhaupt: von der Hilflosigkeit des Kindes bis zu der des Greises hat natürlich erstklassige soziologische Tragweite durch die verschiedenen Arten, in welchen menschliches Handeln sich an diesem Sachverhalt orientiert hat und orientiert.« (Weber [1921] 1984: 23)

Karl Mannheim

Nachhaltige Impulse für die soziologische Auseinandersetzung mit alter(n)srelevanten Fragen lieferte vor allem Karl Mannheim ([1928] 1964) mit seinem bereits zitierten Aufsatz »Das Problem der Generationen«. Mannheims Interesse am Problem der Generationen wurzelt in seiner Beschäftigung mit den Ursachen sozialen Wandels und erhält seine soziologische Brisanz durch die positivismuskritische Auseinandersetzung mit dem auf August Comte zurückgehende Diktum vom »Tode als dem ewigen Erneuerer« der menschlichen Gesellschaft (zit. n. Jäger 1977: 431). Die biologische Generationenfolge als Motor des Wandels zurückweisend, dabei ihre notwendige, aber nicht hinreichende Bedeutung betonend,[10] arbeitet Mannheim ein soziologisches Verständnis von qualitativ bestimmter Generationenlagerung heraus, das auf einem für die damalige Zeit bahnbrechenden qualitativen Zeitbegriff beruht: An Wilhelm Pinders Topos der »Ungleichzeitigkeit des Gleichzeitigen« anschließend, betont Mannheim: »In derselben chronologischen Zeit leben verschiedenen Generationen. Da aber wirkliche Zeit nur erlebte Zeit ist, leben sie alle eigentlich in einer qualitativ völlig verschiedenen inneren Zeit.« (Mannheim 1964: 517) Mannheim hat damit erste Impulse für eine Analyse der horizontalen Gliederung der Gesellschaft geliefert und in seinem Vergleich von Generationen- und Klassenlage auch das Verhältnis von vertikaler und horizontaler Gliederung thematisiert (vgl. ebd.: 528 ff.). Obwohl sich Mannheim nicht im engeren Sinne mit dem höheren Lebensalter als Lebensphase oder dem individuellen Alternsprozess beschäftigt hat, thematisiert er doch in problematisierender Absicht gängige Altersstereotype, die mit generationenbasierten Wandeltheorien häufig einhergingen: »Daß das in diesem Sinne angedeutete ›Neuansetzen-Können‹ [Anm.: durch die Generationenfolge, SvD] nichts mit ›konservativ‹ und ›progressiv‹ zu tun hat, muß betont werden. Es ist nichts unrichtiger, als zu meinen – was die meisten Generationstheoretiker unkritisch voraussetzen –, daß die Jugend progressiv und das Alter eo ipso konservativ sei.« (Ebd.: 535)

Talcott Parsons und Helmut Schelsky

Seit den 1940er Jahren hat schließlich Talcott Parsons (1942) im anglo-amerikanischen Raum das Alter – neben Geschlecht – als zentrales Bindeglied der Gesellschaft analysiert und mit seiner strukturfunktionalistischen Analyse des Alters als gesellschaftlicher Strukturkategorie die erste genuin soziologische Alterstheorie – die *Disengagement-Theorie* (vgl. Cumming/Henry 1961) – maßgeblich beeinflusst (vgl. Abschnitt III.3.). Der seinerzeitige Vorsitzende der *Deutschen Gesellschaft für Soziologie* Leopold von Wiese konstatierte Mitte der 1950er Jahre angesichts dieser Entwicklung, dass es sich um ein (amerikanisches) Modethema handele, das aufgrund seiner Irrelevanz binnen eines Jahrzehnts wieder von der Tagesordnung verschwinden werde (vgl. von Wiese 1954: 29). Helmut Schelsky war im deutschsprachigen Raum lange Zeit der einzige namhafte Soziologie, der sich in »Paradoxien des Alters in der modernen Gesellschaft« dezidiert der Alter(n)sthematik widmete. Sein modernisierungstheoretisch und strukturfunktionalistisch geprägter Blick machte in Zeiten, da das Alter – so seine Diagnose – seine vormoderne Autorität und Überlegenheit verloren habe, eine weitgehende Generationsnivellierung aus: »So gibt es heute [Anm.: um 1960, SvD] kaum noch sozial kennzeichnende und angesonnene Altersverhaltensweisen, sondern der jung bleibende Alte wird von der Sozialstruktur her verlangt und prämiert. Alter in einem aus der Normalität und Lebensfülle der Erwachsenheit ausgliedernden Sinne wird von älteren Menschen heute erst mit dem Beginn schwerer Alterskrankheiten erlebt und zugestanden. [...] Diese ›Jugendlichkeit‹ des Alters oder seine bewusste Generationsnivellierung zum mittleren Lebensalter ist übrigens als die natürliche Kompensation des Verlustes an allgemeiner Altersüberlegenheit und Altersautorität anzusehen.« (Schelsky 1965: 209)

außersoziologische Einflüsse

Den zitierten Beispielen zum Trotz stammen die einflussreichen Bücher, die sich seit den 1960er Jahren der Frage des Alter(n)s aus gesellschaftstheoretischer Perspektive annehmen, nicht aus soziologischer Feder, sondern aus anderen Disziplinen sowie von Publizist_innen und Schriftsteller_innen. Zu nennen wären hier insbesondere das monumentales Werk »Das Alter« der Philosophin und Schriftstellerin Simone de Beauvoir (1972) sowie die radikal pessimistische

Abhandlung »Über das Altern. Revolte und Resignation« des Schriftstellers und Essayisten Jean Améry (1991). Der ursprünglich aus der geriatrischen Forschung kommende US-Amerikaner Robert Butler (1975) erhielt für sein breit rezipiertes, erstmalig Fragen der Altersdiskriminierung erörterndes Werk »Why Survive? Being Old in America« Mitte der 1970er Jahre den Pulitzer Preis.

altersloses Erwachsenensubjekt

Dass das Alter(n) über lange Zeit eine weitgehende Leerstelle im Zentrum der soziologischen Forschung geblieben ist, dürfte auch damit zusammenhängen, dass zentrale Themen, auf die die Alter(n)sthematik verweist, ihrerseits bis in die jüngere Vergangenheit Randphänomene in der Disziplin waren: So ist über Jahrzehnte eine systematische Vernachlässigung des Körpers und des Todes in der Soziologie zu konstatieren (vgl. Gugutzer 2004: 10 ff.; Turner 1995: 245 f.) und auch das Thema Zeit/Zeitlichkeit – als Lebenszeit wie als Alltagszeit – wurde bis in die 1980er Jahre nur peripher behandelt (vgl. Kohli 1981: 504 f.). In dreifacher Überlagerung beförderten diese Leerstellen körper- und zeitlose, endlichkeitsgefeite Subjekte als Gegenstand der soziologischen Analyse. Bei genauerer Betrachtung erwiesen sich diese Subjekte als männlich und im mittleren Erwachsenenalter stehend, wobei dieses Erwachsenenalter gerade nicht als spezifisches Alter, sondern als vermeintlich altersloser Maßstab fungierte: »Adult is left to stand as an untheorised status« (Hockey/James 2003: 81), von dem Kindheit und Jugend einerseits sowie das (höhere) Alter andererseits als alterskodierte Abweichungen unterschieden und zur Bearbeitung in lange Zeit wenig beachtete Bindestrich-Soziologien ausgelagert wurden.

Frauen- und Geschlechterforschung

Während Frauen- und Geschlechterforscher_innen wesentlich dazu beigetragen haben, die implizite Geschlechtlichkeit dieses vermeintlich universalen Erwachsenensubjekts herauszuarbeiten, die Körperlosigkeit der Soziologie zu problematisieren und Themen wie Reproduktion, Sexualisierung oder Körperarbeit zum Gegenstand der Forschung zu machen, »they were initially reluctant to engage with the aging body« (Twigg 2004: 60). Damit ist das Alter(n) auch in der Geschlechterforschung eine Leerstelle geblieben.[11] Daran hat erstaunlicherweise selbst die aus der Geschlechterforschung erwachsene Forschung zu Fragen der Intersektionalität, d. h. zur Überlagerung und Verschränkung von Differenzen, Ungleichheiten und Diskriminierungen wenig geändert. Während die klassische Trias Geschlecht, Ethnizität/Race und Klasse im Zentrum der Intersektionalitätsforschung steht (vgl. Knapp/Wetterer 2003), im Zuge der Kritik an dieser Beschränkung aber auch Marker wie Sexualität, Behinderung und Staatsbürgerschaft verstärkt Aufmerksamkeit erhalten haben, wird Alter entweder ausgespart (vgl. kritisch z. B. Walgenbach 2007: 39) oder unter die Dimension Körper subsumiert (vgl. Winker/Degele 2009). Darüber hinaus ist es erstaunlich, dass ausgerechnet in der Intersektionalitätsforschung der Doppelcharakter des Alter(n)s als Differenzmarker und Prozess ausgeblendet bleibt: Gerade die an Intersektionen interessierte Forschung hätte jedoch zu fragen, wie sich die Überlagerungen und Verschränkungen von Differenzmarkern wie Geschlecht, Sexualität, Ethnizität oder Klasse im Alternsprozess dynamisieren und verändern.

Während die von Kohli (1992) und Schimany (2003) diagnostizierte Randständigkeit des Alter(n)s in der Soziologie angesichts dieses nur schlaglichtartig beleuchteten Settings auch gegenwärtig nicht als überwunden betrachtet werden kann, hat sich in den vergangenen Jahrzehnten ein eigenes Feld der wissenschaftlichen Befassung mit Alter(n)sfragen etabliert, in dem auch sozialwissenschaftliche Perspektiven ihren Niederschlag finden.

2. Soziologie des Alter(n)s – eine doppelte Verortung

Gerontologie

Die Altersforschung respektive Gerontologie, deren Bezeichnung sich vom griechischen Wort *geron* (Greis) ableitet, ist eine vergleichsweise junge wissenschaftliche Disziplin. Erst für die Zeit nach dem Zweiten Weltkrieg kann von ihrer systematischen Etablierung gesprochen werden, wobei sich diese Entwicklung zunächst weitgehend auf die USA beschränkte. Während gerontologische Forschung dort bereits in den 1970er Jahren fest verankert war, Fachgesellschaften und Bundesinstitute – wie das einflussreiche *National Institute on Aging*

(NIA) – gegründet worden waren und von einem hohen akademischen Institutionalisierungsgrad gesprochen werden kann (vgl. Warnes/Phillips 2007), steckte die Disziplin in Europa bis in die 1980er Jahre in den Kinderschuhen (vgl. Wahl 2003). Insbesondere in Großbritannien, den Niederlanden und den skandinavischen Ländern setzte jedoch alsbald eine nachholende Entwicklung ein – zu der im deutschsprachigen Raum erst in jüngerer Zeit aufgeschlossen werden konnte.[12] Folge dieser ungleichzeitigen Dynamik war über lange Zeit eine außergewöhnliche Präsenz und Rezeption US-amerikanischer Beiträge in der europäischen Gerontologie (vgl. von Kondratowitz 2003), die erst mit dem Aufkommen kritischer Theorien seit den 1980er Jahren zum Erliegen kam (vgl. die Abschnitte III.6. und III.7.).

Mangel an Theorie

Insgesamt lässt sich für die frühe amerikanische Gerontologie (sowie ihre Rezeption in Europa) neben einer starken Dominanz bio-medizinischer Ansätze von einer ausgesprochen anwendungsorientierten, quantitativ ausgerichteten, sozial- und psychogerontologischen Forschungstradition sprechen. »Data-rich but theory-poor« lautete das knappe wie gerechtfertigte Urteil, das die Gerontologen James Birren und Vern Bengtson (1988: ix) Ende der 1980er Jahre über die Sozialgerontologie fällten. Anders als die theorieaffine feministische Forschung, die gängige soziologische Konzepte ob ihrer impliziten geschlechtlichen Konnotationen in Frage stellte, haben Altersforscher_innen, so die Kritik, »failed to question the assumptions underlying mainstream theories, examining the lives of older people within established sociological frameworks« (McMullin 1995: 32). Die normative wie normierende Bezugsgröße der mittleren Lebensjahre unreflektiert lassend, hat sich die Gerontologie in ihren einflussreichen Strömungen nicht nur an den praktischen Problemen ihres Themenfeldes orientiert, sondern sie hat zugleich sowohl die Kontur der Probleme wie die Bestimmung der relevanten Themen als gesetzt akzeptiert, statt sie auf ihre soziale Konstruktion hin zu befragen. Dieser Positivismus verbindet sich mit einer ausgeprägten Form des Lobbyismus, da sich die Gerontologie von jeher auch als »Fürsprecher des hohen Alters« (Göckenjan 2002: 49) verstanden hat. Folge dieser Kombination ist eine wissenschaftliche Tradition, die vorgibt, beides zu sein, »value-free and value-based in the same breath« (Blaikie 1999: 11 f.).

Sozialgerontologie vs. Alter(n)s-soziologie

Aufgrund der multidisziplinären Ausrichtung der Gerontologie ist eine bisweilen enge Verzahnung und wechselseitige Einflussnahme der sozial- und psychogerontologischen Forschung auszumachen (vgl. Karl 2002), weshalb eine Einführung in die Soziologie des Alter(n)s auf die Rezeption psychogerontologischer Analysen nicht verzichten kann. Während damit die Interdisziplinarität des Feldes angesprochen ist, erweist sich die naheliegende Verhältnisbestimmung von Sozialgerontologie und Alter(n)ssoziologie als kontrovers. Mitunter wird eine systematische Differenzierung von Sozialgerontologie und Alter(n)ssoziologie vorgenommen, die die gerontologische Forschung als problem- und anwendungsbezogen und die soziologische Forschung als stärker theorie- und konzeptgeleitete Grundlagenforschung ausweist (vgl. z. B. Rosenmayr 1983: 304). Andere Autor_innen folgen dieser strikten Trennung nicht und betrachten die Soziologie als »zentrale Herkunftsdisziplin oder Zubringerwissenschaft für (sozialwissenschaftliche, sprich: Soziale) Gerontologie« (Backes 2003: 46), so insbesondere die Soziologie der Sozialpolitik, der Familie, der Generationen und des Lebenslaufs. Gertrud Backes moniert »dass sich die notwendigen und möglichen Beiträge der Soziologie zur Analyse des Alter(n)s in der modernen Gesellschaft – insbesondere im deutschsprachigen Bereich – von den derzeit in der Sozialen Gerontologie bereits realisierten deutlich unterscheiden.« (Ebd.) Grund hierfür sei die starke Anwendungsorientierung zu Lasten einer konzept- und theorieorientierten Forschung.

Differenzierungsprobleme

Eine dem Anspruch nach systematische – nicht allein den Ist-Zustand benennende – Differenzierung von Sozialgerontologie und Alter(n)ssoziologie würde diese Ausrichtung der Gerontologie entproblematisieren und nahelegen, dass eine positivistische, angewandte Wissenschaft neben soziologischer Grundlagenforschung ihren berechtigten Platz hat. Aus dem Blick geraten würde damit, dass eine solche Wissenschaft ihren Gegenstand wesentlich mit konstituiert und zu seiner Normalisierung beiträgt – ohne dies zu reflektieren. Hinzu kommt, dass eine systematische Unterscheidung für den angelsächsischen Raum auch der tatsächlichen Entwicklung der *Ageing Studies* der vergangenen drei Jahrzehnte nicht gerecht wird, haben sich theorieaffine kritische Strömungen wie die *Critical Gerontology*, die *Narrative Gerontology* oder die *Foucauldian Gerontology* doch explizit im gerontologischen Feld situiert. Während das »data-rich but theory-poor«-Urteil von Birren und Bengtson (1988; vgl. auch: Bury 1995; Katz 2003) angesichts dieser Entwicklungen im englischsprachigen Raum mit Blick auf seine Gültigkeit zu diskutieren ist, ist im deutschsprachigen Kontext die Klage über eine mangelnde theoretische Fundierung der Alter(n)sforschung zwar seit längerer Zeit allgegenwärtig (vgl. z. B. Rosenmayr 2003; Schroeter 2000b; van Dyk 2009a), eine vergleichbar umfassende, theoretische Entwicklung aber hat in den letzten drei Jahrzehnten nicht stattgefunden (vgl. Abschnitt III.8.).

Theorieentwicklung

Obwohl lange Zeit und zum Teil bis heute ein positivistischer Empirismus kennzeichnend für die gerontologische Forschung war/ist, ist bei aller Theoriearmut nichtsdestotrotz eine Theorieentwicklung zu beobachten, in der sich soziologische Theoriekonjunkturen widerspiegeln – von der Modernisierungstheorie über den Strukturfunktionalismus, ethnomethodologische Ansätze und feministische Theorien bis hin zu postmodernen Perspektiven. Manchmal führt der theoretische Widerhall ins Zentrum der Alter(n)sforschung, oft aber sind es nur Randbereiche, die in Abgrenzung zum alterswissenschaftlichen Mainstream Impulse aus diesen oder anderen theoretischen Strömungen aufgreifen. Und manch zentrale soziologische Debatte oder Strömung bleibt im Feld der Alter(n)sforschung gänzlich unberücksichtigt.

Rezeptionssperre der Soziologie?

Während es aus dieser Perspektive um den Einfluss der (allgemeinen) Soziologie auf die konzeptionelle wie theoretische Entwicklung der sozialwissenschaftlichen Alter(n)sforschung geht, hat Martin Kohli die Blickrichtung umgekehrt und beklagt, dass diese aufgrund ihrer ausgeprägten Anwendungs- und Problemorientierung »bisher für die Soziologie als Ganzes folgenlos geblieben« (Kohli 1992: 232) sei. Indem die zentrale makrosoziologische Frage, wie Lebensalter die Gesellschaft strukturiert und als Ordnungsprinzip funktioniert, ausgeblendet bleibe, würden Anschlüsse an die allgemeine Soziologie verspielt. So unbestreitbar diese Diagnose in ihrem Kern auch heute noch ist, so ist doch zweierlei zu fragen: Zum einen, ob sie in Anbetracht von Kohlis eigenen, auch außerhalb der Alter(n)sforschung einflussreichen Analysen zur Institutionalisierung des Lebenslaufs (vgl. Kohli 1985) zumindest zu relativieren wäre (vgl. Abschnitt III.4.) und zum anderen, ob die Rezeptionssperre der Soziologie tatsächlich so einseitig der mit dem Alter(n) befassten Forschung zur Last gelegt werden kann. Auch die jüngere Theorieentwicklung im angelsächsischen Raum hat an der Alterslosigkeit der Soziologie bislang wenig geändert und instruktive Analysen zur Verschränkung von Alter und Geschlecht, wie beispielsweise Gertrud Backes (1983, 2002) oder Toni Calasanti (2009) sie vorgelegt haben, werden bis heute in der Geschlechter- und Intersektionalitätsforschung kaum zur Kenntnis genommen. Auf die Frage, warum die ›allgemeine‹ Soziologie auf dem Altersauge blind zu bleiben scheint, komme ich im abschließenden Kapitel V zurück.

3. Die Anfänge der Sozialgerontologie und ihre Ausstrahlung in die Gegenwart

Mythos Statusverlust

Eingebettet in die dominierenden soziologischen Paradigmen ihrer Zeit ging die US-amerikanische Gerontologie seit Ende der 1940er Jahre angesichts der tiefgreifenden technologischen, ökonomischen und sozialen Wandlungsprozesse im 20. Jahrhundert von einem Status- und Funktionsverlust älterer Menschen in der industrialisierten Moderne aus. Die Modernisierungstheorie – als implizite Hintergrundtheorie gerontologischer und lebenslaufbezogener Forschung – lenkte den Blick auf den historischen Wandel der gesellschaftlichen Position Älterer, wobei insbesondere dem Bedeutungsverlust der mündlichen Erzähltradition, der zunehmenden Urbanisierung und Industrialisierung sowie dem Wandel der Familien-strukturen eine zentrale Rolle für den diagnostizierten Statusverlust Älterer zugeschrieben wurde (vgl. z. B. Cowgill/Homes 1972). Tatsächlich ist die diesem Wandelszenario inhärente Annahme der hohen Wertschätzung des höheren Lebensalters in traditionalen Gesellschaften inzwischen auf Basis umfangreicher historischer Analysen widerlegt worden (vgl. z. B. Ehmer 1990). Peter Borscheid (1987) zeigt in seiner Geschichte des Alters vom 16. bis 18. Jahrhundert, dass der Umgang mit Älteren in diesem Zeitraum von der Ausgrenzung aus der Gesellschaft, dem Verstoßen und Zurücklassen bis hin zu solidarischen inner- und außerfamilialen Sorgebeziehungen reichte. Gerd Göckenjan (2000b) und Hans-Joachim von Kondratowitz (2002b) wiederum haben diskursanalytisch herausgearbeitet, dass die polare Struktur von Altersbildern – aktives/passives Alter, weises/närrisches Alter, gesundes/krankes Alter – eine jahrhundertelange Tradition hat.

3.1 Disengagement-Theorie, Aktivitätsthese und Stigma-Konzept

Disengagement-Theorie

Anders als die sich als Mythos entpuppende Annahme vom Statusverlust stellte die zunehmende Erwerbsentpflichtung des Alters als Ruhestand in der zweiten Hälfte des 20. Jahrhunderts einen realen sozialen Veränderungsprozess dar. Da eine Vergesellschaftung jenseits von Erwerbsarbeit in der damaligen wissenschaftlichen Diskussion (noch) nicht in Betracht gezogen wurde (vgl. Göckenjan 2000a: 376 f.), folgte aus dieser Entwicklung eine Analyse der Funktionslosigkeit des Alters für die Gesellschaft, von Ernest Burgess in der griffigen Formulierung der »roleless role of the elderly« (zit. n. Göckenjan 2002: 56) auf den Punkt gebracht. In der modernisierungstheoretisch und strukturfunktionalistisch geprägten Zeit der 1940er bis 1960er Jahren interessierte sich die Sozialgerontologie vor allem für die Frage, wie es älteren Menschen gelingen kann, sich an die durch den angenommenen gesellschaftlichen Funktionsverlust veränderte Altersrolle anzupassen. Anfang der 1960er Jahre stieg die *Disengagement*-Theorie von Cumming und Henry (1961) zum populärsten Analysekonzept auf. Talcott Parsons ›adelte‹ das Buch seinerzeit mit den einleitenden Worten, es handele sich um »the most serious attempt so far to put forward a general theoretical interpretation of the social and psychological nature of the aging process« (ebd.: v). Der Ansatz geht von einem unvermeidlichen, durch biomedizinische Prozesse des Abbaus und Verfalls bedingten Rückzug älterer Menschen aus den Rollenfigurationen der Erwerbsphase aus: »Ageing is an inevitable mutual withdrawal or disengagement resulting in decreased interaction between the aging person and others in the social system he belongs to.« (Ebd.: 14) In klassisch strukturfunktionalistischer Manier wird der Rückzug der Älteren als gleichermaßen funktional für Individuum und Gesellschaft beschrieben. Genau diese funktionale Legitimierung der gesellschaftlichen Marginalisierung Älterer rief alsbald scharfe Kritik hervor, »because it can so easily be used as a rationale by the non-old, who constitute the ›normal‹ in society, to avoid confronting and dealing with the issue of old people's marginality and rolelessness in American society.« (Blau 1973: 152) Der Ansatz gilt nichtsdestotrotz als »Meilenstein« (Dallinger/Schroeter 2002: 12) der sozialgerontologischen Forschung, stellte er doch das erste theoretische Modell dar, das sich um eine Analyse des Zusammenhangs zwischen Individualebene und Sozialstruktur bemühte.

Aktivitätsthese

Das alternative Paradigma der frühen Gerontologie, war die *Aktivitäts-* oder *Ausgliederungsthese*, die nicht von einer bio-medizinisch bedingten Diskontinuität, sondern von der Möglichkeit und normativen Wünschenswertigkeit einer fortgesetzt aktivitätsbasierten Lebensweise bis ins hohe Alter ausgeht (vgl. Havighurst et al. 1968; Tartler 1961). Chronologisch eigentlich vor der *Disengagement*-Theorie datierend, welche sich auch als Antwort auf das optimistische Kontinuitätsmodell der Aktivität verstand, wurde die Aktivitätsthese mit zeitlicher Verzögerung erst seit den 1970er Jahren einflussreich. Die Aktivitätsthese nimmt an, dass der bei vielen Alten zu konstatierende psycho-physische Abbau nicht die Ursache für die gesellschaftliche Ausgliederung ist, sondern vielmehr deren Folge. Ein positives, die Defizitperspektive überwindendes Altersbild wird unlösbar mit dem aktiven Tätigsein älterer Menschen verbunden, die Aktivitätsthese setzt auf Kontinuität im Lebenslauf und betont, ältere Menschen seien »the same as middle-aged people« (Havighurst et al. 1968: 161). Es sei besser für sie, »to be active than to be inactive; to maintain the patterns characteristic of middle age rather than to move to new patterns of old age« (ebd.). Zugleich operiert die Aktivitätsthese jedoch mit einem sehr weiten und konzeptionell unterbestimmten Aktivitätsverständnis (vgl. kritisch z. B. Dieck/Naegele 1993: 148 f.; Katz 1996: 127 f.), das den analytischen Gehalt der Kontinuitätsaussage beträchtlich schwächt – so insbesondere, wenn man die niedrigschwelligen Beschäftigungen vergegenwärtigt, die seit den 1970er Jahren in der organisierten Altenhilfe im Geiste der Aktivitätsthese angeboten wurden. Bei aller Diffusität des zugrunde gelegten Aktivitätskonzeptes, affirmiert der Ansatz nichtsdestotrotz die Leistungsansprüche der kapitalistischen Erwerbsgesellschaft und erklärt die mittleren Lebensjahre zur uneingeschränkt positiven Referenzgröße, der auch Menschen hohen Alters problemlos entsprechen können. Diese »Übergeneralisierung eines dogmatischen Optimismus« (Rosenmayr 1995: 145) steht der biomedizinisch-begründeten, d. h. naturalisierten Defizitperspektive der *Disengagement*-Theorie entgegen.

Perspektiven im Konflikt

Die US-amerikanischen Debatten im Spannungsfeld von *Disengagement* und Aktivitätstheorem waren über die Landesgrenzen hinaus einflussreich und prägten auch die sozialwissenschaftliche Altersforschung in Europa. Während sich die *Disengagement*-Theorie aufgrund der Persistenz negativer, abbauorientierter Altersstereotype in der Gesellschaft weiterhin einer gewissen Alltagsplausibilität erfreuen dürfte, ist im wissenschaftlichen Feld eindeutig die Aktivitätsthese »a winning rejoinder to the disengagement scenario« (Katz 1996: 127). Von den – je nach Perspektive positiven oder idealisierenden – Szenarien der Aktivitätsthese abweichende Positionen standen sowohl im gerontologischen Feld als auch in der Altenhilfepolitik seit den 1970er Jahren zunehmend im Verdacht altersfeindlich zu sein und ein Defizitmodell zu fördern (vgl. Knopf et al. 1999: 100 f.).

Stereotypenbildung

So gegensätzlich beide Perspektiven inhaltlich akzentuiert sind – Aktivität versus Rückzug, Kontinuität versus Diskontinuität, Abbau versus Kompetenzerhalt –, so sehr verdeckt ein solcher Fokus fließende Übergänge und ähnliche konzeptionelle Schwächen. Die Übergänge äußern sich bereits in personeller Hinsicht, hat Havighurst als einer der Hauptvertreter der Aktivitätsthese doch auch Aussagen im Sinne der Rückzugsthese getätigt (vgl. Backes/Clemens 2013: 128).

Gerade in Anbetracht des diffusen Aktivitätskonzepts der Aktivitätsthese ist es mitunter eine graduelle Frage, ob eine Praxis als Aktivität oder als Ausgestaltung des Rückzugs aus vorherigen Rollenkonfigurationen gewertet wird. Was theoretisch-konzeptionelle Gemeinsamkeiten betrifft, verallgemeinern beide Ansätze gleichermaßen eine Perspektive (Aktivität bzw. Rückzug) und tragen somit zur Stereotypenbildung über ein vermeintlich einheitliches Alter bei. Auch teilen *Disengagement*-Theorie wie Aktivitätsthese »die Orientierung an einer einzigen Normalität, an der die Fähigkeiten alter Menschen gemessen werden. Die Vertreter des Defizitmodells behaupten, dass die Alten dieser Normalität nicht mehr gerecht werden, die Vertreter des Gegenmodells weisen die generell unterstellte Normalitätsabweichung zurück.« (Schachtner 1988: 20) Diese Normalitätsunterstellung korrespondiert mit einem beide Ansätze kennzeichnenden strukturfunktionalistischen Gleichgewichtsdenken mit Blick auf die (notwendige) Einpassung des Individuums in die Gesellschaft, wobei der Fokus eindeutig auf die individuellen Anpassungsleistungen bei gleichzeitiger Vernachlässigung struktureller Rahmenbedingungen gerichtet ist.

Ausblendung sozialer Ungleichheit

Es handelt sich in beiden Fällen, wenn auch mit unterschiedlichen Akzentsetzungen, um inhärent konservative, die gesellschaftlichen Verhältnisse affirmierende Theorien, die die Funktionalität sozialen Verhaltens adressieren und gesellschaftliche Widersprüche sowie Interessenkonflikte ausblenden bzw. ausschließlich negativ als Funktionsstörung betrachten. Zwar problematisiert die Aktivitätsthese, anders als die *Disengagement*-Theorie, die gesellschaftliche Ausgliederung der Älteren. Eine Analyse in gesellschaftstheoretischer Absicht bleibt jedoch weitgehend aus und der dem Ansatz eigene radikale Optimismus versperrt gleichermaßen den Blick auf strukturelle Hindernisse für die Realisierung einer aktiven Lebensführung wie auf den Umgang mit nicht mehr leistungsfähigen Personen. Die Ausblendung sozialer Ungleichheiten und individuell-biografischer Unterschiede, die entscheidend für die Frage sein können, ob und in welchen Bereichen ein Mensch eher dem Rückzug zuneigt oder aktivitätsorientierte Lebensweisen aufrecht erhält (vgl. kritisch z. B. Lenz et al. 1999:

41; Katz 1996: 127 ff.), geht schließlich einher mit der Orientierung an männlichen Lebensbedingungen der Mittelschicht, die nicht expliziert, sondern als vermeintlich universale Norm unterstellt werden (vgl. kritisch: Backes/Clemens 2013: 139 f.).

Stigma-Konzept

So sehr die Polarität von *Disengagement*-Theorie und Aktivitätstheorem die ersten Jahrzehnte gerontologischer Forschung dominiert, so wenig sollte dies andere Ansätze aus dem Blickfeld treten lassen.[13] An dieser Stelle soll lediglich ein theoretisch kontrastierender, für die weitere theoretische Diskussion bedeutsamer Ansatz vorgestellt werden, und zwar das im symbolischen Interaktionismus wurzelnde Konzept vom »Alter als Stigma« (Hohmeier/Pohl 1978). Während strukturfunktionalistische Ansätze die gesellschaftliche Ordnung und die auf diese bezogenen Systemerfordernisse zentral stellen und den Gegenstand der Analyse – das Alter – voraussetzen, interessiert sich der interaktionistische *Stigmatisierungsansatz* im Anschluss an die Arbeiten Erving Goffmans für eine ganz andere Perspektive: Im Zentrum steht hier nicht die Frage nach vermeintlich objektiven Ereignissen und Tatbeständen und ihrer systemischen Verarbeitung, sondern ganz im Sinne des interpretativen Paradigmas die Frage danach, wie Alter(n) als soziales Problem in Prozessen kommunikativen sozialen Handelns konstituiert wird. Aus dieser mikrosoziologischen Perspektive wird die Stigmatisierung des Alters als Effekt alltäglicher Interaktionen und Habitualisierungen analysiert. Hohmeier argumentiert Ende der 1970er Jahre dafür, dass das ursprünglich für gesellschaftliche Randgruppen und Randständige entwickelte Stigma-Konzept auch für die Erfassung und Analyse der Lebensphase Alter geeignet sei, »weil die Erklärungen in der Regel monokausal ausfallen – die Ursachen werden mehr oder weniger ausschließlich in biologischen Veränderungen gesucht – weil die Bewertungen fast immer negativ sind – alt zu sein, gilt als unvereinbar mit zentralen gesellschaftlichen Werten – und weil die Definitionen bestimmbare ungünstige Konsequenzen für die subjektive und objektive Situation alter Menschen haben.« (Hohmeier 1978: 12) Ein zentraler Kritikpunkt an der Aktivitätsthese ist vor diesem Hintergrund deren radikaler Optimismus und die Vernachlässigung der Wirkungen vorherrschender negativer Altersstereotype auf ältere Menschen und ihren Aktionsradius. Anders als der strukturelle Konservatismus strukturfunktionalistischer Ansätze zeichnet sich der Stigma-Ansatz durch eine dezidiert kritische Haltung gegenüber der analysierten Gesellschaft aus (vgl. ebd.: 72). Das Alter als Abweichung von der unterstellten Normalität der mittleren Lebensjahre wird nicht mehr versucht, »durch Rückgriff auf biologische oder psychische Merkmale zu erklären, sondern durch gesellschaftliche Definitionsprozesse, bei deren Durchsetzung sozial ungleiche Macht- und Chancenverteilung von Bedeutung sind« (Backes/Clemens 2013: 153 f.).

Kritik

Kritisiert wird am Stigma-Ansatz die Vernachlässigung der Bedeutung materieller Ressourcen und Lebensbedingungen für die gesellschaftliche Abwertung älterer Menschen, bei gleichzeitiger Überakzentuierung von symbolischen Zuschreibungen und Altersbildern (vgl. z. B. Kohli 1992: 237). Auch die gesellschaftliche Institutionalisierung von Altersstereotypen, die über Interaktionskontexte hinausgeht, finde, so diese Kritik, zu wenig Berücksichtigung. Andere Autor_innen haben in Frage gestellt, ob das Alter tatsächlich in seiner Breite als gesellschaftliches Randphänomen zu betrachten ist und moniert, dass mit dieser Perspektive sowohl die Privilegierung mancher Älterer als auch die zunehmende Pluralisierung von Altersbildern aus dem Blick gerate (vgl. Prahl/Schroeter 1996: 245).

3.2 Gerontologische Anschlüsse an die Aktivitätsthese und ein Sprung in die Gegenwart

Affirmation des Aktivitätsfokus

Wenn man die frühe gerontologische Theoriebildung und ihre Polarisierung entlang von *Disengagement* und Aktivität aus heutiger Perspektive reflektiert, zeigt sich, dass sich das Aktivitätsparadigma verallgemeinert und die originäre Aktivitätsthese überlebt hat: Aktivität ist »zu einer Zauberformel im Hinblick auf das Altern geworden« (Tokarski 1998: 110), sodass die Aktivitätsthese sich als Ursprung eines heute kaum mehr in Frage gestellten »positive ageing paradigms« (Martinson/Halpern 2011: 427) erweist.

Sowohl sozialpsychologisch grundierte gerontologische Ansätze eines erfolgreichen Alterns als auch aktuelle Diskussionen um ein aktives und produktives Alter (vgl. im Überblick: van Dyk 2009a; van Dyk/Graefe 2010) schließen an ein derart verallgemeinertes Verständnis vom positiven, da aktiven Alter(n) an. Inwiefern sich diese Verallgemeinerung und Affirmation des Aktivitätsfokus einpasst in die sozio-ökonomischen und politischen Entwicklungen seit den ausgehenden 1970er Jahren, die unter den Stichworten Neoliberalismus, Deregulierung und Subjektivierung diskutiert werden, wird in zeitdiagnostischer Absicht Gegenstand des Abschnitts IV.2. sein. Während die Diskussionen um die Aktivierung des Alters mit Blick auf utilitaristische Aktivitäten wie ehrenamtliches Engagement, Pflege- und Betreuungsarbeit oder fortgesetzte Erwerbsarbeit vor allem politisch induziert – und gerontologisch flankiert – sind, handelt es sich bei den Ansätzen des erfolgreichen Alterns um genuin (psycho-)gerontologische Theorien, die ob ihres großen Einflusses auf die sozialwissenschaftliche Alter(n)sforschung sowie als zentrale Abgrenzungsfolie der sich entwickelnden kritischen Gerontologie kurz vorgestellt werden sollen.

Pro-Ageing

Stimuliert durch die gerontologische Aktivitätsthese hat sich in der deutschen (Sozial-)Psychologie das Konzept des kompetenten bzw. erfolgreichen Alter(n)s herausgebildet (vgl. Baltes/Baltes 1989; Baltes/Carstensen 1996). Erfolgreiches Altern kann man als grundlegende Fähigkeit betrachten, auf Herausforderungen des Selbst sowie biologischer und ökologischer Systeme angemessen und flexibel zu reagieren. In der Stoßrichtung der Aktivitätsthese ähnlich, in der Ausarbeitung aber differenzierter und empirisch fundierter, ist das Konzept eine kritische Antwort auf die biomedizinische Grundierung des Defizitmodells vom Alter(n): Zwar wird die biomedizinische Begründung des Alterns als Abbauprozess nicht substanziell zurückgewiesen, gleichwohl aber die Plastizität und Gestaltbarkeit des Prozesses unterstrichen, verbunden mit dem Appell, diesen Spielraum individuell zu nutzen. Es geht aus dieser Perspektive weniger darum, nicht zu altern, als darum, den (unabwendbaren) Alternsprozess durch Selektion (Konzentration auf Bereiche hoher Priorität) und Kompensation

(Ausgleich nicht mehr ausführbarer Tätigkeiten) zu optimieren. Das psychogerontologische Erfolgs- und Kompetenzmodell hat wesentlichen Einfluss auf Prämissen der Altenhilfepolitik im deutschsprachigen Raum gehabt und zu einem Paradigmenwechsel von der Fürsorgepolitik zum *Empowerment* beigetragen (vgl. z. B. Knopf et al. 1999: 130 ff.). Zugleich hat insbesondere Paul Baltes in seinen Arbeiten nie einen Zweifel daran gelassen, dass die Gestaltbarkeit vor allem das sogenannte Dritte Alter und weniger die Höchstaltrigkeit des Vierten Alters betrifft. Den undifferenzierten Optimismus der Aktivitätsthese zurückweisend, sprach er über die Zukunft des Alterns als »Hoffnung mit Trauerflor« (Baltes 1996: 29): »The Fourth Age threatens some of the most precious features of the human mind such as intentionality, personal identity and psychological control over one's future as well as the chance to live and die with dignity.« (Baltes/Smith 2003: 124)

Anti-Ageing

John W. Rowe und Robert L. Kahn (1998) haben ein gleichlautendes, ebenfalls empirisch grundiertes Konzept des erfolgreichen Alterns vorgelegt, das sich in einigen zentralen Aspekten vom Erfolgsmodell nach Baltes unterscheidet. Auch Rowe und Kahn greifen dabei zentrale Grundgedanken der Aktivitätsthese auf, ohne sich explizit auf diese zu beziehen. Es gibt ihnen zufolge drei Vorbedingungen für ein erfolgreiches Altern: die Abwesenheit körperlicher Erkrankungen, eine gute körperliche und mentale Verfassung sowie eine aktive Teilhabe am Alltags- und Sozialleben, wobei sie diese drei Bedingungen in eine hierarchische Ordnung bringen: »Die Abwesenheit von Krankheit und Behinderungen machen es einfacher, die geistige und körperliche Funktionsfähigkeit aufrechtzuerhalten. Die Aufrechterhaltung der geistigen und körperlichen Funktionsfähigkeit ihrerseits ermöglicht (aber garantiert nicht), die aktive Teilhabe am Leben. Die Kombination aller drei Bedingungen – Vermeidung von Krankheit und Behinderung, Aufrechterhaltung der kognitiven und physischen Funktionsfähigkeit und anhaltende Teilhabe am Leben – *repräsentieren das Konzept des erfolgreichen Alterns am vollständigsten.*« (Rowe/Kahn 1998: 39; Hervorhebung SvD) An diesem Zitat lässt sich ersehen, dass die Kriterien, die zunächst nur als Vorbedingung für ein erfolgreiches Altern benannt wurden – und damit unterschiedliche Ausgestaltungen dessen offen gelassen hätten –, sukzessive zum Konzept selbst avanciert sind (vgl. kritisch: Holstein/Minkler 2003: 212). Während Baltes und Carstensen betonen: »Success does not and should not be measured against one standard.« (Baltes/Carstensen 1996: 404), tun Rowe und Kahn genau dies: Krankheit, körperliche Einschränkungen und abnehmende soziale Aktivität werden per se zu Kriterien des Scheiterns erklärt, womit sie auf deutlich strengere, weniger altersspezifisch konkretisierte und sozial differenzierte Erfolgsmaßstäbe setzen. Die biomedizinische Defizitbestimmung des Alterns wird radikal zurückgewiesen und das Altern selbst zu einer Frage des individuellen Bemühens erklärt: »The frailty of old age is largely reversible [...] what does it take to turn back the ageing clock? It's surprisingly simple [...] Success is determined by good old-fashioned hard work.« (Rowe/Kahn 1998: 102) Das auf Basis einer 10 Millionen Dollar teuren – von der *McArthur-Stifung* finanzierten – Studie entwickelte Konzept des *Successful Ageing* gilt gegenwärtig als einer der bekanntesten gerontologischen Ansätze überhaupt (vgl. Holstein/Minkler 2003: 787).

Optimierung als Leitdevise

Beide Ansätze Revue passieren lassend, wird deutlich, dass wir es mit zwei unterschiedlichen Lesarten eines erfolgreichen Alterns zu tun haben, von denen letztere im Sinne des *Anti-Ageing* auf das Nicht-Altern als Erfolgsfall fokussiert, während es ersterer eher im Sinne eines *Pro-Ageing* um die Optimierung des Alterns angesichts unabänderlicher altersbedingter Einschränkungen geht. So unterschiedlich die beiden skizzierten Konzepte damit einerseits sind, so sehr verweisen sie andererseits auf das Kontinuum von Positionen zwischen den Polen *Anti-* und *Pro-Ageing*, Heilung und Optimierung, (ex-ante)-Prävention und (ex-post)-Kompensation. Die (gemeinsame) populäre Devise lautet, durch individuell zu verantwortende präventive Maßnahmen – die von gesunder Ernährung, sportlicher Betätigung, mentalen Programmen, aktiver Lebensführung, medikamentösen Therapien bis hin zu technologischen Eingriffen reichen können – die aktive Lebenserwartung zu steigern, Einschränkungen und Funktionsverluste so lange wie möglich hinauszuzögern und sie im Fall ihres Eintretens so zu bewältigen, dass die Lebensführung optimiert wird (vgl. Moody 2005: 59 f.). Auch wenn soziale Rahmenbedingungen bei Paul Baltes und seinen Kolleg_innen eine größere Rolle spielen als bei Rowe und Kahn, handelt es sich doch in beiden Fällen um dezidiert sozialpsychologische, die individuellen Kapazitäten und Handlungsweisen adressierende Perspektiven. Nicht um die *soziale* Konstruktion des Alter(n)s geht es hier, sondern um die *individuelle* Steuerung und Gestaltung des Alternsprozesses.

4. Dynamische Perspektiven: Altersstrukturierung, Lebens(ver)lauf und Biografie

Alter als Ordnungsprinzip

Während das Alter als soziales Problem und die Frage der individuellen Anpassung alternder Menschen die Debatten der frühen Gerontologie geprägt haben, spielte das Lebensalter als gesellschaftliches Strukturprinzip im gerontologischen Kontext zunächst keine Rolle. Es ist der historischen Dominanz des Strukturfunktionalismus geschuldet, dass der erste Ansatz, der sich systematisch für das Alter als Ordnungsprinzip sowie für soziale Wandlungsprozesse auf der Basis von Kohorten- und Generationenfolgen interessierte, ebenfalls strukturfunktionalistischer Provenienz war: das Altersstratifikations- oder Altersschichtungskonzept von Matilda W. Riley und Kolleg_innen (1972), einer der meistzitierten Ansätze der gerontologischen Forschung überhaupt (vgl. McMullin 2000: 518). Der Ansatz analysiert die (horizontale) Schichtung der Gesellschaft entlang von Altersgruppen in Analogie zu Theorien (vertikaler) sozialer Schichtung und richtet den Blick auf altersbasierte Statuspositionen und entsprechende Rollenerwartungen, durch die verschiedene Kohorten von Individuen bildlich gesprochen ›hindurchgehen‹. Mit dieser Dynamisierung der vorherrschenden Altersrollentheorie werden neben einem Rekurs auf das Parson'sche Sozialisationsmodell vor allem soziologische Analysen zur Generationenfolge (vgl. Mannheim 1964) und zur Bedeutung von Geburtskohorten (vgl. Ryder 1965) aufgegriffen bzw. in die Gerontologie eingespeist.

Alter als gesellschaftlicher Mechanismus

Riley et al. interessieren sich im Anschluss an Parsons zunächst insbesondere für die Altersgruppen-Sozialisation, die als ein Prozess verstanden wird, »[that] serves to teach individuals at each stage of the life course how to perform new roles, how to adjust to changing roles, and how to relinquish old ones« (Riley et al. 1972: 11). Obwohl der Ansatz damit eindeutig dem Strukturfunktionalismus und der Rollentheorie verhaftet bleibt, eröffnet er doch neue Perspektiven, stärkt die Bedeutung struktureller Faktoren und beginnt das Alter(n) zu historisieren, indem es nicht mehr als universales Prinzip vorausgesetzt wird (vgl. Phillipson/Baars 2007: 74 f.). Neu war vor allem, das Alter nicht nur mit Blick auf individuelle Anpassungsprozesse zu analysieren, sondern als gesellschaftlichen Mechanismus, durch den Verhalten, Machtverteilungen und Lebenschancen im Lebenslauf reguliert werden, und dabei Kohorten- und Generationenfolgen als Motoren sozialen Wandels in den Blick zu nehmen: »Because society changes, members of different cohorts (i. e. born at different times) age in different ways, over their lives, from birth to death, people move through structures that are continually altered with the course of history.« (Riley et al. 1999: 333) Mit dieser Perspektive auf sozialen Wandel werden Alters- und Kohorteneffekte zunehmend systematisch unterschieden.

Kritik

Nichtdestotrotz hat der Ansatz vielfältige Kritik provoziert und gilt heute als überholt. Tatsächlich wird der in Anspruch genommene Fokus auf sozialen Wandel kaum für konkrete Kontexte untersucht. Martin Kohli konstatiert, dass es dem Ansatz zwar gelinge »die Bedeutung von Lebensalter und Lebenslauf als allgemeine gesellschaftliche Strukturprinzipien und die formale Dynamik von Alternsprozessen und Kohortenfolgen darzustellen. Der Preis dafür ist aber, daß historische Ausprägungen und historische Veränderungen der Altersorganisation von Gesellschaften immer nur als – mehr oder weniger beliebige – ›Beispiele‹ für die allgemeinen formalen Prozesse eingeführt werden.« (Kohli 1992: 238) Darüber hinaus fällt der Fokus hinter die von Karl Mannheim angeregte qualitative Bestimmung von Generationen mit Blick auf Fragen des subjektiv erlebten Generationenzusammenhangs zurück und adressiert in formaler Hinsicht lediglich Geburtskohorten in sozialräumlicher Nähe (vgl. kritisch: Amrhein 2008: 99). Auch hier geraten historische Spezifika und die damit einhergehende Frage, unter welchen Bedingungen Kohorten in welcher Weise zu Agenten des Wandels werden, aus dem Blick. Der Hauptkritikpunkt jedoch richtet sich gegen die Ausblendung von sozio-ökonomischen Unterschieden und Lebenslagen innerhalb von Kohorten, die auch die (zunehmende) soziale Heterogenität der Lebensphase Alter ignoriere (vgl. Phillipson/Baars 2007: 75). Bei aller Kritik hat der Ansatz dennoch wichtige Impulse für eine lebenslaufbezogene Dynamisierung der Altersforschung gegeben. Mit der an das Altersschichtungsmodell anschließenden Diskrepanzthese (vgl. Riley/Riley 1992) wird zudem auf eine strukturelle Kluft zwischen den individuellen Möglichkeiten und Ambitionen Älterer und den an vorherigen Kohorten orientierten gesellschaftlichen Opportunitätsstrukturen hingewiesen.

Sozialstrukturanalyse

Für die im Kontext der Altersschichtungs-Theorie ausgeblendeten Intra-Kohorten Unterschiede interessieren sich *Sozialstrukturanalysen des Lebensverlaufs* auf der Aggregatsebene, d. h. Analysen von Lebensverlaufsmustern innerhalb bestimmter Kohorten (vgl. z. B. Dannefer 2003; Mayer/Blossfeld 1990). An die Stelle von pauschalen Aussagen über ›bedürftige Alte‹ oder ›wohlhabende Babyboomer‹ tritt die Analyse von sozialstrukturellen Unterschieden und ihrer Entwicklung im Lebensverlauf. Dabei zeigen empirische Analysen recht eindeutig, dass soziale Ungleichheiten mit zunehmendem Alter nicht nivelliert werden, sondern sich vielmehr vertiefen. Dale Dannefer (2003) hat das *Cumulative Advantage and Disadvantage Model* (CAD) entwickelt, das die zunehmende soziale Schere als lebenslaufbezogenen Akkumulationsprozess analysiert, der dem Matthäus-Prinzip folge – wer hat, dem wird gegeben. Indem sich die Lebensverlaufsforschung auf Sozialstrukturanalysen konzentriert und auf der Aggregatsebene operiert, betrachtet sie den Lebensverlauf als »empirisch nachgeordnete Folge« (Mayer 1996: 48). Damit interessiert sie sich weder für die soziale Konstruktion des Lebenslaufs als strukturbildenden Mechanismus gesellschaftlicher Ordnung noch für die subjektive, biografische Perspektive.

Lebensverlaufsforschung

Von der auf der Aggregatsebene operierenden Lebensverlaufsforschung ist die seit Ende der 1970er Jahre an Fahrt gewinnende und sich ausdifferenzierende *Lebenslaufforschung*[14] zu unterscheiden. Diese strebt in weiten Teilen eine Verknüpfung von Lebenslaufstruktur und biografischer Praxis und damit eine Verschränkung von Mikro- und Makroebene an – mit gleichwohl sehr unterschiedlichen Akzentsetzungen. Während in der US-amerikanischen Forschung mikrosoziologisch grundierte Perspektiven vorherrschen, sind Lebenslaufansätze im europäischen Kontext stärker makrosoziologisch orientiert, mit einem ausgeprägten Fokus auf die Rolle des Staates (vgl. Marshall/Clarke 2007: 628). Gemeinsam ist ihnen im Anspruch der Verschränkung der Ebenen aber die doppelte Abgrenzung von strukturfunktionalistischen Theorien und ihrer Reduktion von Subjekten auf passfähige ›Rollenerfüller‹ einerseits sowie von individualistisch-voluntaristischen Vorstellungen und entwicklungspsychologischen Modellen einer allein individuell gestalteten Biografie andererseits.

Institutionalisierung des Lebensverlaufs

Die Analysen Martin Kohlis zur *Institutionalisierung des Lebenslaufs* (vgl. Kohli 1985, 2003) stellen herausragende Beiträge an der Schnittstelle von Alter(n)sforschung und allgemeiner Soziologie dar, die über den deutschsprachigen Raum hinaus die Auseinandersetzung mit der Lebenslaufperspektive bestimmt haben. Kohli arbeitet heraus, dass und inwiefern »Lebenslauf und Lebensalter als eine eigenständige gesellschaftliche Strukturdimension aufzufassen sind. Es handelt sich nicht nur um die Variation sozialer Gegebenheiten in der Zeit oder um zeitliche Abläufe, sondern um eine ›soziale Tatsache‹ eigener Art, die durch ein besonderes Regelsystem generiert wird. Lebenslauf kann (ähnlich wie Geschlecht) als eine soziale Institution konzeptualisiert werden – nicht im Sinn einer soziale Gruppierung, d. h. eines Aggregats von Individuen, sondern im Sinn eines Regelsystems, das einen zentralen Bereich oder eine zentrale Dimension des Lebens ordnet.« (Kohli 1985: 1) Kohli analysiert die Institutionalisierung des Lebenslaufs als politische Herstellung und Absicherung der Dreiteilung des Lebens in Kindheit/Jugend, Erwachsenenalter und Alter. Die Einführung der Schulpflicht, die Etablierung von Schutzrechten für Kinder, die Institutionalisierung von Ausbildungswegen sowie biografische Vereinheitlichung des Alters als sozialpolitisch abgesicherter Ruhestand stellen hier die entscheidenden Schritte dar: »das Bildungs- und das Rentensystem sind die organisatorischen Träger der Ausdifferenzierung der wichtigsten Lebensphasen« (ebd.: 9). Neu war zudem, dass institutionelle Regeln zunehmend an chronologische Altersgrenzen gebunden wurden. Dass Kindheit, Jugend und Alter an den Rand der Disziplin gedrängt und in Bindestrich-Soziologien ausgelagert werden, hatte – so Kohli (1992) – zur Folge, dass ihre systematische Zusammenführung im Kontext einer Lebenslaufanalyse unterblieb.

Individualisierung des Lebens

Kohli analysiert die Institutionalisierung des Lebenslaufs als Antwort auf die mit der Modernisierung einhergehende umfassende Pluralisierung und Individualisierung des Lebens, diene die Institution doch »als Ablaufprogramm und mehr noch als langfristige perspektivische Orientierung für die Lebensführung. In diesem Sinn ist die Institutionalisierung des Lebenslaufs das notwendige Korrelat zur Freisetzung des Individuums, das funktionale Äquivalent zur früheren äußeren Kontrolle.« (Kohli 1985: 15) Der institutionalisierte Lebenslauf ist gekennzeichnet durch den für Institutionen typischen Doppelcharakter, sowohl handlungsentlastend als auch einschränkend – da standardisierend und normierend – zu wirken. So war die sich seit den 1950er Jahren in den Industrienationen herauskristallisierende fordistische ›Normalbiografie‹ im Zusammenspiel mit der ›Normalfamilie‹ und dem ›Normalarbeitsverhältnis‹ orientiert an der Norm männlicher Erwerbsarbeit und einem konservativen Geschlechterregime, das für die Ehefrau und Mutter die Rolle der Hausfrau oder Zuverdienerin vorsah (vgl. Ostner 1995). Die als typisch erachtete klare Dreiteilung des Lebenslaufs war damit – und diesem Punkt schenkt Kohli zu wenig Beachtung – ein dezidiert männlicher Lebenslauf, von dem weibliche Lebensläufe mit Erwerbsunterbrechungen unterschiedlicher Länge und ggf. Teilzeitarbeit immer schon abgewichen sind (vgl. kritisch z. B. Katz 1996: 61 f.).

Geschlechterrollen

Während für den männlichen Lebenslauf der Übergang von der Erwerbsarbeit in den Ruhestand als Altersübergang in das höhere Lebensalter fest institutionalisiert war, haben viele Frauen diesen

Übergang lediglich vermittelt über den Ehemann erlebt, während für typisch weibliche Lebensläufe markante, gleichwohl nicht politisch institutionalisierte Einschnitte wie der Auszug des letzten Kindes oder der Verlust des Partners lange Zeit vergleichsweise wenig beachtet worden sind (vgl. kritisch z. B. Backes 2002: 117 ff.). Auch die Frage, wie Lebensläufe im Familienkontext verbunden werden und wie sich Geschlechterrollen und Machtungleichgewichte zuungunsten der Frau in diese Verbindung einschreiben, hat in der Lebenslaufforschung erst nach und nach größere Aufmerksamkeit erhalten (vgl. z. B. Born/Krüger 2001).

Struktur und Handlung

Neben der Institutionalisierung von Lebensläufen im Sinne einer »äußere[n] Sequenzierung des Lebens« (Kohli 1985: 10) hat Kohli unter Bezugnahme auf Norbert Elias (1969) und Michel Foucault (1994) den Blick darauf gerichtet, wie die institutionalisierte – und dabei stets symbolisch-kulturell vermittelte – Struktur von den Subjekten verarbeitet, verinnerlicht und damit wirkmächtig wird. Hier geht es darum, wie der äußere Zwang der Institution als heteronome Realität biografisch angeeignet wird. Obwohl Lebenslauf und Biografie in diesem Sinne eng miteinander verwoben sind, liegt doch kein einfaches Passverhältnis vor: »Biographisches Handeln weist – wie jedes Handeln – ein Moment von Emergenz und Autonomie auf« (ebd.: 21). Neben dieser theoretischen Bestimmung des Verhältnisses von Struktur und Handlung in Gestalt von Lebenslauf und Biografie führt Kohli dieses Verhältnis auch zeitdiagnostisch aus: Für das ausgehende 20. Jahrhundert, als die moderne Normalbiografie an Orientierungsfunktion einzubüßen beginnt, macht er eine zunehmende »Biographisierung des Handelns« (Kohli 2003: 530) aus, die explizit als »Umstellung des Institutionalisierungsmodus vom äußeren Ablauf des Lebens auf seine individuelle Gestaltung« (ebd.) gedacht ist.

De-Standardisierung von Lebensläufen?

Die Institutionalisierung des Lebenslaufs hat – ohne jemals, zumal in geschlechtsspezifischer Hinsicht, allgemeingültig gewesen zu sein – ihren Höhepunkt in den 1970er Jahren erreicht. Seitdem ist mit Blick auf die Pluralisierung von Ausbildungswegen, die De-Regulierung von Arbeitsverhältnissen, den Wandel der Geschlechterverhältnisse und die Vervielfältigung von Übergängen in den Ruhestand eine De-Standardisierung von Lebensläufen zu konstatieren. Kohli fragt Mitte der 1980er Jahre angesichts dieser Entwicklungen, ob es sich um eine »bloße konjunkturelle Ausbuchtung« oder um den »Beginn eines neuen Strukturwandels« handelt (Kohli 1985: 23), mit dem möglicherweise – so die aus heutiger Sicht zweifelhafte Prognose von Backes und Clemens (2003: 344) – auch die Bedeutung von Alter als »aussagekräftige[r] Kategorie sozialwissenschaftlicher Analyse« schwinden könnte.

Beharrlichkeit der Struktur

Fast 20 Jahre nachdem Kohli die Frage aufgeworfen hatte, ob eine De-Institutionalisierung des Lebenslaufs als neuerlicher Strukturbruch ins Haus stehe, kommt er zu dem Schluss, dass sich die grundlegende Struktur des Lebenslaufs als erstaunlich beharrungskräftig erwiesen habe (vgl. Kohli 2003: 538). Um diesem Sachverhalt Rechnung tragen zu können, ohne die sich zugleich vollziehenden Prozesse der Pluralisierung und Heterogenisierung aus dem Blick zu verlieren, schlägt Ludwig Amrhein vor, von einer Verflüssigung statt einer De-Institutionalisierung des Lebenslaufs zu sprechen. Er versteht diese Veränderungsprozesse »eher als Weiterführung der Verzeitlichung und Chronologisierung des Lebenslaufes und weniger als dessen Entstrukturierung und De-Institutionalisierung. Biographische Lebenslaufsequenzen bleiben nämlich als institutionalisierte Ablaufprogramme bestehen, lediglich ihre zeitlichen Anfangs- und Endpunkte werden flexibilisiert und individualisiert.« (Amrhein 2010: 92 f.) Was jedoch nicht vonstattengeht, ist eine weitgehende Integration vormalig abgegrenzter Lebensphasen: Tatsächlich stellen Kindheit und Jugend, Erwachsenenalter sowie das höhere Lebensalter mit seiner Binnendifferenzierung in ein Drittes und Viertes Alter weiterhin zentrale, größtenteils hoch institutionalisierte, gleichwohl an Pluralität gewinnende, strukturgebende Phasen des Lebenslaufs dar.

Obwohl Martin Kohli mit der Differenzierung von Lebenslauf als institutionalisierter Struktur und Biografie als subjektiver Ko-Konstruktion des Lebenslaufs theoretisch-konzeptionell dem Zusammenspiel von Makro- und Mikroebene Rechnung trägt, steht doch eindeutig die Analyse der Institutionalisierung und nicht die der Biografisierung im Zentrum seiner Analysen. Die konsequente – auch empirisch ausgeführte – Hinwendung zur Perspektive der Subjekte als Biografiegeneratoren und narrativen Akteuren gewinnt seit den 1980er Jahren im Kontext der sich herausbildenden *Critical Gerontology* an Kontur (vgl. Abschnitt III.7).

5. Political Economy of Ageing

In Abgrenzung zum strukturfunktionalistischen Paradigma und dem vorherrschenden Fokus auf die individuellen Anpassungskapazitäten und -praktiken älterer Menschen entstand in den USA wie in Großbritannien seit Ende der 1970er Jahre eine marxistisch inspirierte *Political Economy of Ageing*, die den Status des Altseins als soziale Konstruktion unter kapitalistischen Vorzeichen analysierte und sich für die Kontrolle und Normierung älterer Menschen durch wohlfahrtsstaatliche Leistungen und medizinische Programme interessierte (vgl. Estes 1979; Walker 1981; Phillipson 1982). Mit dem Aufstieg der zwar jenseits des gerontologischen Mainstreams operierenden, aber gleichwohl seinerzeit einflussreichen *Political Economy of Ageing* kam die Rezeption US-amerikanischer Ansätze in der deutschsprachigen Gerontologie – abgesehen von den bereits etablierten Konzepten – weitgehend zum Erliegen (vgl. zu dieser Entkoppelung Abschnitt III.8.).

Erzeugung des Alter(n)s

Im Kontext der *Political Economy of Ageing* wurde eine dezidiert strukturalistische Perspektive propagiert »[that] starts with the proposition that the status and resources of the elderly, and even the trajectory of the ageing process itself, are conditioned by one's location in the social structure and the economic and political factors that affect it« (Estes et al. 1982: 155). In deutlicher Abgrenzung gegenüber strukturfunktionalistischen und biomedizinischen Modellen ging es darum, das Problem der Abhängigkeit des Alters nicht mit natürlichen, physisch-psychischen Abbauprozessen oder individuellen Anpassungsproblemen zu erklären, sondern die sozial-, arbeitsmarkt-

und gesundheitspolitische Erzeugung des Alter(n)s als Problem in der kapitalistischen Ökonomie zu analysieren: »Thus, the expansion of health and social services in this period was a two-sided coin: it enhanced the welfare of older people, but it was delivered in ways that reinforced their dependency and powerlessness.« (Walker 1999: 370). Die Perspektive auf die politische Ökonomie des Alter(n)s wird von zentralen Protagonist_innen des Ansatzes zudem mit einer im Anschluss an die Arbeiten von E. P. Thompson entwickelten *Moral Economy of Ageing* verknüpft, um der Bedeutung von sozialen Normen und Ideologien für die Verankerung der je konkreten Alter(n)sökonomie Rechnung zu tragen (vgl. z. B. Minkler/Cole 1991).

Problematisierung als Problem

Wegweisend für diese radikal de-naturalisierende Perspektive war die Monografie »The Aging Enterprise« von Caroll Estes (1979), die herausarbeitet, wie das amerikanische Sozial- und Gesundheitssystem die ältere Bevölkerung reguliert und systematisch in Abhängigkeit hält. Durch die Biomedikalisierung des Alters werde dieses qua wissenschaftlicher Expertise zu einem medizinischen Problem erklärt und von seinen sozio-ökonomischen Rahmenbedingungen entkoppelt: »The medicalisation of ageing via a rust medical-industrial complex is entirely with the predominant US image of ageing as a process of individual physiological and biological decline that requires biomedical research and medical interventions for its treatment. Consistent with the liberal philosophical emphasis on individual responsibility, US public policy has been predicted largely on a conception of ageing as an individual problem (and thus as an ›apolitical‹ problem of inexorable biological decline).« (Estes 1986: 125) Konsequenz dieser Kritik war und ist eine Analyseperspektive, die – anders als der gerontologische Mainstream zu Beginn der 1980er Jahre – das Alter(n) nicht als Problem voraussetzt, um sich der anwendungsbezogenen Erforschung von Bewältigungsweisen zu widmen, sondern die vielmehr die vorherrschende Problematisierung selbst zum Problem macht: »The major problems faced by the elderly are the ones we create for them.« (Estes 1979: 1)

Structured-Dependency

Mit etwas anderer Akzentsetzung, aber ähnlicher Stoßrichtung hat der britische Wissenschaftler Peter Townsend den Fokus auf die

Verrentung als Zwangspassivierung und erzwungene Ausgliederung gerichtet und diesbezüglich die vielzitierte Formulierung der »structured dependency of the elderly« (Townsend 1981: 5) geprägt. Wörtlich heißt es: »Retirement is in a real sense a euphemism for unemployment […] paradoxically being represented as a social achievement.« (Townsend 1981: 10) Nicht die spezifische Ausgestaltung der sozialpolitischen Programme, sondern grundsätzlicher noch die Verrentung selbst, als Verbannung aus den erwerbsgesellschaftlichen Anerkennungssystemen, ist der *Structured-Dependency*-Perspektive zufolge ursächlich für Abhängigkeit, Ausgrenzung und Diskriminierung des Alters.[15] Damit markiert der Übergang in den Ruhestand – ähnlich wie in der *Disengagement*-Theorie – die Passage in eine neue soziale Rolle; doch während die *Disengagement*-Theorie davon ausgeht, dass genau dieser Rollenwechsel im Sinne der auf Rückzug orientierten Älteren sei, setzt die *Political Economy of Ageing*-Perspektive ganz im Gegenteil problematisierend an der Ausgliederung an.[16] Damit wurde die Institution des Ruhestands nicht nur von den mit der Reagan-Ära an Gewicht gewinnenden Apologeten einer deregulierten Ökonomie in Frage gestellt, sondern auch von staatskritischen linken Wissenschaftler_innen.

Staat und Klasse

Wie die bisherigen Ausführungen zeigen, steht eindeutig der Staat bzw. das staatliche Handeln im Zentrum der Analysen der *Political Economy of Ageing*, wobei der Staat grundsätzlich als kapitalistischer Staat gedacht wird, ohne dass jedoch ein umfassender marxistischer Überbau präsentiert würde. Tatsächlich wird nur selten explizit und theoretisch vertiefend auf Marx Bezug genommen (und noch weniger auf einschlägige marxistische Staatstheorien), zu finden ist vielmehr die kreative Verknüpfung verstreuter (neo-)marxistischer Theorieelemente, so insbesondere klassentheoretischer Aspekte, mit konkreten gerontologischen Perspektiven (vgl. Katz 2000: 7 f.).[17] Klassenanalytisch geht es der *Political Economy of Ageing* vor allem um die Verschränkung und Intersektion von Altersstatus und Klasse, verbunden mit dem Hinweis darauf, dass Ältere bei aller Vereinheitlichung durch staatliche Politiken gerade keine eigene Klasse bilden, seien sie doch »as deeply divided along class and other structural lines as younger adults« (Walker 1986: 37, zit. n.: Phillipson 1993: 194). Während funktionalistische wie biomedizinische Analysen dazu tendieren, Älteren geteilte Interessen und Lebenslagen zu unterstellen, verbunden mit der Annahme, das Alter nivelliere Klassen- und Statusunterschiede, legt die polit-ökonomische Perspektive auf das Alter dar, »that the social construction of old age is a function of two seperate sets of relations. On the one hand, older people carry into retirement inequalities created and legitimated at an earlier phase of the life cycle, particularly though not exclusively through the labour market. On the other hand, the process of retirement imposes a reduced social and economic status on a large proportion of older people in comparison with younger economically active adults.« (Ebd.) Tatsächlich unterscheiden sich verschiedene Ansätze im Kontext der *Political Economy of Ageing* durchaus dahingehend, ob sie den Schwerpunkt der Analysen eher auf die klassenpolitischen Unterschiede oder die altersbezogenen Gemeinsamkeiten legen. Mit Blick auf den Klassencharakter von staatlichen Wohlfahrtsprogrammen finden sich aber instruktive vermittelnde Analysen, die aufzeigen, dass und inwiefern durch die wohlfahrtsstaatliche Bürokratie und die Sozialstruktur der dort Beschäftigten Mittelklassenormen via Sozial- und Gesundheitsprogramme reproduziert und vor allem verallgemeinert werden (vgl. Estes et al. 1982: 159 f.).

politische Ausrichtung

So kritisch die *Political Economy of Ageing* gegenüber wohlfahrtsstaatlichen Programmen ist und so ungewöhnlich das im deutschsprachigen Kontext mit seiner starken Verankerung des Ruhestands als sozialpolitisch gesicherter später Freiheit (zunächst) erscheinen mag, so wenig sind die Autor_innen je Gefahr gelaufen, im Umkehrschluss einer deregulierten Marktökonomie oder dem Rückbau staatlicher Leistungen das Wort zu reden. Neben der problematisierten sozialpolitischen ›Zurichtung‹ bzw. in Kombination mit dieser Kritik ging es stets auch – bzw. seit den späten 1980er Jahren zunehmend – um problematische Versorgungslücken und niedrige Leistungsniveaus in Bezug auf die ältere Bevölkerung. Nicht Deregulierung oder Sozialabbau im Sinne einer anzustrebenden Independenz des Alters, sondern solidarisch organisierte Interdependenz auf der Basis sozialer Rechte und sozialer Partizipation Älterer war bei den zentralen Vertreter_innen des Ansatzes die Devise (vgl. z. B. Estes et al. 2001: 11 ff.).

Schwächen des Ansatzes

Der theoretische Mehrwert der *Political Economy of Ageing* liegt eindeutig darin, das Alter(n) systematisch an die Strukturen von Staat und Ökonomie zurückgebunden zu haben; wie so oft wurzeln in dieser Stärke aber auch die Schwächen des Ansatzes. Die *Political Economy of Ageing* ist insbesondere für ihren ökonomistischen Bias, die strukturalistische Überdeterminierung von Akteurshandeln sowie die Vernachlässigung mikrosoziologischer Perspektiven, so insbesondere der (Selbst-)Deutungen Älterer kritisiert worden (vgl. Bury 1995: 17 ff.; Tulle-Winton 1999: 286). Ältere tauchen fast durchgängig nur als Opfer gesellschaftlicher Verhältnisse auf, nicht aber als Ko-Produzent_innen gesellschaftlicher Ordnung. Auch wenn Geschlecht und Ethnizität als Faktoren der Makrostrukturanalyse in Ansätzen der *Political Economy*-Perspektive eine wichtige Rolle gespielt haben – so insbesondere in den Arbeiten von Carroll Estes (vgl. z. B. Estes et al. 1982) –, monieren Kritiker_innen zu Recht die Ausblendung von »culture-bond gendered relationships« (Bury 1995: 20) sowie entsprechender Perspektiven auf *race* und ethnische Zugehörigkeit (vgl. McMullin 2000: 522 f.). Auch wird mit überzeugenden Belegen darauf verwiesen, dass die *structured dependency* als Abhängigkeit vom Staat sehr viel stärker problematisiert wird als die Abhängigkeit vom Arbeitsmarkt und der Familie, deren Strukturen in der Analyse vernachlässigt werden (vgl. Kohli 1992: 237; Calasanti et al. 2006: 23). So moniert ein Kritiker: »There is no theoretical reason to suppose that a transition from labor market income to state benefit income induces the onset of dependency: indeed, logically the reverse should happen as individuals shift from being dependent on finding employment in the labor market, to being in receipt of an independent income guaranteed by the taxable capacity of the state.« (Johnson 1989: 67, zit. n. Phillipson 1999: 320) Insbesondere diesbezüglich rächt sich, dass ländervergleichende Perspektiven in der *Political Economy of Ageing* keine Tradition haben und Unterschiede zwischen verschiedenen Wohlfahrtssystemen ausgeblendet bleiben. So hätte eine Analyse von Ländern wie Deutschland oder Schweden, in denen die sozial- und gesundheitspolitische Absicherung des höheren Lebensalters auf deutlich höherem Niveau und nach anderen Maßgaben organisiert war als in den USA oder Großbritannien, den Blick dafür schärfen können, dass und unter welchen Bedingungen die Ausgliederung aus der Erwerbsarbeit als »späte Freiheit« (Rosenmayr 1983) in der Arbeitsgesellschaft erfahren werden kann.

Entkörperlichung des Alters

Auf eine zentrale Leerstelle verweisen zudem jene Einwände, die eine Entkörperlichung des Alters monieren. Die für die *Political Economy of Ageing* konstitutive Abgrenzung von der Biomedikalisierung des Alters führe, so die Kritik, im Endeffekt dazu, dass körperliche Aspekte des Alter(n)s und darauf bezogene Diskriminierungen ausgeblendet werden: »Political economists of aging have been critical, and rightly so, of gerontological researchers who seek to explain older age by ›naturalizing‹ the biological conditions of aging but by doing so, these researchers tend to under-state the significance of the biological aging process.« (McMullin 2000: 521 f.)

Critical Gerontology

Diese Kritiken haben – unterstützt von analytischen Weiterentwicklungen durch die Autor_innen der ›ersten Stunde‹ – dazu beigetragen, die *Political-Economy*-Perspektive konzeptionell auszudifferenzieren und unter dem Label *Critical Gerontology* auf eine neue bzw. theoretisch erweiterte Basis zu stellen (vgl. Abschnitt III.7.). Eine entscheidende Rolle für diese Entwicklung hat der Umstand gespielt, dass die *Political-Economy*-Perspektive von ihren Vertreter_innen im Zuge der neoliberalen Wende in Großbritannien und den USA sukzessive vom vormals dominierenden Staatsfokus gelöst und die Aufmerksamkeit in Richtung einer stärker diversitätsorientierten Perspektive auf die Vergesellschaftung älterer Menschen in unterschiedlichen Bereichen gelenkt wurde (vgl. z. B. Phillipson 1998; Estes et al. 2003). Damit wurde in reflexiver Absicht die Frage aufgeworfen, ob und inwiefern der Ansatz angesichts der sich seit den 1970er Jahren radikal wandelnden politischen, ökonomischen und sozialen Rahmenbedingungen zu reformulieren sei: »Key questions are whether or not the political economy approach – born under modernism – still has relevance for the way we interpret aging in the late-modern, postindustrial period characterized by globalization and new forms of risk.« (Walker 2006: 59)

Das Verhältnis von *Political Economy of Ageing* und *Critical Gerontology* ist dabei im Einzelnen durchaus umstritten, so insbesondere die Frage, welche theoretischen Strömungen neben der *Political Economy* in die *Critical Gerontology* einfließen und welche nicht (vgl. Marshall/Clarke 2007: 626). Während Gilleard und Higgs (2000: 18) die *Critical Gerontology* als Zusammenführung von polit-ökonomischen und postmodernen Ansätzen betrachten, grenzen andere Autor_innen die *Critical Gerontology* deutlich von postmodernen Strömungen ab (vgl. z. B. Baars 2006: 37) – zu Recht wie mir scheint und wie ich in den folgenden beiden Abschnitten *Postmodern Ageing Studies* und *Critical Gerontology* darlegen werde.

6. Postmodern Ageing Studies

Loslösung von Makroerklärungen

In den 1990er Jahren kehrten die an Einfluss gewinnenden postmodernen Analysen die strukturalistische Perspektive der *Political Economy of Ageing* in ebenso radikaler Weise um, wie sie Konzepte des institutionalisierten Lebenslaufs einer grundlegenden Kritik unterzogen. Die Pluralisierung von Lebensstilen und die wachsende Bedeutung von Freizeit und Konsum hätten, so das Argument, dazu geführt, dass das im Zuge der Industrialisierung konstituierte, wohlfahrtsstaatlich institutionalisierte Ablaufschema des modernen Lebens an Bedeutung verloren habe und das Alter immer weniger über die Institutionen des Arbeitsmarktes und des Wohlfahrtsstaates definiert werde (vgl. Gilleard/Higgs 2000: 104 ff.; Featherstone/Hepworth 2009). So genannte Makroerklärungen würden der Komplexität der einzelnen Leben im Alternsprozess und in der Nacherwerbsphase immer weniger gerecht: »Whatever heuristic value it once possessed, structured dependency theory and the ›political economy‹ approach no longer provide a satisfactory understanding of aging and old age. Postwork lives have become richer and more complex. Not only has this approach failed to acknowledge the agency that individuals exercise in retirement, but it has signally failed to recognize the diversity of the social processes and structure that shape the choices available to people in later life.« (Gilleard/Higgs 2000: 193) Die Altersforschung müsse deshalb von ihrer »social welfare straightjacket« (ebd.: 197) befreit werden.

Konsumkultur und Identität(en)

Gilt die industrialisierte Moderne als Zeitalter der Produktion, wird für die Postmoderne eine Entwicklung hin zur Konsumkultur konstatiert, »[in which] adult identities now are being defined as much by how people spend their time and money as by the goods and services they can produce« (Gilleard 1996: 489). Die postmoderne Annahme multipler Identitäten findet in der Vielfalt konsumbasierter Lebensstile ihren Möglichkeitsraum. In ausgeprägt individualistischer Diktion wird (auch) für Menschen höheren Lebensalters die konsumvermittelte Flexibilität und Fluidität von Lebens(stil)entscheidungen stark gemacht und der Mechanismus der Konstruktion und Gestaltung des Alter(n)sprozesses zunehmend auf die individuelle Ebene verlagert: »Faced with a surplus of commodities and images the modern consumer does not exist within a coherent structure of values and is constantly obliged to make choices. This growing reflexivity lies at the heart of the ›postmodern‹ turn in contemporary social theory.« (Gilleard/Higgs 2000: 24) In noch radikalerer Diktion konstatiert Andrew Blaikie: »There are no rules now, only choices.« (Blaikie 1999: 104)

Flexibilisierung der Körpergrenze

Mit der Perspektive auf Alter(n) in der Konsumgesellschaft geht ein Fokus auf (fluide) Identitäten einher, die durch konsumvermittelte Körperpolitiken zunehmend den vermeintlich natürlichen Begrenzungen des alternden Körpers entwachsen. Viele Arbeiten im Kontext der *Postmodern Ageing Studies* fokussieren auf neue Möglichkeiten der Körperarbeit und der aktiven Kultivierung jugendorientierter Lebensstile, »including the potential to renew and transform the body through new technologies [...]. All of these present the body as renewable, and ageing as something which can be held at bay and even ›defeated‹ through hard work, dedication and purchase.« (Featherstone/Hepworth 2005: 359) Die Frage, wie weit diese Arbeit am alternden Körper gehen kann, wird sehr unterschiedlich beantwortet, aber tatsächlich finden sich in postmodern konturierten Analysen zum Alter(n) zahlreiche Verweise auf das Cyborg-Konzept Donna Haraways, die in ihren Arbeiten die Übergänge von Mensch und Maschine in posthumanen Konstellationen auslotet (vgl. Powell 2006: 84). Featherstone und Hepworth gehen in ihrem Konzept des »mask of ageing« davon aus, dass das alterslose innere Selbst zunehmend in Diskrepanz zur Maske des alternden Körpers gerät. Diese Diskrepanz lasse sich aber, so die zentrale These, durch die neuen Körpertechnologien und *Anti-Ageing*-Angebote effektiv minimieren (vgl. Featherstone/Hepworth 1993; vgl. zur kritischen Diskussion dieser Position Abschnitt IV.3.).

Flexibilisierung des Lebenslaufs

Neben dieser Flexibilisierung der Körpergrenzen zielen postmoderne Analysen auf die Flexibilisierung des Lebenslaufs mit seinen alterskodierten Statuspassagen: »Even the concept of the life-course is a somewhat rigid notion of a coherent progress through life. Postmodernity suggests rather that we live in a situation of contingent life trajectories.« (Turner 1994: 110, zit. n. Schwaiger 2006: 15) Dies hänge zum einen mit der schwindenden Bedeutung der die Institutionalisierung des Lebenslaufs begründenden Strukturen des Arbeitsmarktes und des Wohlfahrtsstaates zusammen, sei zum anderen aber auch auf die Diversifizierung von Altersbildern und Altersnormen zurückzuführen. Konkrete Lebensphasen seien immer weniger mit klar konturierten altersbezogenen Erwartungen verbunden, altersspezifische Rollenmuster und ihre identitätsstrukturierende Wirkung würden an Bedeutung verlieren (vgl. Featherstone/Hepworth 2009: 86 f.). Postmoderne Lebensläufe seien, so die Annahme, weniger durch Chronologie und Linearität – entlang institutionell gefestigter Ablaufmuster und entsprechender Altersnormen – als durch Simultanität, Fluidität und Zeitlosigkeit gekennzeichnet (vgl. Blaikie 1999; Basting 1998).

Kritik

Die große Stärke postmoderner Analysen liegt darin, auf die Begrenzungen einer modernistisch-industriegesellschaftlich geprägten, strukturalistischen Analyse hingewiesen und Diversifizierungen im Umbruch zu einer stärker konsum-, dienstleistungs- und freizeitorientierten Gesellschaft herausgearbeitet zu haben. Tatsächlich kann aber die damit einhergehende weitgehende Negierung der wohlfahrtsstaatlichen Vergesellschaftung des Alters zugunsten der Überakzentuierung von Konsum- und Lebensstilfragen mit Blick auf die anhaltend große Bedeutung des Ruhestands für das Leben im höheren Lebensalter in ihrer Radikalität nicht überzeugen. Positiv zu unterstreichen ist hingegen, dass die alternden Subjekte – anders als in der *Political Economy of Ageing* – an Kontur gewinnen und aus körperlosen Objekten polit-ökonomischer ›Zurichtungen‹ handelnde Subjekte werden. Während einerseits konsumvermittelte Körperpraktiken eine überaus zentrale Rolle spielen, bleiben andererseits jedoch die Endlichkeit der menschlichen Existenz und altersbedingte Einschränkungen (z. B. Demenz oder Pflegebedürftigkeit) ausgeblendet. Damit werden nicht nur wesentliche (zumal belastende) Implikationen des Alternsprozesses der Analyse entzogen, sondern es wird im starken Fokus auf die Möglichkeit lebenslanger Alterslosigkeit die Negativstereotypisierung davon abweichender Körper in Kauf genommen. Harry Moody (1993: xxxviii) moniert, dass Altern vor diesem Hintergrund zu einer »form of voluntary action« mutiere. Damit würden postmoderne Analysen anschlussfähig an biomedizinische Positionen des gerontologischen Mainstreams, die zunehmend die Gestaltbarkeit des Alternsprozesses unterstreichen und die Verantwortung für diesen Prozess individualisieren.

Vernachlässigung sozialer Ungleichheiten

Indem Differenzen und Ungleichheiten in den *Postmodern Ageing Studies* als Vielfalt positiv affirmiert werden, treten tatsächlich Fragen der *sozialen* Konstruktion von Alter, ja tritt das Lebensalter selbst als Ungleichheitsdimension aus dem Blickfeld. »Where important differences in life *chances* are just presented as different life*styles*« (Baars 2006: 22), ergebe sich – so die Kritik – eine gewisse Anschlussfähigkeit an neoliberale Entwicklungen der Individualisierung von Verantwortung (vgl. kritisch z. B. Powell 2006: 108) – auch wenn die meisten Vertreter_innen postmoderner Alter(n)sstudien eher an der Sichtbarmachung von Diversität und der Problematisierung von strukturalistischen Generalisierungen als am Abbau sozialer Rechte interessiert sein dürften. Ignoriert würden sowohl die ermöglichenden Bedingungen (wohlfahrts-)staatlicher Leistungsunterschiede also auch unterschiedliche Ressourcenausstattungen und ihre Folgen für die propagierten konsumbasierten Lebensstilentscheidungen, die ja gerade mit Blick auf die – durchaus kostenintensive – Arbeit am alternden Körper im Fokus des Flexibilisierungsversprechens stehen: »In this way it ignores the differential ability of groups to become active consumers and bestows full human status only on those able to choose. Its designation of gender and ethnicity and the like as merely lifestyle choices misses the point that these are also social divisions and still significant sites of inequality.« (Carter 1998: 21, zit. n.: Polivka/Longino 2006: 188) Die Analogien von postmoderner Lebensstilindividualisierung und neoliberaler Deregulierung problematisierend, weisen Polivka und Longino darauf hin, dass der Neoliberalismus keine postmodernen, sondern vormoderne Lebensverhältnisse schaffe, da der Abbau sozialer Leistungen für Rentner_innen gerade die Möglichkeit unterminiere »to experience the kind of freedom, creativity, and self-development that are potentially a part of the postmodern aging experience« (Polivka/Longino 2006: 184). Es bleibt gegen diese Kritik abschließend zumindest einschränkend einzuwenden, dass nicht alle Protagonist_innen postmoderner Perspektiven in der Alter(n)sforschung derart unsensibel gegenüber sozialen Ungleichheiten und strukturierenden Rahmenbedingungen sind (vgl. z. B. Gilleard/Higgs 2000: 77 f.).

7. Critical Gerontology

Ausgangsdiagnose

Bei allen Unterschieden teilt die *Critical Gerontology* mit postmodernen Analysen die Ausgangsdiagnose, dass eine Analyse der Vergesellschaftung des Alter(n)s nach Maßgabe der fordistischen Industriegesellschaft mit ihren sozial-, arbeitsmarkt- und gesundheitspolitischen Institutionen und den ihr eigenen geschlechterpolitischen Implikationen zunehmend weniger zeitgemäß ist. Anders als die Vertreter_innen der *Postmodern Ageing Studies* fühlen sich Wissenschaftler_innen der *Critical Gerontology* jedoch weniger der radikalen postmodernen De-Strukturierung und dem *anything goes* im Sinne individueller Lebensstilentscheidungen verpflichtet, als dass sie auf Prinzipien reflexiver Modernisierung im Anschluss an Ulrich Beck (vgl. z. B. Baars 2006), der Ökonomisierung des Sozialen im Anschluss an Michel Foucault (vgl. z. B. Biggs/Powell 2009), der Vermittlung von Akteurs- und Strukturperspektiven im Anschluss an Pierre Bourdieu (vgl. z. B. Walker 2006; Biggs 2004) oder der Diversifizierung des Sozialen im Sinne der Verschränkung unterschiedlicher Ungleichheitslagen (vgl. z. B. Calasanti 2009) fokussieren. Das Paradigma der *Critical Gerontology* antwortet letztlich – bei allen Unterschieden in den Akzentsetzungen verschiedener Strömungen – auf vier zentrale Herausforderungen: (1) die sozio-ökonomischen, politischen und lebensweltlichen Umbrüche im Übergang von der fordistischen Industriegesellschaft zum flexiblen Kapitalismus, (2) die Konjunktur postmoderner Analysen mitsamt ihrer Schnittstellen zu neoliberalen Prämissen der Individualisierung und Flexibilisierung, (3) den Bedeutungs- und Erkenntnisgewinn von feministischen, kultursoziologischen und interpretativen Analysen, die zentrale Gewissheiten marxistischer, modernisierungstheoretischer und strukturalistischer Analysen herausfordern sowie (4) die fortdauernde Dominanz eines quantitativ orientierten gerontologischen Mainstreams mit starkem Anwendungsbezug, der mit neuen Konzepten des aktiven und produktiven Alters unmittelbar anschlussfähig ist an sich wandelnde Erwartungen an das höhere Lebensalter. Damit sind für den Entstehungsprozess der *Critical Gerontology* sowohl theoretisch-konzeptionelle Entwicklungen und disziplinäre Öffnungen als auch weitreichende sozio-kulturelle und polit-ökonomische Wandlungsprozesse mit Folgen für das Alter(n) in der Gegenwartsgesellschaft entscheidend.

zentrale Herausforderungen

Die *Critical Gerontology* (CG) ist, wie bereits angedeutet, durch eine bemerkenswerte theoretische Bandbreite gekennzeichnet, die von polit-ökonomischen und (neo-)marxistischen Analysen über die Kritische Theorie der Frankfurter Schule, feministische Theorien, körpersoziologische Arbeiten, diskursanalytische Ansätze und interpretative Forschungsrichtungen bis hin zu den *Cultural Studies*, der Giddens'schen Strukturierungstheorie, der Theorie reflexiver Modernisierung sowie unterschiedlichen Foucault'schen Theoriesträngen reicht (vgl. im Überblick Phillipson 1998: 14 f.). Die Zeiten, da einzelne

theoretischer Pluralismus

Paradigmen – so zunächst der Funktionalismus, dann als Gegenprogramm die politische Ökonomie – die theoretische Entwicklung bestimmten, sind seit den späten 1980er Jahren damit eindeutig vorbei. Der Umstand, dass sich im Kontext der CG konkurrierende theoretische Strömungen versammeln, die in wohl keinem anderen Forschungsfeld einem gemeinsamen Paradigma zugeordnet würden – man denke nur an die jüngere Kritische Theorie, die Strukturierungstheorie und das Foucault'sche Werk – ist Ausdruck eines übermächtigen sozialgerontologischen Mainstreams mit starken psychologischen Einflüssen, der sich auf individuelle Anpassungsprozesse alternder Menschen unter Ausblendung von sozialen Konstruktionsprozessen und Machtverhältnissen konzentriert. Nur mit Blick auf diese Abgrenzungsfolie der so genannten Mainstream-Gerontologie – einer die gesellschaftlichen Verhältnisse affirmierenden, weitgehend theoriefrei operierenden Gerontologie – erschließt sich das schillernde Paradigma der CG:

Paradigma

»Critical gerontology is, in a way a collection of questions, problems and analyses that have been excluded by the established ›mainstream‹. [...] The alternatives are inspired by heterogeneous critical traditions but form a common front against a theoretical self-understanding of gerontology, which is dominated by an idealized concept of natural science as the representative of ›objective‹ knowledge.« (Baars 1991: 220 f.)

»I turn to the ideal of a critical gerontology, that is, theories of aging that contain self-reflexive rules for their construction, interpretation, and application to the life-world. We can understand best what critical gerontology is in terms of its opposite: instrumental gerontology. Instrumental gerontology, the domain of conventional social science research, acts to reify the status quo and provide new tools to predict and control human behavior.« (Moody 1988: 33)

Selbstreflexion

Ziel dieser kritischen Befragung der instrumentellen Gerontologie ist es, deren unausgewiesenen Prämissen und Werthaltungen – z. B. die Verallgemeinerung des männlichen Lebenslaufs, die Gleichsetzung von Nicht-Altern und Erfolg, die individualistische Ethik, die Ausblendung von strukturellen Ungleichheiten – zu explizieren und zu kritisieren sowie die Interessenkonstellationen herauszuarbeiten, die dieser Forschungsperspektive zugrunde liegen. Andererseits wird angestrebt »alternative Perspektiven und Konzeptualisierungen in den Erfahrungsraum der sozialwissenschaftlichen Gerontologie einzufügen und diese wirken zu lassen« (von Kondratowitz 2002a: 287). Darüber hinaus ist die CG in ihrer Breite durch eine reflexive Bewegung gekennzeichnet, wird doch der kritische Blick (auch) darauf gerichtet, wie das wissenschaftliche Feld respektive die Gerontologie selbst ihren Gegenstand mit hervorbringt: »Seen from this perspective they [Anm.: die Älteren, SvD] are not an objectively existing category about whom knowledge is gathered. On the contrary, ›the elderly‹ as a category are constituted by the intellectual strategies of gerontology.« (Baars 1991: 234)

unkritischer Mainstream

Obwohl kritische Ansätze im angelsächsischen Raum seit den späten 1980er Jahren präsent sind, ein deutlicher Bedeutungszuwachs von qualitativer empirischer Forschung und theoriegeleiteter Problematisierung zu verzeichnen ist und kritische Forschungsnetzwerke wie das *European Network in Ageing Studies* (ENAS) und das *North American Network in Aging Studies* (ANAS) entstanden sind, wird zu Recht davor gewarnt, den Einfluss der CG zu überschätzen (vgl. z. B. von Kondratowitz 2002a: 289). Der gerontologische Mainstream bleibt von den skizzierten theoretischen Entwicklungen im Kontext der CG weitgehend unberührt. Steven Katz hat die strukturellen Hürden für eine weitere Etablierung einer kritischen Alter(n)sforschung pointiert auf den Punkt gebracht:

»The predominance of biomedically-driven funding policies, the privatization of health care resource, the priorities of corporate and pharmaceutical research, and the popularity of an alarmist demography that blames growing aging populations for the fiscal collapse of social programs, all contribute to the marginalization of critical thought. At the same time, much gerontological research is increasingly affiliated with governmental projects to responsibilize a new senior citizenry to care for itself in the wake of neoliberal programs that divest Western welfare states of their health, educational, and domestic life course commitments and extent their political power to new areas of micro-social management and community affairs.« (Katz 2003: 26 f.)

7.1 Critical Gerontology – Strömungen und Themen

theoretisch-konzeptionelle Eingrenzung

Anders als Chris Gilleard und Paul Higgs, die die *Critical Gerontology* als Zusammenführung von *Political Economy of Ageing* und postmodernen Analysen kennzeichnen (vgl. Gilleard/Higgs 2000: 18), bestimmen die meisten Autor_innen die CG in Abgrenzung zu den *Postmodern Ageing Studies*. Häufig findet sich die Charakterisierung, dass in der CG eine über ihre modernistischen Beschränkungen hinausgeführte *Political Economy of Ageing* mit feministischen Theorien, Perspektiven aus den *Cultural Studies* sowie biografischen Ansätzen zusammenfließe (vgl. z. B. King/Calasanti 2006: 144 f.) und dass die neue Sensibilität für eine über den Klassenfokus hinausgehende Diversität »the best of critical gerontology« (ebd.: 154) markiere. Andere sehen für die CG vor allem die Zusammenführung von *Political Economy* und geisteswissenschaftlichen Perspektiven *(Humanities)* (vgl. Marshall/Clarke 2007: 626; Phillipson 1998: 13 f.) als bestimmend an, wobei auch hier in der Regel der Hinweis auf den neuen Einfluss biografisch-narrativer Perspektiven nicht fehlt. Dale Dannefer macht vor allem zwei konstitutive Stränge der CG aus, eine strukturalistische Perspektive, die sich für strukturelle Ungleichheitslagen und (kumulative) materielle Benachteiligungen auf der Aggregatsebene interessiere sowie eine hermeneutische Perspektive, die Fragen der Entfremdung, der Selbstdeutung und des Lebenssinns adressiere (vgl. Dannefer 2006: 104 ff.).

thematische Eingrenzung

Häufig finden sich zudem Eingrenzungen, die weniger theoretisch-konzeptionell als thematisch motiviert sind und unter CG all jene Arbeiten versammeln, die sich kritisch mit affirmativen Konzepten des erfolgreichen, aktiven und produktiven Alter(n)s in Zeiten neoliberaler Re-Strukturierungen und der zunehmenden Individualisierung von Verantwortung beschäftigen (vgl. Bass 2009: 356 f.; Estes et al. 2001: 191). Drei diesbezügliche thematische Kritiklinien sind kennzeichnend für das Feld: (1) die Kritik an der inhärenten Altersfeindlichkeit von Konzepten des erfolgreichen und produktiven Alter(n)s, die normativ auf eine Perspektive des Nicht-Alterns zielen (vgl. z. B. Andrews 1999); (2) die Kritik an der Vernachlässigung von

Geschlechtsspezifika, sozialen Ungleichheiten und strukturellen Hemmnissen mit Blick auf die Realisierung eines erfolgreichen und produktiven Alter(n)s (vgl. Calasanti et al. 2006; Holstein/Minkler 2003) sowie (3) die Kritik an neuen Mechanismen der Steuerung und Regulierung qua Subjektivierung und Selbstzwang der alternden Subjekte (vgl. Laliberte Rudman 2006)[18].

Materialität des Körpers

Neben der kritischen Auseinandersetzung mit der Neuverhandlung des Alter(n)s spielen in thematischer Hinsicht Fragen der Körperlichkeit des Alter(n)s sowie geschlechtertheoretische und intersektionale Perspektiven eine herausragende Rolle als einigendes Band der CG. In körpersoziologischer Hinsicht wird der sowohl im gerontologischen Mainstream wie den *Postmodern Ageing Studies* vorherrschende Dualismus von Körper und Geist problematisiert und es wird die verbreitete Ausblendung der existenziellen Materialität und Erfahrung des Körperlichen ins Blickfeld gerückt (vgl. Öberg 1996; Tulle 2003; Twigg 2004). Es geht um ein Verständnis des Körpers »as both ›real‹, lived through and as constructed« (Wahidin/Powell 2003: 9), weshalb sowohl der realen Materialität als auch der sozialen Repräsentation der Körper Rechnung getragen wird. Moniert wird in diesem Zusammenhang auch, dass – wenn überhaupt – nur der alte, kranke und eingeschränkte Körper als Abweichung ins Blickfeld der gerontologischen Forschung trete, nicht aber die konstitutive körpergebundene Vergesellschaftung eines jeden Subjekts – jeden Alters (vgl. Tulle 2003: 96). Der Materialität des Körpers im Kontext der CG Rechnung zu tragen, erweist sich angesichts der jahrzehntelangen Dominanz biomedizinischer Ansätze als große Herausforderung: »Social gerontology [...] has struggled to assert the social rather than the physiological basis for understanding old age, against a culture in which biomedical accounts occupy a privileged and dominant position. [...] From this perspective, attempting to emphasis the bodily can seem a retrogressive step, one that takes us back into the territory of biological determinism and the narrative of decline.« (Twigg 2004: 60) Hier eröffnet sich ein Spannungsfeld, dessen theoretisch-konzeptionelle Erkundung noch weitgehend aussteht.

geschlechtertheoretische Perspektive

Nicht zuletzt ist es die Bedeutung geschlechtertheoretischer Perspektiven, d. h. die theoretische und empirische Erkundung der Intersektion von Alter(n) und Geschlecht, die für die *Critical Gerontology* in ihrer Breite kennzeichnend ist (vgl. Ginn/Arber 1995; Calasanti/Slevin 2001; Cruikshank 2003). Diese Perspektive geht deutlich über den sozio-ökonomischen bzw. lebenslagenbezogenen Geschlechterfokus der *Political Economy of Ageing* hinaus und adressiert u. a. Fragen der Geschlechtsidentität im Alternsprozess, der geschlechtsspezifischen Altersdiskriminierung oder der Sexualität. Dieser Fokus wurde seit Mitte der 1990er Jahre sukzessive als intersektionale Forschungshaltung ausgebaut, die neben Alter und Geschlecht auch anderen Struktur- und Differenzierungsdimensionen wie insbesondere Ethnizität, Staatsbürgerschaft und sexueller Orientierung Rechnung trägt (vgl. Estes/Phillipson 2007; von Kondratowitz 2007: 124 f.). Obwohl Intersektionen im Sinne von »interlocking systems of oppression« (Estes et al. 2001: 13) damit an empirischer Aufmerksamkeit gewinnen, wird zu Recht kritisch angemerkt, dass die Verschränkungen theoretisch und methodologisch unterbelichtet bleiben. In deutlichem Gegensatz zur Intersektionalitätsforschung – die ihrerseits, wie dargelegt, das Alter(n) weitgehend vernachlässigt – tritt ein Fokus der additiven Mehrfachunterdrückung an die Stelle komplexer Intersektionen (vgl. kritisch z. B. Krekula 2007: 163 f.). Bemerkenswert ist zudem, dass ausgerechnet die Verschränkung von Alter und Behinderung ein Desiderat der CG bleibt, obwohl doch gerade die Adressierung dieser Verschränkung von großem Gewinn für Analysen der Negativstereotypisierung und Diskriminierung des hohen und gebrechlichen Alters sein könnte.

Unter dem hier in Umrissen skizzierten Dach der CG sind Ausdifferenzierungen unterschiedlicher Ansätze und Strömungen zu verzeichnen, die sich als eigenständige Forschungszweige etabliert haben: so insbesondere die *Humanistic Gerontology*, die *Narrative Gerontology* und die *Foucauldian Gerontology*, mit deutlichen Abstrichen gegenüber den anderen drei Richtungen auch die *Cultural Gerontology*.

7.2 Cultural Gerontology

Cultural Turn

Die Abstriche mit Blick auf die Herausbildung einer eigenständigen *Cultural Gerontology* sind weniger einem geringen Einfluss des *Cultural Turn* auf die Entwicklung der CG geschuldet als ganz im Gegenteil seiner fundamentalen Bedeutung, die zur Folge hat, dass es in weiten Teilen schwierig ist, die CG nicht als *Cultural Gerontology* zu denken. Der *Cultural Turn* schließt an den *Linguistic Turn* an, mit dem in Abgrenzung zu einer positivistischen Epistemologie die Sprachabhängigkeit jeglicher Erkenntnis stark gemacht wurde. Mit dem *Cultural Turn* wird der Fokus über Sprache im engeren Sinne hinaus auf Kommunikation und kulturelle (Alltags-)Praxis ausgedehnt und deren nicht nur bedeutungsgenerierender, sondern in performativer Hinsicht wirklichkeitskonstituierender Charakter stark gemacht (vgl. Jameson 1998; Bachmann-Medick 2014). ›Kultur‹ ist damit nicht mehr ein abgegrenzter, häufig zudem hochkulturell verengter Gegenstandsbereich, sondern im Sinne von Alltagskultur – praktisch und materiell – allgegenwärtig. Entstanden in Großbritannien Ende der 1950er Jahre im Kontext der politischen und kulturkritischen Bewegungen der Neuen Linken, grenzten sich die *Cultural Studies* in ihren Anfängen vor allem von einem ökonomischen Reduktionismus ab und fokussierten – anknüpfend an Antonio Gramsci und Louis Althusser – auf Kultur als einen eigenständigen Bereich der bedeutungsstiftenden Produktion von Gesellschaft. Seit den 1970er Jahren sind die *Cultural Studies* zunehmend poststrukturalistisch beeinflusst und interessieren sich insbesondere für die Frage kreativen und widerständigen Handelns.

Sowohl die Überwindung ökonomischer Reduktionismen, wie sie in der *Political Economy of Ageing* – wenn auch nicht ungebrochen – vorherrschend waren als auch eine Fokusverschiebung hin zu Mikropolitiken und -praktiken des Alter(n)s kennzeichnen seit den späten 1980er Jahren zunehmend auch die kritische Gerontologie. Grundsätzlich geht es mit dem *Cultural Turn* zunehmend weniger darum, wie eine konkrete politische Ökonomie des Alter(n)s ideologisch verankert und als moralische Ökonomie stabilisiert wird, sondern darum wie das Alter(n) selbst als sinnhafte Zuschreibung und Praxis kulturell produziert wird – ohne damit jedoch die materiellen Bedingungen zu negieren. Der erste editierte Band, der unter dem Titel *Cultural Gerontology* erschienen ist, versammelt so unterschiedliche Perspektiven wie »the growth of gerontology as a discipline within an academic culture, the development of the concept of ›ageism‹ as a sociocultural concept, identity politics in which older persons are perceived as belonging to a separate culture or subculture, and images of the older body in cultural perspective« (Andersson 2002b: vii–viii). Tatsächlich ist die gesamte Bandbreite der *Critical Gerontology* im Band vertreten. Wie weitgehend bzw. in welcher Weise ein *Cultural Turn* vollzogen wird, variiert in einem derart heterogenen Feld natürlich erheblich. So dürfte der Umstand, dass einige Autor_innen das Etikett der *Cultural Gerontology* bevorzugen (vgl. Andersson 2002a; Twigg/Martin 2014) nicht zuletzt dem Eindruck geschuldet sein, dass insbesondere Vertreter_innen der vormaligen *Political Economy of Ageing* aller Weiterungen zum Trotz dazu tendieren, ökonomische und politische Makrostrukturen zu priorisieren.

7.3 Humanistic Gerontology

Sinnstiftung und Emanzipation

Auch in den unter *Humanistic Gerontology* firmierenden Ansätzen spielen Fragen der Bedeutung *(meaning)* eine zentrale Rolle, jedoch in ganz anders verstandener Weise, mit Blick auf Fragen der Sinnstiftung und Emanzipation im Alter. Die *Humanistic Gerontology* führt damit eine zusätzliche Dimension in die CG ein, geht es ihr doch nicht nur um die Kritik bestehender Verhältnisse, sondern auch darum, auf der Basis historischer und philosophischer Analysen positive Alter(n)smodelle zu entwerfen. Zentrale Stichwortgeber wie der Sozialphilosoph Harry R. Moody und die Historiker W. Andrew Achenbaum und Thomas Cole stehen für den Einfluss der *Humanities* innerhalb der CG und mit unterschiedlichen Akzentsetzungen für eine dezidiert normative Bestimmung eines bedeutungsvollen Alter(n)s: »A critical gerontology must also offer a positive ideal of human development: that is, aging as movement toward freedom beyond domination (autonomy, wisdom, transcendence).« (Moody 1988: 33) Im Vorwort zur ersten editierten Sammlung von Beiträgen der im Entstehen begriffenen CG umreißt Cole den Mehrwert der *Humanities* für eine kritische Alter(n)s-forschung: »The ›stock-in-trade‹ of the humanities – self-knowledge, historical understanding, imaginative communication, and critical appraisal of assumptions and values – can promote a more intellectually rigorous gerontology in several ways: heuristically by offering new hypotheses for empirical inquiry; critically, by revealing values and power relations often concealed in existing methods and findings of empirical research; and practically, by offering reflection on the intentions and values realized by human actors in particular cultural settings.« (Cole 1993: vii–viii) Inhaltlich problematisieren die genannten Autoren die Technisierung, instrumentelle Steuerung und Formung des Alterns durch biomedizinische und aktivierungspolitische Ansätze wie durch eine »instrumental gerontology« (Moody 1988: 33) und setzen dem die Existenzialität des Alter(n)s als »fatedness of the course of life« (Cole 1997: 244) entgegen. Dieses ›Schicksal Alter(n)‹ sei nicht technisch als »problem of health and disease« (ebd.) zu lösen, sondern mit Sinn und Bedeutung zu versehen, wobei hiermit in der Regel die Qualitäten der Differenz und des Eigenwerts des Alters – insbesondere unter Verweis auf Weisheit und Transzendenz – stark gemacht werden. In deutlicher Abgrenzung gegenüber polit-ökonomischen Ansätzen, die die materiellen Lebens- und Vergesellschaftungsbedingungen in den Vordergrund stellen, geht es um die ethischen Kosten einer solchen Bearbeitung der Probleme des Alter(n)s: »We must acknowledge that our great progress in the material and physical conditions of life has been achieved at a high spiritual and ethical price. Social security has not enhanced ontological security or dignity in old age.« (Cole 1997: 237)

dialektischer Ansatz

Die Kritik der instrumentellen Steuerung des Alters unter Vernachlässigung von Fragen der Bedeutungsstiftung und der Emanzipation findet sich auch in den Arbeiten von Harry Moody, der in Anknüpfung an die Kritische Theorie der Frankfurter Schule jedoch stärker als Cole die Dialektik von Unterwerfung/Domestizierung und Ermöglichung im Prozess der instrumentell-technischen Bearbeitung des Alter(n)s stark macht. Er plädiert für eine »dialectical gerontology« (Moody 1988: 29), die Widersprüche herausarbeitet statt sie künstlich in eine Richtung aufzulösen. Auf die »Dialektik der Aufklärung« von Max Horkheimer und Theodor W. Adorno rekurrierend, die den Blick darauf lenkt, wie als Kehrseite von neuen Wissensformen und Freiheiten neue Unterwerfungsweisen entstehen, betont Moody:

»The achievement of instrumental reason through biomedical technology, allows us to prolong life, while the distorted communicative structure of contemporary society leads to a gradual loss of the meaning of old age itself. [...] Put differently, any theory of aging that settles for less than a form of emancipatory knowledge runs the risk that knowledge gained, whether technical or hermeneutic, will be used for purposes that lead not to freedom but to new domination, perhaps a domination exercised ever more skillfully by professionals, bureaucrats, or policymakers.« (Moody 1988: 26)

historische Fundierung

Im Geiste der Kritischen Theorie entwirft Moody keine Vision eines emanzipierten Alters am Reißbrett, sondern sucht in konkreten historischen Konstellationen nach Ansatzpunkten für eine emanzipatorische, auf Freiheit und Erfüllung zielende Perspektive. Auch diese historischen Erfahrungen werden dabei stets dialektischen Charakters sein: »They will exhibit features of emancipation along with opportunities for new forms of domination and passivity.« (Moody 1988: 28) Um diesen Punkt zu verstehen, müsse man nur die Geschichte der Institutionalisierung des Alters als Ruhestand in den Blick nehmen: »Were these steps toward freedom or new devices for social control – for example, to remove workers from the labor market?« (Ebd.)

Diese Perspektive konsequent zu Ende gedacht, gibt es keinen Dritten Weg zwischen einer positivistisch-instrumentellen und einer explizit normativen, auf ein emanzipiertes Alter zielenden Gerontologie, bewahrt doch nur der emanzipatorische Fluchtpunkt davor, die Dialektik in Richtung der Unterwerfung und instrumentellen Steuerung aufzulösen. Damit setzten sich die Autoren von all jenen Strömungen der CG ab, die sich auf eine kritische Reflexion bestehender Verhältnisse beschränken, ohne positive Alternativen zu entwickeln. Mit dieser dezidiert normativen, in der Tradition der Kritischen Theorie wurzelnden Emanzipationsperspektive konkurrieren im Kontext der CG die Strömungen der *Narrative Gerontology* und der *Foucauldian Gerontology.*

7.4 Narrative Gerontology – Alter(n) als biografische Konstruktion

Mikroperspektive und qualitative Methodologie

Biografisch-narrative Perspektiven lenken den Blick konsequent auf die Mikroebene, auf die Deutungen und Praktiken der alternden Subjekte. James Birren (1996) beschreibt die *Narrative Gerontology* als »new look at the inside of aging« (xi). In deutlicher Abgrenzung gegenüber entwicklungspsychologischen Stufenmodellen einerseits und strukturfunktionalistischen Bestimmungen des Alter(n)sprozesses andererseits macht Jaber Gubrium als Zielperspektive der *Narrative Gerontology* einen »critical empiricism« (Gubrium 1993: 62) stark: »Its aim, on the one hand, is to make visible the variety, contingency, and inventiveness in any and all efforts to present life, and, on the other hand, to resist the temptation to put it all together into an analytically consistent and comprehensive framework privileging certain voices and silencing others.« (Ebd.) Das Ansinnen, den Erzählungen der Alternden zu folgen bzw. diese hörbar zu machen, geht mit einer methodisch-methodologischen Wende weg von den standardisierten Erhebungsmethoden des gerontologischen Mainstreams hin zu einer in der Tradition der *Grounded Theory* stehenden qualitativen Methodologie mit einem starken Fokus auf Ethnografien und biografische Interviews einher. Damit ändern sich nicht nur Methoden und empirisches Feld, sondern es wird auch die Frage danach, wer zur Theoretisierung des Alter(n)s beiträgt, in ganz neuer Weise gestellt:

»When we [...] allow the ordinary theoretical activity of the aged and others to become visible, a whole world of reasoning about the meaning of growing old [...] comes forth. We find that theory is not something exclusively engaged in by scientists. Rather there seem to be two existing worlds of theory in human experience, one engaged by those who live the experiences under consideration, and one organized by those who make it their professional business systematically to examine experience. To the extent we all attend to experience and attempt to understand it or come to terms with its varied conditions, *we all theorise age*.« (Gubrium/Wallace 1990: 147; Hervorhebung SvD)

Symbolischer Interaktionismus und Ethnomethodologie

Theoretisch wurzeln die als *Narrative Gerontology* versammelten Arbeiten in der Tradition des Symbolischen Interaktionalismus (vgl. Blumer 1969) und der Ethnomethodologie (vgl. Garfinkel 1984), die in Abgrenzung gegenüber dem seinerzeit dominanten Strukturfunktionalismus in den USA entstanden sind. Im Zuge dieser interpretativen Wende geht es darum, zu untersuchen, wie die Bedeutung von Objekten, Situationen und Beziehungen im symbolisch vermittelten Prozess der Interaktion und Kommunikation hervorgebracht wird. Dieser konsequent mikrosoziologischen Perspektive folgend gibt es keine sozialen Strukturen unabhängig von den interpretativen Prozessen der Interaktion. Die Ethnomethodologie hat sich aus dem Symbolischen Interaktionismus entwickelt und zielt noch dezidierter darauf, abstrakte Theorien über die soziale Wirklichkeit zu vermeiden und stattdessen zu untersuchen, mit welchen alltagspraktischen Handlungen und anhand welcher Methoden die soziale Wirklichkeit von den Subjekten (selbst) hergestellt wird.

Narrationen

Im Fokus der *Narrative Gerontology* stehen, wie schon der Name sagt, die Narrationen der alternden Menschen und deren wirklichkeitsgenerierende Kraft, erlangt doch die soziale Wirklichkeit aus dieser Perspektive, ganz anders als im positivistischen Mainstream, erst durch die Deutungen der Menschen ihren bedeutungsvollen Gehalt. »In other words, there may be no necessary connection between the events of our lives, our number of years, and the meaning ascribed to those events; stories can be re-written, plots altered, and the metaphors traded in and traded up [...] according to the needs of the self.« (Ruth/Kenyon 1996: 6) Narrationen sind damit nicht Oberflächenphänomene oder kosmetische Rahmungen einer darunter liegenden Realität, sondern performative Praxis: »Human beings not only *have* stories, they *are* stories. This means that people think, perceive, and act on the basis of stories.« (Kenyon et al. 1999: 40 f.) Tatsächlich ist dieser Lesart der *Narrative Gerontology* neben den dargelegten theoretischen Implikationen auch eine zeitdiagnostische Perspektive eigen: Die (zunehmende) Bedeutung von Narrationen für die Strukturierung des biografischen Lebens- und Alternsprozesses wird in postmodern konturierter Lesart auch mit dem Bedeutungsverlust vormals einflussreicher Strukturen begründet: »The narrative is a means to avoid a fragmented, splintered life course in a postmodern world, in which traditional institutions and grand narratives [...] have diminished in their role of providing continuity and coherence.« (Kenyon et al. 1999: 53)

Kritik

Kritiker_innen monieren, dass die Freiheit des erzählenden Subjekts und die individuellen Gestaltungsspielräume durch *re-writing* und *re-storying* im Mittelpunkt der Analyse stünden, während soziale Ungleichheit(en) und unterschiedliche Ausstattungen mit materiellen und kulturellen Ressourcen aus dem Blickfeld rücken (vgl. kritisch z. B. Phillipson 1998: 27 f.). Auch wird kritisiert, dass Alter(n) gemäß dieser Lesart nur dort stattfinde, wo von ihm auch die Rede ist. Narrative Ansätze würden, so zum Beispiel die Kritik von Simon Biggs, allein auf einer Ebene – der des narrativen Ausdrucks – operieren, und nie nach dem fragen, was nicht ausgedrückt werden kann oder auch nicht ausgedrückt werden will. Es werde kein konzeptioneller Raum eröffnet, »for dealing with those parts of the self that have to be suppressed or protected from the assaults on an ageist and sexist environment« (Biggs 2004: 54).

Zeitlichkeit und Biographie

Auch Jaber Gubrium und James A. Holstein fokussieren mit ihrem Ansatz der biografischen Arbeit in ethnomethodologischer Tradition auf die interpretativen Praktiken der Subjekte, auf das *doing biography*, widmen dabei aber den strukturellen Rahmenbedingungen mehr Aufmerksamkeit: »As a matter of everyday life, how does the self take the contours of its social, historical or cultural environment? Something surely must be done to secure the linkages. What is the process of ›doing‹ these forms of self?« (Gubrium/Holstein 2006: 120) Der primäre Fokus liegt aber auch bei diesen Autoren eindeutig, auf den (alltags-)praktischen Spielräumen: Erst diese Perspektive ermögliche es, – so Gubrium und Holstein – die Subjekte aus den totalisierenden Zuschreibungen strukturalistischer und entwicklungspsychologischer Theorien zu befreien und ihrer in Zeit und Raum lokalisierten »behavioural diversity« (Gubrium/Holstein 2006: 122) gerecht zu werden.

Es ist dieser neue Fokus auf Zeit(lichkeit) und Biografie der in Abgrenzung zu vorherrschenden Mustern der Chronologie und Linearität des Lebens die große Stärke biografisch-narrativer Perspektiven ausmacht: »As a form of interpretative practice, biographical work is distinctive in its focus on the passage of time. Objective chronological sequence, however, does not specify biography. Since the life course derives its shape and trajectory from the assignment of patterned progression to biographical particulars, it has no natural, inevitable, or normative chronological flow, cycle, or trajectory.« (Holstein/Gubrium 2007: 11) Die vermeintliche Chronologie des Lebens(ver)laufs erweist sich dieser Lesart zufolge als wirkmächtige Konstruktion und lineare Vereinheitlichung, als »life course regime« (Holstein/Gubrium 2000: 211), das die Verwobenheit und potenzielle Simultaneität von Vergangenheit, Gegenwart und Zukunft konzeptionell negiere und Lebensläufe als chronologische Ordnung normalisiere. Tatsächlich sei aber die Vergangenheit nie vergangen, sondern werde von den Subjekten im Zuge biografischer Arbeit und der Modifikation von Narrationen unaufhörlich neu hervorgebracht (vgl. Kenyon et al. 1999: 46).

Lebenslauf und Konstruktivismus

Wir haben es hier mit einem ethnomethodologisch grundierten Konstruktivismus zu tun, der danach fragt, »how the life course itself is constructed and used as an interpretative resource for shaping the meaning of experience in relation to time« (ebd.). Dieser Perspektive folgend wird der Lebenslauf zur interpretativen Ressource, statt als (objektive wie subjektive) Grundstruktur von der interpretativen Ausdeutung ausgenommen zu sein. Dieser weitgehende Konstruktivismus ist (auch) im Kontext der CG nicht unwidersprochen geblieben: Einige Autor_innen geben zu bedenken, dass dem Alter(n)sprozess – nicht zuletzt aufgrund der ihm eigenen Endlichkeit – durchaus eine materiale Grundstruktur innewohne, die sich beliebigen Ausdeutungen entziehe (vgl. z. B. Woodward 1991: 19). Die Frage, ob der Lebenslauf nicht doch einer eigenen Logik folgt, ob der alternde Körper oder Fragen der Generativität als »natural reproductive aspect of human development« (Biggs 1999: 172) einem radikalen Konstruktivismus Grenzen setzen, ist eine der spannenden, jedoch theoretisch unterbelichteten Konfliktlinien innerhalb der *Critical Gerontology*.

7.5 Foucauldian Gerontology

Während Fragen nach Macht- und Herrschaftsverhältnissen im Kontext der *Narrative Gerontology* kaum eine Rolle spielen, stehen sie im Zentrum jenes Strangs der *Critical Gerontology*, der auf die Arbeiten Michel Foucaults rekurriert und seit Ende der 1990er Jahre als *Foucauldian Gerontology* firmiert. So heterogen das Foucault'sche Werk ist, so vielfältig sind auch die Bezüge in den durch Foucault inspirierten gerontologischen Analysen: Neben den archäologischen, diskurshistorischen Arbeiten der 1960er Jahre, erweisen sich auch die das Verhältnis von Wissen und Macht adressierenden genealogischen Arbeiten sowie das gouvernementalitätstheoretische Spätwerk als von großem Gewinn für die mit dem Lebensalter befasste Forschung (vgl. Powell 2006: 98 f.).

Foucaults Ansatz

Durch alle Perioden des Foucault'schen Werkes zieht sich die Frage, auf welche Weise, unter welchen Bedingungen und mittels welcher Technologien sich ›Ordnungen des Wahren‹ konstituieren. Foucault teilt mit interpretativen Ansätzen den grundlegenden Skeptizismus gegenüber anthropologischen Konstanten und natürlichen Gesetzmäßigkeiten. Er demonstriert durch den historischen Bezug seiner Arbeiten, »daß das, was ist, nicht immer gewesen ist [...]. Was die Vernunft als ihre Notwendigkeit erfährt oder was vielmehr verschiedene Formen von Rationalität als ihr notwendiges sein (›étant‹) ausgeben, hat eine Geschichte, die wir vollständig erstellen und aus dem Geflecht der Kontingenzen wiedergewinnen können.« (Foucault 1996: 179) Der kanadische Gerontologe Steven Katz hat als einer der ersten an die archäologischen und genealogischen Arbeiten Foucaults angeknüpft und die historischen Bedingungen und diskursiven Praktiken in den Blick genommen »from which the modern truths of aging were fashioned« (Katz 1996: 135). Konkret fragte er danach, »how the rhetorics and formations that produced knowledge, and the technologies and fields that problematized elderly subjects, jointly disciplined age« (ebd.). Mit Katz haben verschiedene Autor_innen seit den ausgehenden 1990er Jahren den Foucault'schen Referenzrahmen genutzt, um gerontologische Diskurse kritisch daraufhin zu befragen, welche

Wahrheiten sie über das Älterwerden und Altsein hervorbringen und wie diese als Wahrheiten Geltung erlangen (vgl. z. B. Tulle-Winton 1999; Biggs/Powell 2009).[19] Biomedizinischen Diskursen und Klassifikationen alternder Körper wird dabei besondere Aufmerksamkeit zuteil (vgl. Powell et al. 2006: 14). Der Rekurs auf die Arbeiten Foucaults – beginnend mit dem ›medizinischen Blick‹ der frühen Arbeiten bis hin zu Fragen der Biopolitik im Spätwerk – eröffnet neue Analysewerkzeuge für die schon im Kontext der *Political Economy of Ageing* problematisierte Biomedikalisierung des Alter(n)s (vgl. Estes 1986), die nun als Wahrheitsregime ins Blickfeld rückt.

Gouvernementalität – historische Dimension

Als bedeutsam für die kritische Alter(n)sforschung hat sich die das Spätwerk prägende Perspektive der Gouvernementalität mit dem ihr eigenen Fokus auf Subjektivierungsweisen und Regierungstechnologien erwiesen (vgl. z. B. Estes et al. 2003; Tulle-Winton 1999; für den deutschsprachigen Raum z. B.: Schroeter 2000b, 2002; van Dyk 2009a). Das Konzept der Gouvernementalität umfasst eine historische und eine analytische Dimension: Gegenstand der historischen Analyse ist die Entstehung eines liberalen Machtsystems seit dem 18. Jahrhundert, das die Bevölkerung – anders als im Feudalismus – als eine variable, ihre eigenen Potenziale entfaltende Ressource entdeckt und zum Gegenstand von Technologien der Regierung und Steuerung macht. Der historische Fokus liegt auf der Genese des modernen Staates und der Entstehung von Biopolitik als Regulierung der Bevölkerung mittels spezifischen Regierungswissens wie der Demografie oder der Versicherungsmathematik. In diesem Kontext situiert Steven Katz die sukzessive Formierung gerontologischen Wissens in der Moderne:

»The disciplining of gerontological knowledge was predicate on the historical differentiation of the elderly as a population, […] as a homogeneous group, characterized by supposedly uniform dependencies and liabilities. Like the aged body, the elderly population was not so much discovered as it was constituted as a site of power knowledge […]. The bulk of academic gerontological research is in fact consumed with knowing the elderly population's growth, size, movements, profiles, and needs.« (Katz 1996: 49)

Gouvernementalität - analytische Dimension

Neben der historischen Perspektive dient das Gouvernementalitätskonzept auch als analytisches Schema, als Bezeichnung der »Art und Weise, mit der man das Verhalten der Menschen steuert« (Foucault 2004: 261). Diese Form der Steuerung ist keineswegs frei von disziplinären Machtformen, setzt aber prioritär auf Technologien der Selbstführung, auf die Schaffung eines Rahmens, innerhalb dessen sich die Individuen als Unternehmer ihrer selbst betätigen. Den Punkt, an dem die Lenkung der Individuen durch andere mit ihrer Selbstführung zusammenfällt, sodass Zwang nicht mehr das primäre Medium der Disziplinierung darstellt, nennt Foucault »Regierung« (Foucault 1978: 51): »Das charakteristische Merkmal von Regierung besteht darin, dass sie eine Form der Macht etabliert, die Individuen nicht direkt unterwirft oder beherrscht, sondern sie durch die Produktion von ›Wahrheit‹ anleitet und führt.« (Lemke 1997: 327) Es ist diese Perspektive, die mit großer Ausstrahlung – über den engeren Kreis der *Foucauldian Gerontology* hinaus – die Identifizierung neuer Formen flexibler Reg(ul)ierung inspiriert hat, die sukzessive die Regulierungsweisen der streng normierten fordistischen Industriegesellschaft ablösen. Sensibilisiert wurde damit für den Umstand, dass sowohl das Aufweichen naturalisierender Defizitperspektiven als auch die De-Institutionalisierung des Lebenslaufs nicht allein mit einer Deregulierung und einer neuen Optionsvielfalt des Alter(n)s einhergeht – wie es insbesondere postmodern inspirierte Analysen behaupten. Man habe es vielmehr mit einer Re-Regulierung des Alter(n)s zu tun, die nach neuen Maßgaben funktioniere und zunehmend am Primat des Nicht-Alterns ausgerichtet sei.[20] Mittels der neuen Leitbilder eines aktiven und erfolgreichen Alterns werde »die gerade offensichtlich gewordene Pluralisierung des Alters […] nun einer, wenn man so will, neuen gesellschaftlichen Rahmung ausgesetzt, deren Leitkriterien mit ›gesellschaftlicher Verpflichtung‹, ›gesellschaftlicher Selbstlegitimation‹ und ›Remoralisierung‹ umschrieben werden können« (von Kondratowitz 1998: 62). Hierbei geht es nicht um eine zwangsweise – mit unmittelbaren Sanktionen verknüpfte – Verpflichtung Älterer, sondern um die moralische Anleitung zum ›vernünftigen‹ Sich-Verhalten (vgl. van Dyk 2007). Die gouvernementalitätstheoretische Machtanalyse des »government in the name of truth« (Gordon 1991: 8) werde, so das Argument, als »government of old people in the guise of successful ageing« (Tulle-Winton 1999: 283) erkennbar.

Selbstoptimierung als Kontrollmechanismus

Mit Blick auf die neoliberale Wende seit Ende der 1970er Jahre, die mit der Individualisierung der Verantwortung für einen erfolgreichen Alternsprozess einhergeht, konstatiert Powell eine Erweiterung des zuvor dominierenden, defizitorientierten »biomedical gaze« (Powell 2006: 103) um einen »managerial gaze« (ebd.). Dieser ziele auf eine durch gerontologische Expert_innen angeleitete Selbstoptimierung der Alternden: »This reflects an attempt to shape acceptable forms of aging while encouraging older adults to self-monitor their own success at conforming to the new paradigm.« (Powell 2006: 106) Vor diesem Hintergrund erscheinen auch die autobiografische Reflexion und die narrative Bearbeitung der eigenen Existenz in einem ganz anderen Licht als im Kontext der *Narrative Gerontology*. Mit Foucault tritt die biografische Arbeit am Selbst als neuer, tief im Subjekt wurzelnder Kontrollmechanismus zutage. Historisch gesehen, so Foucault, war es lange ein Privileg, beobachtet, betrachtet, erzählt und aufgezeichnet zu werden, erlangten doch nur wenige die damit einhergehende Wahrnehmung und Beschreibung als (besonderes) Individuum: »Die Chronik eines Menschen, die Erzählung seines Lebens, die Geschichtsschreibung seiner Existenz gehörten zu den Ritualen seiner Macht.« (Foucault 1994: 246 f.) Ganz anders nun die Entwicklung im ausgehenden 20. Jahrhundert, da die neuen Regierungstechnologien dieses Verhältnis umkehren: »Sie setzen die Schwelle der beschreibbaren Individualität herab und machen aus der Beschreibung ein Mittel der Kontrolle und eine Methode der Beherrschung.« (Ebd.: 247)

Diagnose und genealogische Kritik

Die durch Foucault inspirierte Diagnose, dass mit der De-Naturalisierung und De-Institutionalisierung des Alter(n)s neue Freiheiten und Spielräume eröffnet werden, während zugleich neue Formen der Kontrolle, Steuerung und Unterwerfung entstehen, erinnert an die Analyse der Dialektik des Alter(n)s im Kontext der *Humanistic Gerontology*. Auch hier geht es um die Gleichzeitigkeit von zunehmenden Möglichkeiten der (technischen) Gestaltung, Rationalisierung und Bearbeitung des Alternsprozesses einerseits und neuen, damit einhergehenden Formen der Unterwerfung andererseits. Die Rückschlüsse, die aus dieser Diagnose gezogen werden, unterscheiden sich jedoch diametral: Während in der *Humanistic Gerontology* die dezidiert normative Entwicklung einer emanzipatorischen Alternative zentral steht, die als Entfremdungskritik darauf zielt, die existenzielle Dimension des Alter(n)s positiv gegen seine instrumentelle Gestaltung in Anschlag zu bringen, folgt die *Foucauldian Gerontology* dem Modus der genealogischen Kritik. Es wird aufgezeigt, unter welchen Bedingungen Wissen entsteht und Geltung erlangt, wie Macht ausgeübt und wie Subjekte konstituiert und diszipliniert werden. Die klar konturierte normative Bestimmung eines bedeutungsvollen, nicht entfremdeten Alter(n)s hingegen wird zurückgewiesen bzw. ihrerseits im Sinne der genealogischen Kritik auf ihre Machtbedingungen und -effekte wie auf ihre normierende Kraft befragt.

Kritik

Kritisch anzumerken ist, dass Fragen sozialer Ungleichheit sowohl bei Foucault selbst als auch in den an ihn anschließenden Analysen kaum eine Rolle spielen (vgl. kritisch z. B. Baars 1991: 235). Diese Schwachstelle wirkt sich auf einen weiteren problematischen Punkt aus, nämlich dass die zentrale Diagnose der Gleichzeitigkeit von Ermächtigung und Entmächtigung im Prozess der De-Naturalisierung und De-Institutionalisierung des Alter(n)s im Abstrakten verharrt, statt mit Blick auf konkrete Kontexte und Subjektkonstellationen ausdifferenziert zu werden. Häufig wird vor dem Umschlag von Selbstbestimmung in Selbstkontrolle gewarnt, ohne dass die (Rahmen-)Bedingungen dieses Umschlags spezifiziert werden. Im Sinne einer allgemeinen Gesellschaftsdiagnose ist die Frage »When does self-care turn into a technology for producing a certain sort of self?« (Powell 2006: 76) aber sicherlich nicht zu beantworten.

Die Einblicke in das heterogene Feld der *Critical Gerontology* müssen an dieser Stelle notwendig unvollständig bleiben. Festzuhalten bleibt dessen ungeachtet, dass sich in Abgrenzung zum theoriefernen, empiristischen, quantitativen und anwendungsorientierten Mainstream der ersten Jahrzehnte anglophoner Gerontologie mittlerweile eine lebhafte, theoretisch inspirierte, gerontologische Debatte entwickelt hat. Bass (2007) kommt vor diesem Hintergrund – und wie mir scheint zu Recht – zu dem Schluss, dass die von Birren und Bengtson Ende der 1980er Jahre konstatierte Theorielosigkeit der Sozialgerontologie (»data-rich but theory-poor«) heute als überwunden gelten kann. Zugleich ist jedoch zweierlei einschränkend anzumerken: Zum einen findet diese Entwicklung im Schatten eines nach wie vor ausgesprochen dominanten Mainstreams statt; zum anderen befindet sich die theoretische Entwicklung und Ausdifferenzierung nach wie vor in ihren Anfängen und fällt insbesondere bezüglich so zentraler Fragen wie der der sozialen Konstruktion des Alter(n)s weit hinter entsprechende Debatten in den *Gender Studies* und *Postcolonial Studies* zurück.

7.6 Zur ›Abkoppelung‹ der deutschsprachigen Alter(n)sforschung

Wie bereits angedeutet, kam mit der Entstehung kritischer Ansätze die Rezeption der englischsprachigen Forschung in der deutschsprachigen Gerontologie weitgehend zum Erliegen. Auch die Mitte der 1970er Jahre in den USA einsetzende Debatte um Altersdiskriminierung (Butler 1975), erfährt bis in die allerjüngste Zeit hinein kaum Resonanz.

divergierende Leitbilder

Zwei miteinander verschränkte Entwicklungen sind für diesen Einschnitt von besonderer Bedeutung: Zum einen begann sich auch im deutschsprachigen Raum seit den 1970er Jahren eine eigenständige gerontologische Forschung zu etablieren, durch die zum zweiten die unterschiedlichen sozio-politischen und -ökonomischen Rahmenbedingungen sowie die divergierenden Leitbilder des Alter(n)s im englisch- und deutschsprachigen Raum schärfer zutage traten. Mit der Rentenreform von 1957 waren in Deutschland die institutionellen Voraussetzungen für einen als wohlverdient konzipierten Ruhestand geschaffen worden, dessen finanzielle Absicherung sich am vorherigen Lebensstandard (des männlichen Ernährers) orientierte und den weit überwiegenden – zumal männlichen – Teil der Rentner_innen vor Armut schützte.[21] Anders als in den USA mit ihrer liberal-pluralistischen Tradition wurde das Alter vor diesem Hintergrund insbesondere unter sozialpolitischen Aspekten und im Hinblick auf seine materielle Versorgung zum Thema. In diesem Kontext entstanden wegweisende Arbeiten zu Lebenslagen älterer Menschen, insbesondere auch von Frauen (vgl. Backes 1983; Clemens 1997), zur sozialen Ungleichheit im Alter (vgl. Naegele 1978), zur sozialpolitischen Institutionalisierung des Lebenslaufs (vgl. Kohli 1985) und zum Altersstrukturwandel (vgl. Tews 1993).

divergierende Kontexte

Während die umfassende Versorgung des Alters als parteiübergreifend unumstrittenes höchstes Gut des deutschen Sozialstaats galt, interessierte sich die *Political Economy of Ageing* für die Kontrolle und Normierung älterer Menschen durch wohlfahrtsstaatliche Leistungen und medizinische Programme. »Späte Freiheit« (Rosenmayr 1983) auf der einen Seite, diskriminierende Einpassung älterer Menschen und Produktion von Abhängigkeit auf der anderen – es ist in diesem Lichte betrachtet kein Zufall, dass die Rezeption englischsprachiger, sozialgerontologischer Forschung mit dem Aufstieg von *Political Economy of Ageing* und *Ageism*-Forschung weitgehend zum Erliegen kam. Soziale Anerkennung versus soziale Rechtsansprüche, individualistischer Fokus auf Anti-Diskriminierung und liberale Bürgerrechte versus sozialstaatliche Versorgungsperspektive – die divergierenden wohlfahrtsstaatlichen und polit-ökonomischen Kontexte sind tief eingeschrieben in die altenpolitischen Leitbilder und Programme, die die jeweiligen Forschungstraditionen seit den 1970er Jahren prägen (vgl. zu diesen Kontrastierungen: Walker 2006: 61 f.).

Rezeptionssperre

Erstaunlicherweise hat sich an der Rezeptionssperre in den vergangenen drei Jahrzehnten wenig geändert, obwohl ein umfassender Wandel der sozio- und polit-ökonomischen Rahmenbedingungen in Kontinentaleuropa stattgefunden hat (vgl. Kitschelt et al. 1999), der mit den Schlagworten Liberalisierung, Deregulierung, Ökonomisierung und/oder Aktivierung umschrieben wird. Diese Entwicklungen und ihre Analyse im Kontext der seit den späten 1980er Jahren aufkommenden *Critical Gerontology* bleiben im deutschsprachigen Raum bis in die jüngere Vergangenheit weitgehend unberücksichtigt. Ein Problembewusstsein ob der theoretischen Schwäche der Sozialgerontologie ist zwar vorhanden (vgl. einflussreich z. B. Backes/Clemens 2003: 187), allerdings wird diese Schwäche meist pauschal und nicht spezifisch für den deutschsprachigen Raum attestiert – womit verbunden ist, dass eine Reflexion der englischsprachigen Sozialgerontologie in ihrer theoretischen Bandbreite unterbleibt.[22] Die Abkoppelung von der englischsprachigen Debatte sollte jedoch nicht vergessen lassen, dass auch im deutschsprachigen Raum wichtige Versuche zu verzeichnen sind, dem Mainstream der standardisierten, psychogerontologisch dominierten Forschung sozialwissenschaftliche Konzepte entgegenzusetzen.

Kompetenz vs. Versorgung

Seit den ausgehenden 1970er Jahren ›tobte‹ im deutschsprachigen Raum ein Konflikt zwischen Psycho- und Sozialgerontologie. Die auf Kompetenzen fokussierte verhaltenswissenschaftliche Gerontologie, die im Konzept des erfolgreichen und kompetenten Alter(n)s (vgl. Baltes/Baltes 1989) ihre auch international einflussreiche Zuspitzung fand, stand den sozialpolitisch fundierten Strömungen der Sozialgerontologie diametral entgegen, die die Probleme und sozialen Benachteiligungen älterer Menschen ins Zentrum stellten und die wohlfahrtsstaatliche Versorgung des Alters als zentrales Anliegen propagierten (vgl. z. B. Dieck/Naegele 1993; Naegele 1978; Backes 1983). Die einflussreichen Psychogerontolog_innen Ursula Lehr und Hans Thomae plädierten in den 1980er Jahren hingegen explizit gegen die Einführung einer Pflegeversicherung, da ein solcher Schritt unweigerlich zur Folge habe, dass in der öffentlichen Debatte die negativen Aspekte des Alter(n)s in den Vordergrund gestellt würden (vgl. im Überblick: Baumgartl 1997: 212 f.). Unversöhnlich standen sich entlang der Disziplinengrenze also eine auf die Kompetenzen des Alters fokussierte Anerkennungsperspektive sowie ein die Defizite des Alters herausstellendes Plädoyer für die Versorgung des Alters auf der Basis sozialer Rechte gegenüber. Etwaige Verbindungslinien schienen gekappt, die Möglichkeit der Verknüpfung von Kompetenz und Versorgung ausgeschlossen. Die Rezeption der *Political Economy of Ageing* hätte durchaus dazu beitragen können, einen solchen Weg aufzuzeigen, und zwar dahingehend, die defizitbehaftete Normierung älterer Menschen durch wohlfahrtsstaatliche Programme zu problematisieren, ohne damit einer verhaltenswissenschaftlichen und auf den Abbau sozialer Rechte zielenden Perspektive das Wort zu reden. Es waren die Psychogerontolog_innen, die die Hegemonie im Feld der Alter(n)sforschung erringen und die medialen wie politischen Debatten der 1980er und 1990er Jahre prägen sollten (vgl. im Überblick z. B. Denninger et al. 2014: 96 ff.; Karl 2002: 293 f.). Ihre individualisierte Kompetenzperspektive entsprach in vielerlei Hinsicht dem Zeitgeist der Individualisierung, De-Regulierung und Lebensstilorientierung.

Lebenslagenkonzept

Während die auf den Lebenslauf bezogene Soziologie Martin Kohlis außerhalb der Gerontologie viel Resonanz erfuhr (vgl. z. B. Dannefer/Kelly-Moore 2009), wurde innerhalb der deutschsprachigen (sozial-)gerontologischen Debatten vor allem das Lebenslagenkonzept gegen die psychogerontologischen, individuellen Bewältigungsperspektiven eines erfolgreichen Alterns in Stellung gebracht. Lebenslagekonzepte zielen auf eine »Modernisierung der Sozialstrukturanalyse« (Backes/Clemens 2013: 173) mit dem Ziel, eine ökonomistisch-materialistische Engführung von Lebenslagen zu überwinden. Die individuellen Rezeptions- und Verarbeitungsmuster der (materialen) Strukturen werden in ein dynamisches – durch die Wechselbeziehung von äußeren Lebensbedingungen und ihrer subjektiven Aneignung gekennzeichnetes – Konzept integriert:

»Der Kern des Lebenslagenkonzeptes [...] ist die dialektische Beziehung zwischen ›Verhältnissen‹ und ›Verhalten‹. Diese Beziehung wird als eine gleichzeitig zweiseitig bestimmte erfasst: als eine bedingte und strukturierte und zugleich als eine bedingende und strukturierende. [...] Lebenslagen sind also die historisch entstandenen und sich entwickelnden Strukturbeziehungen, die sich aus den äußeren Lebensbedingungen ergeben, die Menschen im Ablauf ihres Lebens vorfinden, sowie die mit diesen äußeren Bedingungen in wechselseitiger Abhängigkeit sich entwickelnden Wahrnehmungen, Deutungen und Handlungen, die diese Menschen hervorbringen. [...] Lebenslagen sind Ausdruck gesellschaftlich produzierter Ungleichheitssysteme.« (Amann 2000: 57 f.)

Obwohl ausgehend von Amanns theoretischer Fundierung immer wieder die subjektive Dimension des Lebenslagenansatzes sowie die nicht-materiellen Aspekte der Lebenslage debattiert wurden, weist Karl (2002: 295) zu Recht darauf hin, dass das Konzept insbesondere seit der zweiten Hälfte der 1990er Jahre »in ein eher untheoretisches Stadium zurückfiel, ›Lebenslage‹ doch wieder nur mit der Deskription der ›äußeren Lebensumstände‹ assoziiert wurde«. Der Lebenslagenansatz, der explizit dazu angedacht war, theoretisch-konzeptionelle Leerstellen in der deutschsprachigen Debatte zu schließen, ist in der Forschungspraxis faktisch ein deskriptives Konzepte geblieben, das den Anspruch, zur Theoriebildung beizutragen, kaum eingelöst hat (vgl. kritisch z. B. Rosenmayr 2003: 32 f.).

Anschlüsse an Norbert Elias, Pierre Bourdieu und Niklas Luhmann

Figurationsbegriff

Klaus Schroeter hat zu bedenken gegeben, dass diese Entwicklung einem konzeptionellen Defizit geschuldet sein könnte: Zwar werde die Verschränkung von Verhältnissen und Verhalten programmatisch stark gemacht, es fehle jedoch an einer theoretischen Durchdringung eben dieses Wechselverhältnisses (vgl. Schroeter 2000a: 119). Schroeter schlägt deshalb vor, an Arbeiten von Norbert Elias und Pierre Bourdieu anzuschließen und Lebenslagen als »figurative Felder« (ebd.: 117) zu analysieren, um das »Komplementärverhältnis von Struktur und Praxis, [...] von ›objektiver Lebenslage‹ und ›subjektiver Lebensweise‹« (ebd.) theoretisch zu fassen. Den Figurationsbegriff von Elias nutzt Schroeter, um den relationalen Charakter des Alter(n)s herauszuarbeiten und die vermeintliche Polarität von Individuum und Gesellschaft aufzubrechen, unterstreiche die Figurationsperspektive mit Blick auf die Verkettungen und Verflechtungen zwischenmenschlicher Beziehungen doch »die Prozeß- und Interdependenzdimension sozialen Handelns« (ebd.: 115). Während der Rekurs auf die Arbeiten von Elias eher abstrakt bleibt, gewinnt die Analyse Schroeters durch die Anwendung der Bourdieu'schen Feld-, Kapital- und Habitustheorie an Stringenz (vgl. Prahl/Schroeter 1996: 234 ff.; Schroeter 2000a: 119 ff.).

Feldbegriff und Körperkapital

Wenn Schroeter von Lebenslagen als figurativen Feldern spricht, lenkt er den Blick darauf, dass die Aneignung und Inkorporierung gesellschaftlicher Strukturen in einem sowohl horizontal wie vertikal strukturierten Raum vonstattengeht, der stets dynamisch bleibt. Ein Feld im Bourdieu'schen Sinne ist ein um die Produktion eines materiellen oder symbolischen Gutes strukturierter Raum; in unterschiedlichen sozialen Feldern (z. B. Bildung, Arbeitsmarkt, Politik, Kultur) kommen dabei verschiedene Kapitalformen in unterschiedlicher Zusammensetzung und Gewichtung zum Tragen (vgl. Bourdieu 1992: 52 ff.). Eine feld- und kapitalsensible Analyse kann dazu beitragen, die Veränderungen sozialer Positionierungen im Alternsprozess kontextspezifisch zu differenzieren. Die Bourdieu'schen Kapitalsorten aufgreifend und erweiternd, macht Schroeter für eine alter(n)ssensible Analyse zusätzlich zu ökonomischem, kulturellem und sozialem Kapital die Bedeutung von Körperkapital stark: »Wenn soziales Kapital die Verfügbarkeit sozialer Beziehungen bzw. den Zugang oder die Zugehörigkeit zu bestimmten sozialen Gruppen bestimmt, ist leicht vorstellbar, wie sich aufgrund vorhandener oder schwindender korporaler Kapitalien (z. B. Kraft, Stärke, Fitness, Attraktivität, Behinderung, Gebrechlichkeit) soziale Partizipation, Inklusionen und Exklusionen erschließen lassen.« (Schroeter 2007: 132)

Habitus und Hysteresis-Effekt

Von großem Gewinn für die Elaborierung der dialektischen Beziehung von Verhältnissen und Verhalten ist zudem das als Vermittlungsinstanz angelegte Habituskonzept: Zum einen ist der Habitus etwas gesellschaftlich Hervorgebrachtes, ein »opus operatum« (Bourdieu 1999: 281), das Produkt individueller wie kollektiver Erfahrungen; zum anderen ist er ein Erzeugungsprinzip, ein »modus operandi« (ebd.), das erst die Deutungs- und Interpretationsschemata hervorbringt, anhand derer die soziale Wirklichkeit als *opus operatum* angeeignet werden kann. Das habituelle Dispositionssystem hält also aus früheren Erfahrungen gewonnene Wahrnehmungs-, Denk-, und Handlungsschemata bereit, die konstitutiv für soziale Praxis sind, in der Regel jedoch mehr oder weniger unbewusst bzw. implizit bleiben. Von besonderem Interesse für die Prozessperspektive des Alterns und das Verhältnis unterschiedlicher Generationen zueinander erweist sich der von Bourdieu so bezeichnete Hysteresis-Effekt, der die Unflexibilität und Trägheit des Habitus bezeichnet (vgl. Bourdieu 1987: 168). Es *kann* die Situation entstehen, dass vorhandene habituelle Dispositionen mit neuen gesellschaftlichen Strukturen nicht mehr kompatibel sind, die Dispositionen aber aufgrund des Trägheitsmoments nicht angepasst werden: »Als einverleibte, zur Natur gewordene und damit als solche vergessene Geschichte ist der Habitus wirkende Präsenz der gesamten Vergangenheit, die ihn erzeugt hat.« (Ebd.: 204) Der Hysteresis-Effekt kann sich beispielsweise in einem Generationenkonflikt äußern, wenn die unter anderen gesellschaftlichen Bedingungen sozialisierten Jüngeren die Verhaltensweisen der älteren Generation als unangemessen wahrnehmen (oder vice verca). Obwohl diese Diskrepanz bei Bourdieu angedeutet ist, ist es eine Herausforderung für die mit dem Alter(n) befasste Forschung, diesen Effekt konzeptionell wie empirisch auszubuchstabieren. So arbeitet Schroeter heraus, wie negative Altersstereotype, z. B. das der ›hoffnungslos Gestrigen‹ (vgl. Schroeter 2000a: 123) durch den Hysteresis-Effekt erzeugt und auf diese Weise systematisch Positionen sozialer Marginalität begründet werden.

systemtheoretische Altersforschung

Obwohl das Bourdieu'sche Werk vielfältige Anknüpfungspunkte für die mit dem Alter(n) befasste sozialwissenschaftliche Forschung bietet, bleibt diese theoretische Referenz in der englischsprachigen Theoriediskussion eine erstaunliche Leerstelle. Gleiches gilt für systemtheoretische Impulse im Anschluss an Niklas Luhmann, die im deutschsprachigen Raum von Irmhild Saake stark gemacht worden sind. Mit einer systemtheoretischen Perspektive auf Alter(n) ist ein konstruktivistisches Paradigma aufgerufen, demzufolge Systeme erst durch Unterscheidungen entstehen (vgl. Luhmann 1984). Eine systemtheoretische Alternsforschung beginnt dort, wo man »eine Gesellschaft in den Blick [nimmt], die sich mit der Altersunterscheidung Sicherheiten geschaffen hat« (Saake 2002: 284). Grundsätzlich fokussiert ein systemtheoretischer Blick auf das Alter »Altersbilder als Alterssemantiken, die Inklusionen nachzeichnen; Inklusionen in systematische Kommunikationszusammenhänge« (ebd.: 293). Der Grundgedanke ist, dass das Alter(n) damit weniger ein Problem als die Lösung eines Problems ist, werden mit dem Ausweis der Kategorie doch kommunikative Anschlüsse geschaffen. Diese Umkehrung der in Alltag wie Wissenschaft verbreiteten Perspektive ist von großem Gewinn, öffnet sie doch den Blick dafür, dass ›Alter‹ eine komplexitätsreduzierende Antwort darstellt und ein Inklusionsangebot beinhaltet. Saake gibt nun zu bedenken: »Die Kategorie Alter ist jedoch nicht die einzige Möglichkeit, diese Probleme zu lösen. Solange die Alternsforschung sich nur auf Alter konzentriert, kann sie eben solche Äquivalenzen nicht sehen und bleibt notwendig in den gerontologischen Schleifen befangen. Und dabei würde man viel über Alter erfahren können, wenn man sich die Äquivalente anschaut. Und auch darüber, warum es oft so bequem ist, einfach Alter zu diagnostizieren.« (Saake 2002: 293 f.) Ein konkretes Beispiel hierfür wäre die verbreitete Missdeutung von Effekten der Generationenlagerung als Alterseffekte – nur weil Menschen gleichen oder ähnlichen (höheren) Alters Gemeinsamkeiten aufweisen. »Statt über Alter könnte man auch über anderes reden.« (Ebd.: 275 f.) – heißt es bei Saake pointiert.

Beobachtung des Körpers

Entscheidend für den systemtheoretischen Konstruktivismus ist, dass nicht der Körper oder Leib zur Plausibilisierung von Alter(n) herangezogen wird, »sondern die Beobachtung des Körpers durch den Einzelnen und sicherlich auch durch Andere« (Saake 2006: 196). Auch Pflegebedürftigkeit wird nicht als Spezifikum oder Merkmal höheren Lebensalters ausgemacht, sondern als Kennzeichen des medizinischen Systems. Mit Blick auf die biografische Perspektive offenbaren sich trotz unterschiedlicher Bezugstheorien interessante Parallelen zur ethnomethodologisch fundierten *Narrative Gerontology*. Auch Saake macht den fiktiven Gehalt einer jeden Biografie stark: »Was Biographien beinhalten, ist demzufolge als Selektion perspektivisch, asymmetrisch im Hinblick auf das Nichtbezeichnete und nicht kontrollierbar über eine empirische Realität.« (Ebd.: 249) Die eigene Vergangenheit wird damit zur Erfindung der sie bearbeitenden Subjekte. Neben den genannten Stärken liegen die Schwächen dieses Theorieangebots auf der Hand: Die Materialität des Körperlichen, die Erfahrungsaufschichtungen eines gelebten Lebens geraten aus dem Blick, derweil Alter(n) auf einen kommunikativen Anschluss reduziert wird.

Kritik

Die Arbeiten von Klaus Schroeter und Irmhild Saake stehen exemplarisch dafür, dass die vorhandene Einsicht in die theoretische Unterausstattung der deutschsprachigen Forschung dazu geführt hat, gerontologische Arbeiten zunehmend in den Kontext diverser Gesellschaftstheorien zu stellen. Diese Herangehensweise an den

Gegenstand Alter(n) ist nicht unwidersprochen geblieben: So hat beispielsweise Leopold Rosenmayr im Sinne einer stärker am Gegenstand orientierten Theoriebildung *(Grounded Theory)* den allgemeinen Rekurs auf ›Großtheorien‹ problematisiert, da nicht zu erkennen sei, »dass die Theoriestücke, die aus der von mir so benannten ›Verleihanstalt der allgemeinen soziologischen Theorien‹ entnommen wurden, für die Alterns- und Generationenforschung dynamisierend gewirkt hätten.« (Rosenmayr 2003: 32)

Nachdem die hier skizzierten gesellschaftstheoretischen Anschlüsse in den 1990er Jahren an Einfluss gewonnen hatten, ist erst mit deutlicher zeitlicher Verzögerung seit der zweiten Hälfte der 2000er Jahre eine verstärkte Rezeption der kritischen Ansätze aus dem englischsprachigen Raum zu verzeichnen.[23] Mit dem Band »Die Jungen Alten. Analysen einer neuen Sozialfigur« (van Dyk/Lessenich 2009a) werden erstmalig zentrale Beiträge der *Political Economy of Ageing*, der *Postmodern Ageing Studies* und der *Critical Gerontology* ins Deutsche übertragen und an die deutschsprachigen Gesellschafts- und Diskussionskontexte rückgebunden.

IV. Zeitdiagnosen und Kontroversen

Im Folgenden verschiebt sich nun der Fokus weg von den Theorien und Ansätzen hin zu zentralen Themen, Diagnosen und Kontroversen: In vier Kapiteln werden die Themenfelder ›Politik mit der Demografie‹ (IV.1.), ›Neuverhandlung des Alters in der Aktivgesellschaft‹ (IV.2.), ›Subjektive Altersdeutungen und -erfahrungen‹ (IV.3.) sowie ›Ageism‹ (IV.4.) erörtert.

1. Die alternde Gesellschaft: Politik mit der Demografie und die Zukunft der Generationenbeziehungen

historische Verortung

Die Beschäftigung mit der Altersstruktur einer Gesellschaft hat eine vergleichsweise kurze Geschichte: Erst zu Beginn des 19. Jahrhunderts nehmen Sozialforscher_innen erstmals »die Altersstruktur nach ihrem ökonomischen ›Wert‹ für die Gesellschaft« (Ehmer 2012: 428) ins Visier, wobei es damals nicht um die Älteren, sondern um die (unproduktiven) Kinder ging. Mit dem ausgehenden 19. Jahrhundert verlagerte sich der Fokus dann auf die Bewertung älterer Menschen und die Idee griff Raum, dass nicht nur einzelne Individuen, sondern auch ganze Gesellschaften altern können. Trotz ihres – nach heutigen Maßstäben – geringen Bevölkerungsanteils rückten ältere Menschen in den Fokus von Wissenschaft und Politik bzw. wurden durch diese überhaupt erst als Bevölkerungsgruppe konstituiert (vgl. Katz 1996: 49). Vor diesem Hintergrund entfaltete sich in Deutschland wie in anderen westlichen Staaten eine mehr als hundertjährige Tradition des apokalyptischen, nationalistisch grundierten Bevölkerungsdiskurses, der mit der Alterung das Absterben der eigenen ›Rasse‹ skandalisierte und seine rassistische Zuspitzung in der Eugenik und Vernichtungspolitik der Nationalsozialisten fand (vgl. Bryant 2011; Etzemüller 2007). Großen Einfluss in der späten Weimarer Republik, im Nationalsozialismus und darüber hinaus entfaltete das Werk »Volk ohne Jugend. Geburtenschwund und Überalterung des deutschen Volkskörpers« von Friedrich Burgdörfer (1932). Das Buch bündelte »völkisch-rassistische Prämissen und verlieh ihnen wissenschaftliche Legitimation« (Ehmer 2012: 431); der von Burgdörfer eingeführte Topos der »Überalterung« der Gesellschaft ist heute aus dem deutschen Sprachgebrauch nicht mehr wegzudenken. Auch die Rahmung des Demografie- und Altersdiskurses als »sozialpolitischer Belastungsdiskurs« (Amann 2006: 21) findet ihren Ausgangspunkt bei Burgdörfer, der aufgrund der prognostizierten gesellschaftlichen Alterung einen finalen Zusammenbruch der Alterssicherungssysteme spätestens in den 1970er Jahren voraussagte (vgl. Burgdörfer 1932: 239). Abgesehen davon, dass er zu diesem Zeitpunkt vom Zweiten Weltkrieg, von der Shoa, dem Zusammenbruch aller Sicherungssysteme und der kompletten Restrukturierung der Alterssicherung nichts wissen konnte, geht Burgdörfer mit diesem Szenario von einer stationären Wirtschaft bei gleichbleibender Produktivität und ohne Wachstum aus – ein Kurzschluss, der auch in vergleichbaren Szenarien der Gegenwart zu beobachten ist.

1.1 Problematisierungen der Politik mit der Demografie

1. Bevölkerungsstatistiken

Im Folgenden werden in vier Schritten zentrale Grundannahmen und Kurzschlüsse der aktuellen Adressierung von Demografiefragen problematisiert, die als »Mega-Trends gegenwärtigen sozialen Wandels« (Sackmann 2018: 2) gelten. Die erste Problematisierung betrifft den Umgang mit Bevölkerungsstatistiken. Zunächst ist zu betonen, dass ein genereller Trend der Alterung unbestritten ist und auch hier selbstverständlich nicht zur Disposition stehen soll. Sofern die politischen und gesellschaftlichen Bedingungen weitgehend stabil bleiben, ist davon auszugehen, dass der Anteil der Über-65-Jährigen, der im Jahr 2000 16 Prozent der Bevölkerung ausgemacht hat, in den nächsten Jahrzehnten beträchtlich steigen und 2050 voraussichtlich bei gut 30 Prozent liegen wird (vgl. Kohli 2013: 15). Selbst rasant ansteigende Geburtenraten vermögen diese Entwicklung nicht mehr zu stoppen (aber natürlich zu entschärfen), da an der Anzahl von Frauen im gebärfähigen Alter kurz- und mittelfristig nichts zu ändern ist.[24] Nichtsdestotrotz ist schon diese Prognose nicht ganz unproblematisch, wie der Verweis auf die stabilen politischen und gesellschaftlichen Rahmenbedingungen zeigt: Bevölkerungsprognosen über 50 Jahre hinweg hätten in der ersten Hälfte des 20. Jahrhunderts zwei Weltkriege, die Weltwirtschaftskrise und den Holocaust unberücksichtigt gelassen, für die zweite Hälfte des Jahrhunderts wären die tiefgreifende Veränderung der Geschlechterverhältnisse, die Einführung der Pille, die Veränderung der Migrationsbewegungen und die Wiedervereinigung ausgeblendet geblieben. In der politischen Debatte werden Prognosen jedoch häufig wie Fakten gehandelt, obwohl sie eigentlich nicht mehr als »›was wäre wenn‹-Aussagen [sind], hinter denen bestimmte (mehr oder weniger realistische) Annahmen stecken« (Ebert/Kistler 2007: 43).

Bewertungs-Bias

Noch zentraler ist die Frage nach der Bedeutung der Statistiken: In der statistischen Rede über das Alter wird häufig implizit vorausgesetzt, dass ein hoher Anteil von Über-60-Jährigen und ein sinkender Anteil von Kindern und Jugendlichen *per se* ein Problem darstellt, dass die Zahlen also selbstredend seien: »Schon die nackten Zahlen vermitteln die Dramatik der Bevölkerungsentwicklung« hieß es beispielsweise Anfang der 1990er Jahre in der taz (1994). Plausibilisierungen dieser Bewertung verweisen gerne auf die hohen Kosten einer alternden Gesellschaft, verzichten aber zugleich darauf, die mit sinkenden Geburtenraten einhergehenden Einsparungen als Gewinne zu berücksichtigen. Die so genannte Bevölkerungspyramide mit einem großen Sockel von Kindern und Jugendlichen gilt als Maßstab, sodass die Veränderung der Pyramide über die Glocke bis hin zur Urne als Abweichung oder auch – ganz im Sinne der Analyse Burgdörfers aus den 1930er Jahren – als ›Überalterung‹ (statt als Alterung) gelesen wird.[25] Dass die Alterung der Gesellschaft ein negativer, gar

›unnatürlicher‹ Prozess sei, wird häufig durch körpernahe Metaphern unterstrichen, so wenn es heißt, dass »die Bevölkerungspyramide in der Bundesrepublik Deutschland [...] auf dem Kopf« stehe (Deutscher Bundestag 2002: 12) oder dass die steigende Lebenserwartung »die Bevölkerungspyramide aus dem Gleichgewicht« (Richter 2020: 29) bringe. Hier wird Instabilität und die Verkehrung eines vermeintlich natürlichen Zustandes aufgerufen, die nicht von Dauer sein kann – wie alle wissen, die sich je an einem Kopfstand versucht haben. Es gibt jedoch keine natürliche Bevölkerungsstruktur, ebenso wenig wie es eine natürliche Bevölkerungsgröße gibt; in allen Fällen haben wir es mit politischen Setzungen zu tun, deren normativer Charakter hinter der Biologisierung eines vermeintlich natürlichen ›Volkskörpers‹ verschwindet. Dass die Bevölkerungszusammensetzung zudem mit nationalistischer Tendenz naturalisiert wird, zeigt sich nicht zuletzt daran, dass die Demografie-Apokalypse ›Land ohne Leute‹ und die rassistische ›Das Boot ist voll‹-Rhetorik häufig unbehelligt nebeneinander stehen.

2. Familien- und Sozialpolitik

Die zweite Problematisierung der Politik mit der Demografie zielt auf die zunehmend pronatalistische Ausrichtung der Familien- und Sozialpolitik. Ganz anders als die aktuelle Beliebtheit von Bevölkerungsstatistiken vermuten lässt, war die Zielgröße Bevölkerung in Westdeutschland (im Gegensatz zur DDR) infolge der nationalsozialistischen Bevölkerungspolitik über Jahrzehnte hinweg mit einem Politiktabu belegt (vgl. Butterwege 2006: 54). Tatsächlich braucht es jedoch gar nicht den Verweis auf das Extrembeispiel des Nationalsozialismus, um ein Unbehagen gegenüber Bevölkerungspolitik zu begründen und auf ihren strukturell repressiven Charakter hinzuweisen:[26] Menschen werden auf zählbare Einheiten reduziert und die freie Entscheidung des/der Einzelnen für oder gegen Kinder tendenziell der Steuerung der Bevölkerungsgröße und -struktur im Sinne eines vermeintlichen nationalen Wohls nachgeordnet. Franz-Xaver Kaufmann hat in diesem Zusammenhang die Frage aufgeworfen, ob sich in einem demokratisch legitimierten Staatswesen überhaupt ein öffentliches Interesse an Bevölkerungspolitik begründen lässt und diese Frage mit guten Gründen verneint (vgl. Kaufmann 2005: 162).

bevölkerungspolitischer Diskurs

Dessen ungeachtet ist in der deutschen Politik in der jüngeren Vergangenheit eine Erosion des bevölkerungspolitischen Tabus zu konstatieren: Mit dem Verweis auf die drohende demografische Katastrophe heißt es in Veröffentlichungen des für Familie, Frauen, Jugend und Senior_innen zuständigen Ministeriums wiederkehrend, dass es um eine ›nachhaltige‹ Neuausrichtung und stärkere Orientierung der Familienpolitik an bevölkerungspolitischen Erfordernissen gehe (BMFSFJ/Institut der deutschen Wirtschaft 2004: 19; BMFSFJ 2012). In jüngeren wissenschaftlichen Empfehlungen für eine Demografiestrategie der Bundesregierung wird – unter der Überschrift »Was notwendig ist« – explizit gefordert, »eine wirksame bevölkerungsorientierte Familienpolitik abzusichern« (Hüther/Naegele 2013: 370). Die kinderzentrierte Ausrichtung der neuen Familienpolitik, deren Erfolgsindikator allein die Geburtenrate ist, lässt geschlechter- und gleichstellungspolitische Anliegen der Familienpolitik nachrangig werden bzw. bleiben. Populistisch aufgeladen wird der Konflikt zwischen Eltern und Kinderlosen als Konflikt der Zukunft gehandelt (vgl. Leggewie 2006), wobei insbesondere Frauen als vermeintliche Gebärverweigererinnen die Adressatinnen der Demografiedebatte sind (vgl. Hummel 2006). Das Thema ist zuletzt auch von rechtspopulistischen und rechtsextremen Akteuren popularisiert worden (Sauer 2017: 10 ff.). So propagiert die Alternative für Deutschland (AfD) in ihrem Grundsatzprogramm »Mehr Kinder statt Masseneinwanderung« (AfD 2016: 81), basierend auf der Idee der traditionellen, heterosexuellen Kleinfamilie als Garant der Reproduktion des ›deutschen Staatsvolkes‹. Diese völkische Wendung schließt unmittelbar an die pronatalistische Politik an: »Durch die demografische Familienpolitik und den Katastrophendiskurs ›demografischer Wandel‹ der vergangenen Legislaturperioden ist ein Diskursfeld eröffnet worden, das neu von der AfD völkisch bestellt werden kann.« (Hentschel 2017)

Empfehlungen

3. Demografisierung der sozialen Frage

Der demografische Wandel dient aber nicht nur als Begründungskontext für eine pronatalistische Familien- und Sozialpolitik, sondern durchzieht insbesondere auch die Debatten über die Zukunft des Wohlfahrtsstaates, womit ich zur dritten Problematisierung, der Demografisierung der sozialen Frage (vgl. Barlösius/Schiek 2007) komme. Die verbreitete Praxis der Demografisierung zielt darauf, originär politische Entscheidungen im Bereich der Sozial- und Wirtschaftspolitik durch den Verweis auf die Bevölkerungsstruktur und -größe zu naturalisieren und sie als Sachzwang erscheinen zu lassen.[27] Das seit langem verbreitete und (nur) auf den ersten Blick unmittelbar plausibel erscheinende Krisenszenario ist der Verweis darauf, dass immer weniger Erwerbstätige die Mittel für immer mehr Rentner_innen im Rahmen des umlagefinanzierten Systems der gesetzlichen Rentenversicherung[28] erwirtschaften müssen. Infolgedessen seien – so der politische und oft auch wissenschaftliche Tenor – Kürzungen und Teilprivatisierungen der Bezüge aus der gesetzlichen Rentenversicherung (GRV) unvermeidbar (vgl. im Überblick: Kistler/Trischler 2012: 167 f.). Neben der schrittweisen Anhebung der Regelaltersgrenze auf 67 Jahre ist seit einigen Jahren eine sukzessive Absenkung des Rentenniveaus in der gesetzlichen Rentenversicherung zu verzeichnen, die wesentlich durch die Festlegung des Beitragssatzes (auf unter 20 Prozent bis 2020 sowie auf unter 22 Prozent bis 2030) bedingt ist: 1977 betrug die Standardrente knapp 60 Prozent des durchschnittlichen Jahresarbeitsentgeltes, 2016 lag die Lohnersatzrate bei nur noch 47,7 Prozent und bis 2030 wird sie voraussichtlich weiter auf 43 Prozent sinken. Mit der 2001 eingeführten ›Riester-Rente‹ wird auf die staatliche Förderung der Eigeninitiative zur privaten Aufstockung des sinkenden Rentenniveaus gesetzt und damit ein Paradigmenwechsel hin zur Teilprivatisierung der Alterssicherung vollzogen (vgl. Schmähl 2011; Bäcker 2018: 10 ff.).

Rentenpolitik

Tatsächlich besteht jedoch zwischen der demografischen Entwicklung und den Einnahmen der GRV kein derart ausschließlicher Zusammenhang, wie er im Kontext der als Sachzwang gerahmten Kürzungspolitik vermittelt wird: »Einen demografischen Determinismus gibt es nicht.« (Bäcker 2018: 23) Die Einnahmen der GRV hängen von so unterschiedlichen Faktoren wie dem Beitragssatz, der Anzahl der Erwerbspersonen,[29] der Mitgliederzahl (d. h. dem Kreis der Versicherten), den jeweiligen Beitragsbemessungsgrundlagen, der Lohnentwicklung und der Höhe der Bundeszuschüsse ab (vgl. Fachinger/Rothgang 1997: 816 f.). Natürlich spielt die demografische Entwicklung in diesem Zusammenhang eine wichtige Rolle, sie ist aber nur eine Stellgröße unter anderen. Dass es eine originär politische Frage ist, welche Aspekte des Alterssicherungssystems zur Disposition stehen, zeigt sich auch daran, dass von einer Aufhebung der Grenze der Versicherungspflicht für Bezieher_innen höherer Einkommen[30] gegenwärtig ebenso wenig die Rede ist wie von einer Einbeziehung der Beamt_innen in die GRV, deren deutlich großzügigere Pensionen aus Steuermitteln finanziert werden. Auch die von der Bundesregierung 2018 eingesetzte Rentenkommission tastet diese Fragen in ihrem 2020 veröffentlichten Abschlussbericht nicht an und empfiehlt, an den Leitlinien der bisherigen Rentenpolitik festzuhalten (Kommission Verlässlicher Generationenvertrag 2020).

Produktivitätssteigerung

Vor allem aber wird – wie schon bei Burgdörfer im Jahr 1932 –, in den meisten Krisenszenarien eine stationäre Wirtschaft zugrunde gelegt und die Produktivitätsentwicklung außer Acht gelassen, die die Bedeutung der Anzahl der Erwerbspersonen und damit die Bedeutung des demografischen Faktors deutlich relativiert: Entscheidend ist nicht, wie viele Erwerbstätige für wie viele Rentner_innen aufkommen, sondern wie viel von diesen (wenigen) Erwerbstätigen erwirtschaftet wird. So zeigt ein Blick in die Vergangenheit, dass die Anzahl von Menschen im arbeitsfähigen Alter, die erforderlich waren, um einen gesicherten Ruhestand einer/eines Rentnerin/Rentners zu finanzieren, im Zuge von Produktivitätssteigerungen kontinuierlich und erheblich zurückgegangen ist: Der Anstieg des Anteils der über 60-Jährigen von 5 Prozent im Jahr 1900 auf ca. ein Viertel zu Beginn des 21. Jahrhunderts konnte nicht nur ohne Versorgungskrisen, sondern bei ansteigendem Versorgungsniveau bewältigt werden. Selbst bei moderaten Berechnungen bergen die zu erwartenden Produktivitätssteigerungen das Potenzial, die Folgen demografischer Entwicklungen zu einem bedeutsamen Teil zu kompensieren (vgl. Braun 2011: 77; Sackmann 2018: 15). Entscheidend dafür ist jedoch, wie die aus den Produktivitätssteigerungen resultierenden Gewinne verteilt sind: So lange allein die Unternehmensgewinne steigen und privatisiert werden, während die Lohnentwicklung von der Produktivitätsentwicklung abgekoppelt bleibt, so lange wird es nur geringe Spielräume für eine Erhöhung der Beiträge zur Rentenversicherung geben – obwohl diese in Anbetracht der wachsenden Wirtschaftskraft grundsätzlich möglich wäre (vgl. Bosbach 2004; Bäcker 2018: 24).

4. Demografisierung der Demokratie

Schließlich ist *viertens* auch eine »Demografisierung der Demokratie« (van Dyk 2020a) zu beobachten, die insgesamt kontroverser verhandelt wird. In diesem Debattenstrang wird aus dem steigenden Bevölkerungsanteil Älterer ein Wandel bzw. Niedergang der Demokratie im Sinne der Entstehung einer – wahlweise – Gerontokratie, »Diktatur der Alten« (Tremmel 2008) oder »Seniorendemokratie« (Richter 2020) abgeleitet. Die Älteren würden, so die Annahme, ihre numerische Macht für die Durchsetzung einer für ihre Altersgruppe vorteilhaften Politik nutzen. Die einflussreichen Ökonomen Hans-Werner Sinn und Thomas Straubhaar bringen diese Position exemplarisch auf den Punkt: »Die demografische Zeitbombe tickt: Um das Jahr 2015 herum verlieren die Jungen rechnerisch die politische Mehrheit in Deutschland. Die Babyboomer werden ihre Macht einsetzen und den Nachkommen immer mehr Lasten aufbürden. Steuert die Politik nicht um, droht eine Zerreißprobe für die Demokratie.« (Sinn 2014: 37) Die Macht der Älteren wird dabei in häufig drastischen Worten beschworen: »Wahlsiege und Mehrheiten gibt es nur noch mit und nicht mehr ohne Zustimmung der Senioren. Wer das verkennt, hat in alternden Demokratien keine politische Überlebenschance. Er wird vom lauten, oft schrillen, manchmal gar gehässigen Protest der Grauhaarigen aus dem Amte gemobbt.« (Straubhaar 2014) In jüngeren Veröffentlichungen werden insbesondere die finanziell gut aufgestellten und gebildeten Senior_innen als Problem identifiziert, würden sie ihre sozialen und finanziellen Ressourcen doch dafür nutzen, Klientelpolitik zulasten des ›Gemeinwohls‹ zu betreiben – welches gemeinhin mit der ›nicht-alten‹ Mehrheitsgesellschaft identifiziert wird: »Die Figur des umtriebigen Ruheständlers, der sich notorisch und beharrlich in die Politik einschaltet, wird […] zum Schreckensszenario im Sinne einer von widerständigen, altersstarren Senioren beherrschten Laienpolitik, bei der die politischen Amtsträger und die jüngeren Generationen das Nachsehen haben.« (Richter 2020: 187)

Haltlosigkeit der Diagnosen

Empirisch sind diese Zeitdiagnosen nicht gedeckt: »Eine Gerontokratie ist nicht in Sicht – weder eine alte noch eine neue Altenherrschaft.« (Schmidt 2015: 93). Insbesondere hochaltrige und pflegebedürftige Menschen sind in politischen Institutionen und Gremien kaum repräsentiert (vgl. Vogel et al. 2017: 69) und auch der behauptete Zusammenhang von Bevölkerungsanteil und Staatsausgaben trägt nicht, da sich zeigen lässt, dass der Anteil an Sozialausgaben für das höhere Lebensalter in der jüngeren Vergangenheit abnimmt, obwohl die Seniorenquote steigt (vgl. Schmidt 2015: 93). Vor allem aber ist die Annahme, ältere Menschen würden vorrangig nutzenmaximierend und primär im Sinne der eigenen Altersgruppe handeln, in zweierlei Hinsicht problematisch: Zum einen suggeriert diese Lesart, es gäbe ein einheitliches, aus der Position der Ruheständler_innen abzuleitendes Interesse, obwohl sich – um nur wenige Beispiele zu nennen – die Lebenslagen von Rentner_innen und Pensionär_innen stark unterscheiden, die Anliegen und Lebenswelten von gesunden 65-Jährigen wenig mit dem Alltag multimorbider 90-Jähriger zu tun haben, von den geschlechtsspezifischen Unterschieden der sozialen Bedingungen des Alter(n)s ganz zu schweigen.

Schwerer noch wiegt zweitens die empirisch widerlegte Annahme, das Alter präjudiziere die politischen Prioritäten, die dann gegen andere Altersgruppen durchgesetzt würden. Aus qualitativen Interviews ist bekannt, dass viele Ältere sich mehr um die (soziale und ökonomische) Zukunft ihrer Enkel(generation) sorgen als um ihre eigene (vgl. z. B. Denninger et al. 2014: 283) und auch standardisierte Erhebungen im europäischen Vergleich zeigen – bei allen kontextspezifischen Unterschieden – »that intergenerational solidarity matters« (Goerres 2009: 24) und »that pure age-based self-interest is a crude over-simplicication of redistributive preference formation in ageing societies« (ebd.). Zudem weisen politische Präferenzen eine starke biografische Kontinuität auf und werden selten innerhalb kürzester Zeit für eine altersbezogene Interessenpolitik aufgegeben; für die heutigen Ruhestandskohorten ist sogar eine Zunahme der Parteiidentifikation über den Lebenslauf hinweg festzustellen (vgl. Goerres 2010: 113). Auch wird »ein liberaler Sozialstaatskritiker [...] nicht plötzlich zum Verfechter höherer Renten werden, stramm rechte Senior_innen werden Anspruchsgruppen nicht nach Generationen, sondern nach rassistischen und staatsbürgerlichen Kriterien vermessen und die umweltbewegte Seniorin wird sich womöglich (weiterhin) gar nicht für die soziale Frage interessieren.« (van Dyk 2020a) Die empirisch gut belegte höhere Wahlbeteiligung Älterer sowie die signifikant häufigere Mitgliedschaft in einer Partei bei den über 60-Jährigen sind weniger Ausdruck eines Alterseffekts oder einer dezidierten, altersspezifischen Interessenpolitik, als vielmehr das »Resultat generationenspezifischer Prägungen und Erfahrungen« (Vogel et al. 2017: 67); noch können sie aus den genannten Gründen als Beleg dafür gelesen werden, dass altersspezifische Interessen an Gewicht gewinnen. Auch der Umstand, dass viele der als ›Ältere‹ Adressierten, sich selber nicht (primär) als alt oder älter definieren (vgl. Abschnitt IV.3), spricht gegen die Annahme, das Alter würde sich automatisch zur zentralen Bezugskategorie für die politischen Präferenzen im höheren Lebensalter entwickeln.

1.2 Generationengerechtigkeit – zur Problematik eines populären Konzepts

Konfliktdiskurs

Die problematisierte Politik mit der Demografie ist, wie insbesondere die Demografisierung der Demokratie zeigt, auf das Engste mit einem seit den 1980er Jahren wiederkehrend beschworenen Generationenkonflikt verbunden (vgl. kritisch: Kohli 2006). Um militärische Metaphern nicht verlegen wird »ein gnadenloser Krieg« (Spiegel 1989) angekündigt, ausgelöst durch ein »Heer der Alten« (Spiegel 2000), eine »Rentnerschwemme« – Unwort des Jahres 1996 –, deren Last und Ansprüche die gesellschaftliche Stabilität bedrohten. Klassische Verteilungskonflikte zwischen Kapital und Arbeit, zwischen Arm und Reich, treten hinter die behauptete Auseinandersetzung zwischen Alt und Jung zurück, die – so der Tenor der Debatte – zwischen überversorgten, die gesellschaftliche Innovationskraft zersetzenden Alten auf der einen Seite und den unter der Alterslast gebeutelten Jungen auf der anderen Seite ausgetragen wird. Die Generationenkonfliktthese basiert auf verschiedenen impliziten Annahmen: »1. That older people have been active in designing a welfare state which works largely for their own benefit; 2. That younger people now perceive this to be the case and are beginning to act as a generational group in opposing inequalities in welfare resources; 3. That the growth in the number of older people is itself a factor in generating economic instability.« (Phillipson 1998: 91)

Diskurs und Wirklichkeit

Was den dritten Punkt betrifft gilt im Sinne des zuvor Ausgeführten, dass die Altersstruktur einer Gesellschaft allein keinerlei Auskunft über (In-)Stabilität (oder irgendeinen anderen sozialen Sachverhalt) geben kann. Auch handeln ältere Menschen nicht ausschließlich, wie im ersten Punkt unterstellt, als nutzenmaximierende Agent_innen einer das Alter priorisierenden Wohlfahrt, noch ist die soziale Lage von Ruheständler_innen in Wohlfahrtsstaaten so eindeutig privilegiert, wie es der Konfliktdiskurs suggeriert. Obwohl es Rentner_innen in Deutschland – im internationalen Vergleich gesehen und aller erörterten Einschränkungen zum Trotz – lange Zeit verhältnismäßig gut ging (vgl. ILO 2011), war ihre Wohlstandsposition im Durchschnitt nie signifikant besser als die von Arbeitnehmerhaushalten. Hinzu kommt, dass sich die materielle Situation älterer Menschen in jüngeren Jahren deutlich verschlechtert hat und dies durch die schrittweise Absenkung des Rentenniveaus, die Teilprivatisierung der Alterssicherung (›Riester-Rente‹) sowie die zunehmende De-Standardisierung von Erwerbsbiografien weiter tun wird (vgl. Blank/Schulze Buschoff 2013: 318 f.; Bäcker 2018: 14 ff.). Da besonders Haushalte mit niedrigem Einkommen die Riester-Optionen faktisch nicht nutzen (können) (vgl. Bode/Wilke 2014), hat die Absenkung des Rentenniveaus auf längere Sicht eine deutliche Erhöhung des Armutsrisikos im Ruhestand zur Folge (vgl. zu Alterssicherung und Altersarmut: Vogel/Motel-Klingebiel 2013; Butterwegge et al. 2012; Götz 2019). Vor allem aber kaschieren Durchschnittsbetrachtungen, dass Deutschland – bedingt durch das Äquivalenzprinzip bei Verzicht auf eine Mindestrente – innerhalb der OECD lange Zeit zu den Schlusslichtern bei der Alterssicherung von Geringverdiener_innen zählte (vgl. Kiziltepe/Schreiner 2011: 91). An dieser Situation wird auch das im Februar

2020 verabschiedete Gesetz zur Grundrente nicht grundsätzlich etwas ändern, da viele der Armutsgefährdeten die erforderlichen 35 Beitragsjahre nicht vorweisen können, zumal Zeiten der Arbeitslosigkeit nicht angerechnet werden. Für viele Anspruchsberechtigte wird die Grundrente aus unterschiedlichen Gründen zudem nicht – wie in Aussicht gestellt – zehn Prozent über dem Grundsicherungsniveau liegen (vgl. Staiger 2020).

Generationenkrieg

Auch was den Ausbruch des ›Generationenkrieges‹ durch die Gegenwehr jüngerer Menschen gegen die vermeintliche Privilegierung Älterer angeht, zeigen empirische Untersuchungen keine Anzeichen für eine derartige Zuspitzung.[31] Während es in den USA mit der 1984 gegründeten Organisation ›Americans for Generational Equity‹ in den 1980er und 1990er Jahren eine wirkmächtige, die soziale Absicherung des Alters herausfordernde Interessensorganisierung gab (vgl. Moody 2007: 130), ist eine vergleichbare Entwicklung in Deutschland oder anderen europäischen Ländern nicht zu beobachten. Zahllose Umfragen zeigen vielmehr, dass wohlfahrtsstaatliche Leistungen an Ruheständler_innen bei jüngeren Alterskohorten nicht zwangsläufig weniger Zustimmung erfahren als bei älteren (vgl. z. B. May 2010: 198 f.; Brosig 2019: 4 f.). Zudem sind neben engen sozialen Bindungen erhebliche materielle Transfers zwischen den Generationen zu konstatieren, die überwiegend von den älteren zu den jüngeren Generationen fließen (vgl. Kohli et al. 2000).

Generationengerechtigkeit

Während die populäre Behauptung eines *intergenerationellen* Konflikts empirisch nicht zu halten ist, nimmt im Schatten dessen die *intragenerationelle* soziale Ungleichheit signifikant zu. Die Folge dessen ist, dass in allen Altersgruppen die Armutsgefährdungsquoten steigen und die Kluft zwischen Arm und Reich wächst, wobei sich insbesondere die Lebenslagen alleinstehender Frauen als prekär erweisen (vgl. Bäcker 2018: 14 ff.).[32] Auch wenn gegenwärtig erste Anzeichen für eine diskursive Trendwende zu beobachten sind, da die zunehmende soziale Ungleichheit in den westlichen Industrienationen verstärkt Aufmerksamkeit erhält[33] – so auch im Rahmen des Siebten Altenberichts der Bundesregierung (BMFSFJ 2016: 54 ff.) –, diente das politische Postulat der herzustellenden Generationengerechtigkeit doch über annähernd drei Jahrzehnte dazu, die alte soziale Frage neu zu definieren. Der Verweis auf die Generationengerechtigkeit wurde sukzessive zur normativen Rahmung der postulierten demografieinduzierten Sachzwänge und als Gerechtigkeitsmodus gegen die ›klassische‹ »soziale und Verteilungsgerechtigkeit ausgespielt« (Nullmeier/ Wrobel 2005: 39). Der ebenso schillernde wie unspezifische Begriff ist zum »Kampfbegriff für eine Kürzung der Sozialleistungen für das Alter [geworden]. Und da die Älteren die gewichtigsten Klienten des Wohlfahrtsstaats sind, richtete sich der Kampf – manchmal als unbeabsichtigter Neben-, manchmal als beabsichtigter Haupteffekt – gegen den Wohlfahrtsstaat insgesamt.« (Kohli 2006: 120 f.) Innerhalb des Bezugsrahmens Generationengerechtigkeit erscheinen Kürzungen in der Kranken- und Rentenversicherung nicht mehr als Resultat von Verteilungskonflikten, sondern als notwendiger Schutz der jüngeren Generationen.[34] Kürzungen in den genannten Bereichen sind dieser Sichtweise zufolge nicht nur – im Sinne der Demografisierung der sozialen Frage – *notwendig*, sondern auch *gerecht*: »Generationengerechtigkeit bot die Möglichkeit, am Leitwert Gerechtigkeit festzuhalten, aber Fragen ›alter Verteilungspolitik‹ zu verabschieden.« (Nullmeier 2009: 11)

Unschärfe des Konzepts

Tatsächlich erweist sich das Konzept der Generationengerechtigkeit als in vielfacher Hinsicht unspezifisch: Zunächst einmal suggeriert der populäre Vergleich Alt-Jung, dass sich zwei Gruppen gegenüberstehen, wo mit Blick auf Kinder/Jugendliche, Erwerbstätige und Rentner_innen faktisch von einem »Drei-Generationen-Vertrag« (Kohli 2006: 123) die Rede sein müsste. Hinzu kommt, dass kaum das jeweils zugrunde liegende Gerechtigkeitskonzept spezifiziert wird. So wäre zum Beispiel zu klären, ob es im Kohortenvergleich um Bedarfs-, Leistungs- oder Verteilungsgerechtigkeit geht (vgl. im Überblick: Leisering 2004; van Dyk 2020b), haben doch diese Prinzipien sehr unterschiedliche Konsequenzen für die Gestaltung der Alterssicherung in Gegenwart und Zukunft. Vor allem aber vermischen sich diachrone und synchrone Perspektiven, obwohl es ein großer Unterschied ist, ob im diachronen Sinne Alterskohortengerechtigkeit oder im synchronen Sinne Altersgruppengerechtigkeit thematisiert wird. Im ersteren

Fall richtet sich der Fokus darauf, ob die heute jüngeren Kohorten ihren Ruhestand unter vergleichbaren Bedingungen verleben werden wie die heutigen Ruheständler_innen. Im zweiten Fall geht es darum, wie es den heute Älteren im Vergleich zu den gleichzeitig lebenden Jüngeren geht. Diese Perspektive hat überall dort Konjunktur, wo den vermeintlich wohlhabenden, dekadenten Älteren die prekär lebenden Familien mit Kindern gegenübergestellt werden (vgl. kritisch: Denninger et al. 2014: 124 f.).

Entdramatisierung der Terminologie

Insbesondere letztere Perspektive hat in jüngerer Zeit, da das Thema Altersarmut und die zunehmende soziale Ungleichheit vermehrt Beachtung finden, an Einfluss verloren. Auch darüber hinaus deutet sich eine Trendwende an: Die dramatischen, in Terminologien von Naturkatastrophen entworfenen Demografieszenarien weichen ebenso wie die Beschwörungen von Generationenkriegen einer zunehmend entdramatisierten Terminologie (vgl. ebd.: 147 ff.). Das, was zuvor als Tsunami, Altersbombe oder Rentnerschwemme ausgemalt wurde, heißt nun Herausforderung: »Der demografische Wandel ist eine beachtliche Herausforderung für die Bundesrepublik Deutschland, doch nichts, was die Gesellschaft schrecken muss. Es gibt hinreichend Gestaltungspotenzial.« (Hüther/Naegele 2013: 365) Der sich abzeichnende Beginn einer »postkatastrophistischen Phase« (Schultz 2013: 539) der Demografiepolitik berührt jedoch vor allem die diskursive Rahmung sowie die Erweiterung der Gestaltungsstrategien und weniger den grundsätzlich problematisierenden Tenor, wenn es um die Alterung der Gesellschaft geht. Zwei miteinander verschränkte Entwicklungen stechen diesbezüglich ins Auge: Zum einen wird unter Verweis auf die soziale und biologische Verjüngung des Alters dahingehend Entwarnung gegeben, dass die Gesellschaft zwar kalendarisch, aber nicht faktisch altere. Zum anderen ist eine gesellschaftliche und politische Neuverhandlung des Lebens im Ruhestand zu beobachten, mit der die ›Schrecken‹ des demografischen Wandels in bewältigbare Herausforderungen übersetzt werden sollen: »Vor dem Hintergrund der demografischen Entwicklung muss es künftig Ziel sein, die Bereitschaft der Älteren, selbst zur Sicherung des kleinen wie des großen Generationenvertrages beizutragen, zu steigern.« (Naegele 2013: 22) Bevor es in Kapitel 2 um diese sozialpolitische Entdeckung der Aktivierbarkeit des Alters geht, richtet sich der Blick im folgenden Abschnitt auf neue, sich abzeichnende Konfliktfelder.

1.3 Neue Generationenkonflikte? Klimaproteste und die Herausforderungen der Corona-Krise

Klimawandel und Fridays for Future

Während hinsichtlich des demografischen Wandels und seiner wohlfahrtsstaatlichen Bearbeitung also eine diskursive Entdramatisierung zu beobachten ist, werden zuletzt neue Generationenkonflikte ausgerufen, die sich – so der politische und mediale Tenor – vor allem an Fragen der Ökologie und Nachhaltigkeit sowie insbesondere des Klimawandels entzünden. Die Konfliktkonstellation hat der Theologe und Soziologe Reimer Gronemeyer bereits Anfang der 1990er Jahre auf den Punkt gebracht: »So gut und exzessiv hat zwar noch keine Generation gelebt, aber die heutigen Alten sind die erste Generation, die noch nach ihrem Tod die Nachfahren fast völlig beherrschen wird. Hinterlassen sie doch eine Lebenswelt, aus der die Jungen kaum werden aussteigen können. [...] Jetzt haben sie der Jugend die Zukunft genommen.« (Gronemeyer 1991: 128) Doch obwohl die Partei DIE GRÜNEN bereits 1983 mit dem Slogan »Wir haben die Erde von unseren Kindern nur geborgt« in den Wahlkampf zogen, haben die wachsende Dringlichkeit und Popularität des Klimawandels die Thematik erst in jüngster Zeit zu einem breit diskutierten Generationenthema werden lassen. Dazu hat insbesondere die weltweit erfolgreiche, von Schüler_innen getragene (Klimastreik-)Bewegung ›Fridays for Future‹ mit ihrer erst 2003 geborenen Ikone Greta Thunberg beigetragen, die dezidiert das klimapolitische Versagen der älteren Generationen anprangert, zugleich aber auch altersübergreifende Bündnisse sucht (vgl. Sommer et al. 2019). Vor allem medial wird nun ein Generationenkonflikt ausgerufen, mit ›den Alten‹, die durch ihren Lebenswandel für den Klimawandel verantwortlich zeichnen und erforderliche politische Strategien blockieren, auf der einen Seite und den klima- und umweltbewussten ›Jungen‹, die auf die Straße gehen und ihre Zukunft verteidigen, auf der anderen Seite. »1968 war ein Kindergeburtstag – verglichen mit dem beginnenden Generationenkonflikt« (Ulrich 2019) ist exemplarisch für viele Verlautbarungen in der ZEIT zu lesen und wiederholt ist zu hören, dass ›die Jungen‹ die Welt retten wollen und dabei politischer seien als die eigenen Eltern (vgl. Reinhard/Vašek 2019): »Insbesondere in Hinblick auf die Einschätzung von Klimaschutz und Umweltbelastungen scheint in den jüngeren Generationen ein Problembewusstsein aufzukommen, das die Älteren nie aufgebracht haben. Die in letzter Zeit gehäuft vorkommenden Demonstrationen der ganz Jungen [...] gegen die Klimapolitik und gegen die ökologische Ignoranz der Eltern- wie der Großelterngeneration einschließlich der amtierenden Politiker wächst sich zu einem massiven Generationenkonflikt aus.« (Richter 2020: 194) Was Zuspitzungen dieser Art nicht erwähnen, ist, dass es Teile der Großelterngeneration der heutigen Schüler_innen waren, die in den 1960er und 1970er Jahre – gegen starke Widerstände in allen Altersgruppen – die aufkommenden Umweltbewegungen trugen, die später DIE GRÜNEN gründeten und dass die heutige Elterngeneration wesentlich für die in Deutschland einflussreichen Anti-Atom-Proteste der 1990er und 2000er Jahre verantwortlich war. Auch in Umwelt- und Nachhaltigkeitsfragen verlaufen die Konfliktlinien, wie diese historischen Erfahrungen zeigen, nicht ausschließlich und wahrscheinlich auch nicht primär entlang der Generationengrenzen.

Demografisierung des Sachverhalts

Was die aktuellen Klimaproteste betrifft, zeichnet eine repräsentative Befragung der Universität Mannheim im Mai 2019 ein Bild, das der pauschalen Rahmung von ›Fridays for Future‹ als Generationenkonflikt entgegensteht. Auf die Frage, ob sie Verständnis für die Freitagsdemonstrationen der Schüler_innen haben, antworteten 66 Prozent der 16 bis 29-Jährigen mit ja, gegenüber jeweils 56 Prozent der 30 bis 59-Jährigen und der über 60-Jährigen (vgl. Koos/Naumann 2019: 7). Dies ist zwar ein signifikanter Unterschied, allerdings stimmt auch eine Mehrheit der über 60-Jährigen zu und ca. ein Drittel der 16 bis 29-Jährigen haben kein oder nur ein bedingtes Verständnis. Nach einer möglichen eigenen Beteiligung an einer Klima-Demonstration gefragt, fallen die Unterschiede sogar noch kleiner aus: 16 Prozent der 16 bis 29-Jährigen antwortet mit »auf jeden Fall«, 39 Prozent mit »wahrscheinlich«. Bei den über 60-Jährigen kündigen 13 Prozent an, auf jeden Fall teilzunehmen und 38 Prozent halten dies für wahrscheinlich. Es soll an dieser Stelle nicht darum gehen, zu bestreiten, dass junge Menschen unter 25 die treibende Kraft der Bewegung ›Fridays for Future‹ sind und dass sich ihre Kritik an die institutionalisierte Politik richtet, die mehrheitlich von Menschen höheren Alters vertreten und gemacht wird. Die Daten sensibilisiern aber dafür, dass auch hier die pauschale Charakterisierung der Auseinandersetzungen als Generationenkonflikt andere, ebenfalls entscheidende, gesellschaftliche Konflikt- und Spaltungslinien dethematisiert. Aus dem Blick gerät damit insbesondere die politische Orientierung der Demonstrant_innen sowie die Klassenspezifik der Proteste – die Mehrheit der jungen Demonstrant_innen sind Gymnasiast_innen oder Studierende und kommt überdurchschnittlich häufig aus akademischen Elternhäusern (vgl. Sommer et al. 2019: 12 ff.). Wenn es um konkrete Forderungen der ›FFF‹-Bewegung geht, zeigen sich – zum Beispiel in der Unterstützung der Einführung einer CO_2-Steuer – zwar signifikante Altersunterschiede, da 40 Prozent der 16 bis 29-Jährigen, aber nur 35 Prozent der 30 bis 59-Jährigen und 32 Prozent der über 60-Jährigen eine solche Steuer begrüßen (vgl. ebd.: 13). Diese Unterschiede verblassen jedoch, sobald die Parteipräferenzen berücksichtigt werden, unterstützen doch 80 Prozent der GRÜNEN-Anhänger_innen die Forderung, aber nur 27 Prozent der FDP- und 11 Prozent der AfD-Anhänger_innen (vgl. ebd.: 14). Auch hier ist also die Demografisierung eines sozialen und politischen Sachverhaltes zu beobachten, die starke Ähnlichkeit mit der Demografisierung der Demokratie erkennen lässt. Plausibilisiert wird die Rahmung des Konflikts darüber, dass die Älteren von den Folgen des Klimwandels nicht mehr betroffen sein werden, während den Jungen »dann das Wasser bis zum Hals stehen könnte« (Ulrich 2020). Auch hier greift also die empirisch widerlegte Annahme, die politischen Präferenzen Älterer seien allein von der individuellen Nutzenmaximierung geleitet.

Neben den Klimaprotesten hat im Frühjahr 2020 die weltweite Corona-Pandemie Debatten um einen neuen Generationenkonflikt angefeuert: »Die Jungen erben die Klimakrise und die Corona-Schulden. Und sollen jetzt auch noch zurückstecken [Anm.: durch den Lockdown, SvD]. Hier wird eine ganze Generation um ihre Zukunft betrogen.« (Seydack 2020) Kaum eine soziale Gruppe stand so im Zentrum der Pandemiebekämpfung wie jene der älteren und alten Menschen, da das Risiko eines schweren oder gar tödlichen Verlaufs einer Covid-19-Infektion mit zunehmendem Lebensalter steigt; in Deutschland handelt es sich bei 50 Prozent der Corona-Toten um Bewohner_innen von Alten- und Pflegeheimen, obwohl nur ein Prozent der Bevölkerung dort lebt (vgl. Beneker 2020). Der umfassende Lockdown wurde in zahlreichen Ländern mit dem notwendigen Schutz der durch Vorerkrankungen und Lebensalter besonders gefährdeten Risikogruppen begründet und war in der Anfangszeit weitgehend frei von utilitaristischen Argumenten und Verweisen auf ökonomische Zwänge – eine unter flexibel-kapitalistischen Bedingungen höchst ungewöhnliche Konstellation. Die Diskussion drehte sich allerdings zu keinem Zeitpunkt einfach um den Schutz von besonders Gefährdeten, sondern war von Anfang an durch einen altersbezogenen, bipolaren »Wir/Sie«-Gegensatz geprägt, ausgerichtet auf das »Überleben der Anderen« (van Dyk et al. 2020), die von »uns« – den Nicht-Alten – gerettet werden müssten. Dieses Narrativ legte nahe, dass es am Ende die schutzbedürftigen Älteren sind, die dafür verantwortlich zeichnen, wenn das Wachstum und die Wirtschaft zusammenbrechen und die (Aus-)Bildung der Kinder gefährdet ist – und tatsächlich dauerte es nur wenige Wochen, bis das anfängliche Primat des Lebensschutzes aus sozio-ökonomischen Gründen in Frage gestellt wurde. So betonte etwa der nordrhein-westfälische Ministerpräsident Armin Laschet, dass neben dem Lebensschutz auch die Kosten im Gesundheitssystem und die wirtschaftliche Entwicklung im Blick behalten werden müssten (vgl. Westdeutsche Zeitung 2020). Andere Kommentator_innen fragten ganz im Sinne der populären Unterstellung, jede Generation würde ausschließlich nutzenmaximierend agieren, warum die Jungen eigentlich einen Lockdown unterstützen sollten:

Relativierung des Lebensschutzes

»Die medizinstatistische Dauerbeobachtung der Epidemie liefert den Jüngeren [...] durchaus Gründe zur Frage, was sie das eigentlich angehe: Die Dramatik der Krise wird schließlich mit der Mortalität des Virus begründet. Doch das Durchschnittsalter der bisher an Corona Verstorbenen liegt in Deutschland bei über 80 Jahren.« (Wagner 2020)

Reduktion auf bipolaren Gegensatz

Die Relativierung des Lebensschutzes übersetzte sich in der Folge immer häufiger in die Artikulation eines neuen Generationenkonflikts, der von mächtigen und ressourcenstarken Älteren zulasten anderer Bevölkerungsgruppen angetrieben werde – auch hier sind klassische Argumentationsfiguren aus älteren Debatten um Generationenkonflikte wiederzufinden. Die (nicht-alte) Bevölkerung sei, so ein exemplarischer Kommentar, eher bereit, »Freiheitsrechte zu verlieren und ihren Wohlstand zu riskieren [...], als auf grobe Konflikte zwischen mächtigen Bevölkerungsgruppen (den Senioren) und weniger mächtigen (Kindern, Eltern, jungen Erwachsenen) zuzusteuern.« (Jessen 2020: 41) Wenn man dieser Lesart folgt, drängt sich allerdings die Frage auf, warum der Schutz und die partielle Isolierung älterer Risikogruppen weitgehend ohne Beteiligung der Betroffenen ausgehandelt wurden und warum sich ausgerechnet die Situation in Alten- und Pflegeheimen in Ermangelung von Schutzmaßnahmen und angemessen ausgestattetem Personal als derart prekär und (lebens-)gefährlich erwiesen hat. Aus alterssoziologischer Sicht stellt sich aber insbesondere die Frage, warum in einer höchst komplexen Konstellation, in der Lebensalter *ein* Risikofaktor unter anderen ist (vgl. Graefe et al. 2020) und in der sich die Lebenslagen gesunder 70-Jähriger diametral von denen multi-morbider Pflegeheimbewohner_innen unterscheiden, ein einfacher, altersbezogener, bipolarer »Wir-Sie«-Gegensatz die Debatte dominiert. Diese Tendenzen haben viel damit zu tun, wie »Alter« grundsätzlich als soziale Zuschreibung funktioniert, was in den folgenden Abschnitten IV.4 zu Ageism und V zu poststrukturalistisch-praxistheoretischen Analysen des Alter(n)s vertieft wird.

2. Die Neuverhandlung des Alters in der Aktivgesellschaft

Erwartungswandel

Wie sollen nun die Älteren zur Sicherung des Generationenvertrages beitragen? Es ist die zunehmende Sensibilisierung für den doppelten Sachverhalt, dass die ›Alten‹ nicht nur immer älter, sondern eben auch immer jünger und fitter werden, die den Weg für die sozialpolitische Entdeckung der Aktivierbarkeit des Alters geebnet hat. Verglichen mit vorherigen Generationen im Durchschnitt gesünder und gebildeter, ressourcen- und finanzstärker gelten sie als bestens geeignet, die gesellschaftliche ›Alterslast‹ durch ein aktives Alter(n) wettzumachen. In diesem Spannungsfeld von demografischer Klage und Alterslob vollzieht sich derzeit eine grundlegende Neuverhandlung des Alters, mit der das Modell »Lebensfeierabend« (zit. n. Göckenjan 2000a: 331) zur Disposition steht. »Älter werden ist mehr als auf die Pension zu warten und den ›verdienten‹ Ruhestand zu genießen.« (Amann 2006: 19) – heißt es in einer Expertise des *Deutschen Zentrums für Altersfragen*. Im Informationsflyer zum 6. Altenbericht der Bundesregierung wird angemahnt: »Bei aller Verantwortung der Gesellschaft darf aber nicht übersehen werden, dass die Rechte des einzelnen Menschen mit Verpflichtungen gegenüber der Gemeinschaft einhergehen. Insgesamt sind die heute älteren Menschen im Vergleich zu früheren Generationen gesünder, sie verfügen über einen höheren Bildungsstand und über bessere finanzielle Ressourcen. Nach Auffassung der Kommission leitet sich daraus die Verpflichtung ab, vorhandene Ressourcen verantwortungsvoll einzusetzen.« Die ältere Generation solle und müsse aber nicht nur ihren Teil zur Bewältigung der Herausforderungen des demografischen Wandels beitragen, sondern sie wolle es auch: Die Nutzung ihrer Potenziale eröffne schließlich nicht nur der Gesellschaft brachliegende Ressourcen, sondern verspreche zugleich den Alten selbst eine von den traditionellen Defizitperspektiven auf das Alter befreite Existenz: »In dem ältere Menschen ihre Verantwortung [...] erkennen und als persönliche Verpflichtung deuten, tragen sie nicht nur zu einer (notwendigen) Entlastung nachfolgender Generationen bei. Zahlreiche empirische Studien belegen: Die Übernahme der Aufgaben trägt dem Bedürfnis älterer Menschen, tätig zu sein, gebraucht zu werden und Teil der Gemeinschaft zu sein, Rechnung, fördert Selbstwirksamkeits- und Kontrollüberzeugungen und verhilft zu einer höheren Lebenszufriedenheit.« (BMFSFJ 2010: 28 f.)

internationaler Trend

Dieser in Deutschland in den frühen 2000er Jahren einsetzende Wandel der gesellschaftlichen Erwartungen an das höhere Lebensalter (vgl. ausführlich: Denninger et al. 2014: 127–163) ist eingebettet in einen internationalen Trend der Altersaktivierung: Eine große Koalition internationaler Organisationen, von der Weltgesundheitsorganisation (WHO), über die OECD und die Vereinten Nationen (UN) bis hin zur Europäischen Kommission lanciert neue Konzepte des aktiven und produktiven Alter(n)s (vgl. im Überblick: Moulaert/Biggs 2012). Im Jahr 1999, dem von der UN ausgerufenen »Internationalen Jahr der Senioren« forderte die Europäische Kommission die Mitgliedsländer auf, veraltete – d. h. ruhestandsorientierte – Politiken in Bezug auf ältere Menschen zu überdenken: »Both within labour markets and after retirement, there is the potential to facilitate the making of greater contributions from people in the second half of their lives.« (European Commission 1999: 21) Das Jahr 2012 wurde von der Europäischen Kommission zum »Europäischen Jahres des aktiven Alters und der Solidarität zwischen den Generationen« erklärt (www.ej2012.de), und damit ein unmittelbarer Zusammenhang zwischen aktivem Alter(n) und generationenübergreifender Solidarität hergestellt. Auch im internationalen Kontext hat sich rund um Politiken der Altersaktivierung ein gesellschaftlicher Tenor herauskristallisiert, dem das aktive Alter(n) als eine *Win-Win*-Situation gilt: »The beauty of this strategy is that it is good for everyone: from citizens of all ages as ageing individuals, in terms of maximizing their potential and quality of life, through to society as a whole, by getting the best from human capital.« (Walker 2002: 137)

Erwerbsarbeit, hetero- und autoproduktive Aktivitäten

Grundsätzlich geht es in der Debatte um drei Aktivitätsfelder, deren Bedeutung je nach Länderkontext und Wohlfahrtsmodell variiert: Das erste Feld betrifft die Erwerbsarbeit, d. h. die forcierte Erwerbsvergesellschaftung des höheren Lebensalters durch die Rücknahme von Frühverrentungsoptionen, die Erhöhung der Beschäftigungsquote älterer Arbeitnehmer_innen, die Heraufsetzung der Regelaltersgrenze sowie die Förderung von Erwerbsarbeit im Rentenalter (vgl. Fröhler et al. 2013; Scherger 2015). Das zweite Feld zielt auf heteroproduktive, d.h. unmittelbar anderen zu Gute kommende Aktivitäten im Ruhestand, vom ehrenamtlichen Engagement und Freiwilligendiensten über Nachbarschaftshilfe bis hin zu Betreuungs- und Pflegeleistungen im sozialen Nahraum (vgl. Erlinghagen/Hank 2008; Denninger et al. 2014: 143 ff.). Das dritte Feld umfasst so genannte autoproduktive Aktivitäten, die einem gesunden und leistungsfähigen Altern dienen, d.h. sportliche Aktivitäten und Fitness, gesunde Lebensführung und Ernährung, mentales Training und lebenslanges Lernen (vgl. van Dyk/Graefe 2010). Es ist vor allem dieses dritte Feld, für das in der gerontologischen Diskussion auch der Topos des erfolgreichen und kompetenten Alterns verwendet wird (vgl. Rowe/Kahn 1998). Alle drei Felder berücksichtigend, kann aktives bzw. produktives Alter(n) verstanden werden »[as] the capacity of an individual or a population to serve in the paid workforce, to serve in volunteer activities, to assist in the family, and to maintain himself or herself as independently as possible« (Butler/Gleason 1985: 13).

vom Defizitmodell zum Aktivitätsparadigma

Grundsätzlich geht mit diesem Fokus zunächst einmal eine – zumindest partielle – Abkehr vom lange Zeit vorherrschenden Defizitmodell des Alter(n)s einher, das nicht mehr ausschließlich als Versorgungsfall betrachtet, sondern als aktivierbar und damit als potenziell leistungsfähig in Betracht gezogen wird. Bei dieser Entwicklung gilt es zu berücksichtigen, dass der hier erörterte Perspektivwechsel auf das Alter keineswegs nahtlos vom wohlverdienten Lebensrest des Ruhestands zum produktiven Alter(n) erfolgte. Schon seit den frühen 1980er Jahren entsprach eine stetig wachsende Gruppe Älterer immer weniger den stereotypen Alters- und Ruhestandsbildern, die – zum Teil bis in die Gegenwart – eine Assoziationskette vom Schaukelstuhl über den Fernseher bis hin zu Dutt und gebeugter Körperhaltung, Treppenlift und Kukident aufrufen (vgl. zur empirischen Rekonstruktion dieser Verknüpfungen: Denninger et al. 2014: 88 ff.). Lange bevor es um die produktive Nutzung der Ressourcen des Alters geht, gewinnt die aktive Gestaltung des Lebens im Ruhestand an Gewicht, machten die »Neuen Alten« (Karl/Tokarski 1989) von sich reden, die in den aufkommenden 1980er Jahren – da das Ende der Arbeitsgesellschaft und der Aufstieg der Konsum- und Erlebnisgesellschaft in aller Munde waren – zu Protagonist_innen einer zunehmend konsumbasierten Freizeitvergesellschaftung wurden. Der Verzichtethik vorheriger Generationen entwachsen, verbrachten diejenigen, die es sich leisten konnten, die mit dem Ruhestand gewonnene Zeit zunehmend mit öffentlich sichtbarer, vermeintlich altersuntypischer Aktivität, mit Fernreisen, neuen Sportarten und extravaganten Hobbies. Die Sozialfigur der Neuen Alten war dabei aufs Engste verknüpft mit der gerontologischen Expertenoffensive für ein kompetentes Alter (vgl. Abschnitte III.3.2), die dazu beitrug, in Politik und Medien erste Suchbewegungen weg vom klassischen Defizitmodell des Alter(n)s anzustoßen. Oder anders formuliert: »eine neue Kohorte von Älteren trifft auf Forschungsergebnisse, die bestätigen, dass es sie geben kann.« (Denninger et al. 2014: 96). Die gerontologische Aktivitätsthese sowie die an sie anschließenden psychogerontologischen Kompetenzmodelle wurden in diesem Setting zum wissenschaftlichen Nährboden eines an Einfluss gewinnenden »positive ageing paradigms« (Martinson/Halpern 2011: 427).

politische Hinwendung

Vor diesem Hintergrund ist es kein Zufall, dass die interdisziplinäre Altersforschung in ihren einflussreichen Strömungen dazu neigt, auch die politische Hinwendung zu den produktiven Potenzialen des Alters als Chance auszurufen: »Positive ageing policies have been particularly attractive to gerontologists and to age activists because they appear to draw inspiration from radical streams of gerontology and the age movement itself. […]. It suggests a means of countering negative stereotyping of older people and increasing their social inclusion.« (Biggs 2004: 100) Während in der deutschsprachigen Diskussion aus genau diesem Grund bis in die jüngere Vergangenheit nur wenige kritische Stimmen bezüglich der Aktivierung des Alters zu vernehmen waren (vgl. z. B. Schroeter 2000b),[35] wurde die theoretisch-konzeptionelle wie empirische Problematisierung des Aktivitätsparadigmas zu einem wesentlichen Markenkern der *Critical Gerontology*: Die durch die *Political Economy of Ageing* inspirierte politökonomische Fundierung der Altersforschung hat ebenso wie der Fokus auf soziale Ungleichheiten, Macht- und Herrschaftsverhältnisse sowie neue Steuerungsmechanismen im flexiblen Kapitalismus den Blick für die sozialen, politischen und ökonomischen Kontextbedingungen des Aktivitätsparadigmas geöffnet, die im gerontologischen Mainstream weitgehend ausgeblendet bleiben.

2.1 Aktivierende Sozialpolitik und das Alter(n)

Wandel der Steuerungslogik

Da die Institutionalisierung der Lebensphase Alter ein originär sozialpolitisches Phänomen darstellt, ist über das Alter(n) »nicht mehr sinnvoll zu diskutieren, ohne dass man das verhaltensprägende und steuernde Interventionsrepertoire des modernen Wohlfahrtsstaats in Rechnung stellt« (von Kondratowitz 2007: 129). Den gesellschaftspolitischen Kontext des Paradigmenwechsels hin zum aktiven Alter(n) bildet der seit dem Ende der 1990er Jahre sich vollziehende Aufstieg des aktivierenden Sozialstaats (vgl. Lessenich 2008). Dieser versteht sich selbst als funktionales Gegenmodell und normative Alternative zu jenem auf umfassende öffentliche Versorgungsleistungen zielenden Wohlfahrtsstaat, wie er sich in der zweiten Hälfte des 20. Jahrhunderts in weiten Teilen Europas etabliert hatte. Der selektiven Einschränkung sozialstaatlicher Sicherungssysteme und Dienstleistungen (vgl. Brütt 2011) sowie des Rückbaus öffentlicher Infrastruktur zum Trotz ist in Deutschland spätestens mit der Agenda 2010 und den Hartz-Reformen deutlich geworden, dass eine Analyse der sozialpolitischen Reformen als Rückzug des Staates in die Irre führt: Zu beobachten ist stattdessen ein Wandel der sozialstaatlichen Steuerungslogik, der zufolge (potenzielle) Leistungsempfänger_innen nicht mehr als Träger_innen von Rechten betrachtet, sondern als zur Eigenverantwortung Verpflichtete und in diesem Sinne zu Aktivierende gelten. Aktivierende Sozial- und Arbeitsmarktpolitik schickt sich mit der Umstellung von der ›ex-post‹-Versorgung zur ›ex-ante‹-Befähigung an, die vermeintlichen Passivbürger_innen des keynesianischen Wohlfahrtsstaats durch »Erziehung zu Marktlichkeit« (Lessenich 2012: 60) zu funktionsfähigen (Arbeitsmarkt-)Subjekten des flexibilisierten Kapitalismus zu machen. Staatliche Kürzungen im

Bereich der Infrastruktur und sozialen Dienstleistungen bei zugleich wachsenden Bedarfen in der Pflege und Kinderbetreuung sollen zudem »durch ein ›Fitnesstraining‹ der Zivilgesellschaft« (Kocyba 2004: 20) kompensiert werden, Aufrufe zum bürgergesellschaftlichen Engagement, zu Selbst- und Mitverantwortung (vgl. z. B. Kruse 2005) in lebensweltlichen Kontexten sind eng verbunden mit dem Ziel »to fill gaping holes in the safety net« (Minkler/Holstein 2008: 197).

politische Erwartungshaltung

Die im Bericht der »Hartz-Kommission« formulierte politische Erwartungshaltung gegenüber im Sozialleistungsbezug stehenden Arbeitslosen, »den materiellen und nichtmateriellen Leistungen des Arbeitsamtes im Sinne der Schadensminderungspflicht durch ein angemessenes, zielführendes Verhalten zu begegnen« (Hartz et al. 2002: 45), gilt damit zunehmend für die gesamte Sozialstaatsklientel und über den ganzen Lebenslauf hinweg. Auch für Rentner_innen sei es an der Zeit – so die Devise –, »das Versorgungsparadigma zugunsten eines Aufforderungsparadigmas zu überwinden« (Naegele 2013: 22). In Zeiten, da infolge steigender Frauenerwerbstätigkeit immer weniger Frauen ganztägig und unbezahlt als »heimliche Ressource der Sozialpolitik« (Beck-Gernsheim 1991) zur Verfügung stehen, erscheinen fitte Ältere mit Zeitressourcen als quasi natürliche Zielgruppe für Aufrufe zum freiwilligen Engagement. Die ›Schadensminderungspflicht‹ im Ruhestand betrifft dabei aber nicht nur die Maximierung von der Allgemeinheit zugutekommenden Aktivitäten, sondern im Sinne des dritten Aktivitätsfeldes auch die Gestaltung des Alternsprozesses selbst. So forderte die Psychogerontologin und ehemalige Bundesseniorenministerin Ursula Lehr: »Jeder einzelne hat alles zu tun, um möglichst gesund und kompetent alt zu werden. Damit erhöht er nicht nur seine eigene Lebensqualität im Alter, sondern auch die seiner Angehörigen, seiner Familie – und spart letztendlich der Gesellschaft Kosten.« (Lehr 2003: 55)

gesundheitspolitischer Paradigmenwechsel

Dass Alter(n) als ein bearbeitbares Risiko gilt und die Plastizität des Alternsprozesses zum Ansatzpunkt von Aktivierungspolitiken wird, ist eine vergleichsweise neue Entwicklung, die auf einen gesundheitspolitischen Paradigmenwechsel aufsattelt: Mit der Abwendung von einer vorrangig kurativen Medizin und dem Bedeutungsgewinn gesundheitlicher Prävention hat eine Erweiterung grundlegender Konzepte von Gesundheit stattgefunden – von Gesundheit als Abwesenheit von Krankheit zu Gesundheit als individuell zu verantwortender Produktion von umfassendem Wohlbefinden (vgl. Ziguras 2004: 4 ff.). Die Dimension der (gesundheitsförderlichen oder -schädlichen) gesellschaftlichen *Verhältnisse* tritt dabei zu Gunsten der unablässigen Betonung der Möglichkeiten individueller *Verhaltens*prävention fast vollständig zurück. Durch sukzessive Privatisierung der Risikovorsorge, die Verbetriebswirtschaftlichung von Gesundheits- und Pflegeinstitutionen bei gleichzeitigem Ausbau von Gesundheit als gewinnträchtigem Marktsegment entstehen zahllose neue Waren und Dienstleistungsangebote, die das ressourcenorientierte Management des Alternsprozesses ermöglichen sollen und die Verantwortung an das Individuum delegieren. Daran, dass Nicht-Altern sukzessive zu einer Frage der Wahl und das Altern zum Scheitern infolge von Aktivitäts- und Präventionsverweigerung wird, haben Rowe und Kahn, die ›Väter‹ des *Successful Ageing* tatsächlich keinen Zweifel gelassen: »The fraility of old age is largely reversible [...] what does it take to turn back the ageing clock? It's surprisingly simple. [....] Success is determined by good old-fashioned hard work.« (Rowe/Kahn 1998: 102)

2.2 »Wollen sollen« – Weiche Steuerung im aktivierenden Sozialstaat

selbstregulative Prävention

Mit der Benennung der Möglichkeit, das Alter(n) aktiv und produktiv zu bewältigen, geht im Zuge der Popularisierung von Eigenverantwortung die gesellschaftliche Erwartung einher, dass die als möglich konstruierte Leistung auch erbracht wird. Das Prinzip selbstregulativer Prävention nimmt damit normativen Charakter an: Wer sich nicht frühzeitig und nachhaltig um sich selbst kümmert, wird zum Risiko für die Allgemeinheit. Präventionspolitiken »laufen darauf hinaus, den Subjekten abzuverlangen, daß sie sich der Systemverträglichkeit ihres Handelns a priori vergewissern; [...] daß sie sich als Risiko ernst nehmen und sich entsprechend selbst kontrollieren.« (Vobruba 1983: 40) So gesehen, etabliert der aktivierende Sozialstaat neben Zwangsmechanismen, die vor allem in der Arbeitsmarktpolitik zum Einsatz kommen, »ein Regime freiwilliger Selbstkontrolle« (Bröck-ling 2004: 214), eine moralische Anleitung zum vernünftigen Sich-Verhalten als ›alter ego‹ der sozialpolitischen Regulierung des Alters (vgl. van Dyk 2007). Hier wird das erkennbar, was im Kontext der *Foucauldian Gerontology* als »government of old people in the guise of successful ageing« (Tulle-Winton 1999: 283) analysiert worden ist. Vor diesem Hintergrund erweist sich auch die in Wissenschaft wie Politik hoch gehaltene, formale Freiwilligkeit von Aktivitäten im Ruhestand als nicht ganz so unproblematisch, wie es zunächst erscheint: Einer solch einfachen Entgegensetzung von (problematisiertem) Zwang und (gewünschter) Freiwilligkeit entgehen die mit weichen Steuerungsmechanismen einhergehenden Machtverhältnisse und Normierungszwänge. Aus dem Blick gerät damit die gegenwärtig zu beobachtende Neuakzentuierung der Defizitperspektive auf das Alter, im Zuge derer es weniger um die *Unfähigkeit* als um die *Unwilligkeit* der Alten geht, sich produktiv in die Gesellschaft einzubringen.

Unwahrscheinlichkeit von *Win-Win*

Die politisch propagierte *Win-Win*-Konstellation des aktiven Alters, das gleichermaßen der Gesellschaft als Ganzes wie den aufgerufenen Älteren diene, abstrahiert von den konkreten Lebenslagen und Wünschen der älteren Menschen selbst: »The concept of productive aging lulls us into believing that there are no losers – that productive aging is a positive goal synonymous with apple pie and motherhood.« (Estes/Mahakian 2001: 207) Es ist natürlich nicht auszuschließen, dass es Konstellationen geben kann, die allen Seiten zum Gewinn gereichen. Tatsächlich aber ist dies – von privaten sozialen Beziehungen abgesehen – in einer von Machtverhältnissen durchzogenen Gesellschaft, die reich an Interessenkonflikten ist, mehr als selten, worauf Arbeiten aus dem Kontext der *Critical Gerontology* wiederholt hingewiesen haben.

Unterbelichtung sozialer Ungleichheit

In Zeiten, da Aktivität »zu einer Zauberformel im Hinblick auf das Altern« (Tokarski 1998: 110) geworden ist, bleibt mit dem *Win-Win*-Versprechen zudem ausgeblendet, dass nicht jede Aktivität verjüngt und ermächtigt, die Lebensqualität und/oder den Gesundheitszustand positiv beeinflusst: Aktivitäten können gebrechlich und krank machen und/oder psychisch hochgradig belastend sein – man denke an schwere körperliche Arbeit oder Vollzeitpflege – und diese Aktivitäten sind sozialstrukturell sehr unterschiedlich verteilt (vgl. z. B. Reindl 2009: 164). Doch gerade Fragen sozialer Ungleichheit bleiben in der politischen Debatte über aktives Alter(n) – ebenso wie geschlechtsspezifische Ungleichheiten – unterbelichtet. Untersuchungen aus dem anglophonen Raum zeigen jedoch, dass Konzepte des aktiven, produktiven und erfolgreichen Alter(n)s »are marked by important and unacknowledged class, race, and gender concerns that result in further marginalizing the already marginalized« (Holstein/Minkler 2003: 794). So ist die Befähigung zur Selbstorganisation und zur permanenten (hoch kommerzialisierten) Selbstoptimierung in hohem Maße abhängig vom Bildungsstand und den finanziellen Ressourcen der Betroffenen. Auch die in der Debatte verhandelten (gewünschten) öffentlichen Aktivitäten älterer Menschen haben einen starken Mittelschichts-Bias – man denke an den Nachhilfeunterricht für sozial schwache Kinder oder die ehrenamtliche Unternehmensberatung durch ehemalige leitende Angestellte. Eine privilegierte Minderheit materiell wohl ausgestatteter, gut gebildeter Senior_innen wird zum Maßstab einer anerkannten Altersaktivität erkoren, den die mit weniger ökonomischem und kulturellem Kapital gesegneten Alten nur verfehlen können (vgl. Graefe/Lessenich 2012: 312 f.).

Ungleichheit der Lebenserwartung

Der Unterbelichtung von Fragen sozialer Ungleichheit ist auch der Umstand geschuldet, dass die größte denkbare Ungleichheit unthematisiert bleibt: In Deutschland wie in anderen im Durchschnitt wohlhabenden Ländern des globalen Nordens, unterscheiden sich nicht nur die Lebensverhältnisse je nach sozialer Lage diametral, auch die Länge des Lebens differiert beträchtlich – und zwar sowohl in Bezug auf die absolute als auch die gesunde Lebenserwartung (vgl. Braun 2011: 81 f.; Mergenthaler 2018). Insbesondere für geringqualifizierte männliche Geringverdiener ist das im Aktivierungsdiskurs unterstellte lange, gesunde Leben im Ruhestand keineswegs Realität: »27 Prozent der Männer aus der niedrigsten Einkommensgruppe sterben bereits vor Vollendung des 65. Lebensjahres, während dies nur für 14 Prozent der Männer aus der höchsten Einkommensgruppe gilt (Lampert et al. 2019: 3). Der Unterschied in der mittleren Lebenserwartung bei Geburt beträgt zwischen diesen beiden Gruppen 8,6 Jahre, bei den Frauen sind es 4,4 Jahre (ebd.: 8 f.). Anders als die weithin bekannte geschlechtsspezifische Lebenserwartung ist diese Form klassenspezifischer »vital inequality« (Therborn 2009) eines der größten Tabus im Kontext der Neuverhandlung des Alter(n)s. Auch die damit verbundene Umverteilung der Rentenleistungen von den frühzeitig versterbenden Ressourcenschwachen zu den erheblich länger lebenden Gutverdiener_innen findet in den kontroversen Diskussionen um die Zukunft der Alterssicherung keine Beachtung.

Problematisch ist ferner, dass im Kontext der Altersaktivierung zwar positive Bilder des Alter(n)s propagiert werden, dass tatsächlich aber nicht die Abwertung des Alters grundsätzlich in Frage steht, sondern lediglich die empirische Gültigkeit von Defizitperspektiven für aktive und leistungsfähige ältere Menschen. Während junge Alte politisch, medial und wissenschaftlich zunehmend als Ko-Produzent_innen gesellschaftlicher Verhältnisse und aktive Subjekte adressiert werden, verbleiben hochaltrige Menschen im Objektstatus als zu Pflegende, zu Betreuende, zu Versorgende (vgl. Gilleard/Higgs 2000: 199; Katz 2005b: 136). Wo der gesellschaftliche Platz der Kranken und Schwerstpflegebedürftigen, der Verwirrten und demenziell Erkrankten sein soll, wird im Rahmen der Entdeckung der ›Ressource Alter‹ vernachlässigt.[36]

2.3 Ambivalenzen der Altersaktivierung. Eine Kritik der Kritik

Pauschalisierungen

So instruktiv die im Kontext der *Critical Gerontology* entwickelte Kritik des Aktivitätsparadigmas ist, offenbaren sich im weit gefächerten Feld der Kritik doch auch einige Fallstricke. Ausgehend von der berechtigten Problematisierung, dass das Alter vor allem als Nicht-Alter aufgewertet werde, wenn es den Leistungskriterien der mittleren Lebensjahre entspreche, ist bei nicht wenigen Autor_innen die Tendenz zu beobachten, das höhere Lebensalter als ›Anderes‹ kategorisch von den mittleren Lebensjahren abzugrenzen: »Old people are not, in fact, just like middle-aged persons but only older. They are different.«

(Calasanti et al. 2006: 17) Damit einher geht die Tendenz ›das Alter‹ zu homogenisieren und zu re-naturalisieren, um es kollektiv dem Zugriff der neoliberalen Aktivgesellschaft zu entziehen. Aktivierung wird aus dieser Perspektive zu einer Frage von Altersunangemessenheit: »We place our own theoretical cap over the heads of old people without thinking that our own points of departure for assessment are relative. ›Passive‹ pensioners who do not share a ›normal‹ interest in career work, leisure-time activities, and keep-fit measures are regarded as problematic and in need of activation. And, in order to achieve this activation we start experiments that will make the elderly behave the way we and our theories would like them to do.« (Tornstam 1992: 323) An die Stelle einer umfassenden Kritik liberaler Aktivierung im flexiblen Kapitalismus (für alle) tritt der pauschale Schutz des in hohem Maße heterogenen, höheren Lebensalters – mit einer Tendenz zur Revitalisierung von *Disengagement*-Konzepten und mit allen Problemen, die eine pauschal unterstellte Schutzbedürftigkeit für eine diskriminierungssensible Politik aufwirft (vgl. Abschnitt IV.4.).

subversives Potenzial

Aus dem Blick gerät damit zudem der Umstand, dass durchaus ambivalente Effekte der Altersaktivierung zu verzeichnen sein könnten: Denn wenn – wie bei Älteren häufig der Fall – bereits die Befähigung zu selbstständigem Handeln grundsätzlich in Zweifel gezogen wird, bedürfen die Konsequenzen einer aktivierungspolitischen Programmatik, die alte Menschen als Ko-Produzent_innen ihrer Lebensverhältnisse anerkennt, besonderer Aufmerksamkeit. So problematisch aus den diskutierten Gründen das Postulat des aktiven Alterns ist, so wenig darf vernachlässigt werden, dass damit die tief verankerte, biomedizinisch begründete Defizitperspektive auf das Alter, die traditionell wenig Handlungsspielräume für ältere Menschen einräumte, zumindest erschüttert worden ist: »Jede Förderung von Autonomie und Eigenverantwortung, so instrumentell sie auch sein mag, birgt in sich ein subversives Potential, das zumal in einer gesellschaftlichen Gruppe, die strukturell arm an Anerkennungsressourcen ist, sukzessive gedeihen könnte.« (van Dyk/Lessenich 2009b: 544) Obwohl gerade die *Foucauldian Gerontology* für die ambivalente

Gleichzeitigkeit von Er- und Entmächtigung im Kontext neuer Regierungstechnologien sensibilisiert, ist es auch den hier anschließenden Autor_innen bislang nur sehr bedingt gelungen, herauszuarbeiten, wie sich die Gleichzeitigkeit von erwarteter (und zugetrauter) Selbstführung bei normierender Regulierung für ältere Menschen darstellt.

2.4 Vom wohlverdienten Ruhestand zum aktiven Alter(n)? Das deutsche Beispiel

Mit Blick auf das deutsche Fallbeispiel ist es von besonderer Bedeutung, der Frage nach dem tatsächlichen, alltagspraktischen ›Erfolg‹ der aktivgesellschaftlichen Neubestimmung des Rentenalters nachzugehen. Das Konzept des wohlverdienten Ruhestand ist in Deutschland in besonderer Weise institutionell und moralökonomisch verankert, was vermuten lässt, dass eine solche Neubestimmung auf stärkere Gegenkräfte stoßen könnte als es zum Beispiel in den USA der Fall war.

(Anti-)Diskriminierung in den USA

Obwohl es während der 1970er Jahre auch in den USA – ganz anders als zum Beispiel in Großbritannien – recht erfolgreich gelang, das Armutsrisiko alter Menschen sozialpolitisch zu reduzieren, konnte sich dort zu keinem Zeitpunkt eine dem deutschen Kontext vergleichbare gesellschaftliche Legitimationsbasis des (entpflichteten und gut versorgten) Ruhestands herausbilden. Der Devise der Armutsbekämpfung folgend, kippte die öffentliche Meinung gegenüber den Älteren in den USA innerhalb weniger Jahre: »Until the early 1980s, the elderly had enjoyed a privileged status among welfare-state beneficiaries – built on the image of old people as poor, frail, and dependent. But as the generational equity campaign portrayed them as politically powerful, selfish, and potentially dangerous, the dynamics of interest-group liberalism were turning against them.« (Cole 1997: 234) Die Feststellung, dass aus den armen, benachteiligten Alten fitte, zunehmend gesündere und ressourcenstarke Rentner_innen geworden waren, führte auch in seriöseren Debattenbeiträgen zur Infragestellung der Entpflichtung und De-Kommodifizierung des Alters (vgl. Binstock 1986). Vor allem aber war der neoliberal motivierte, frühe Paradigmenwechsel zum produktiven Alter (vgl. Butler/Gleason 1985) auch verknüpft mit den Kämpfen sozialer Bewegungen gegen Altersdiskriminierung und die verpflichtende Ruhestandsgrenze. Die Grauen Panther problematisierten ebenso wie Teile der Frauenbewegung »forced exclusion from work [...] as a major source of inequality in the North American context« (Estes et al. 2003: 76). Die Abschaffung der verpflichtenden Renteneintrittsgrenze, die 1986 mit dem *Age Discrimination in Employment Act* vollzogen wurde, gilt allen alterspolitischen Akteuren bis heute als erfolgreicher Akt der Anti-Diskriminierung (vgl. Donicht-Fluck 1994: 92 ff.).

deutsche Verhältnisse

Der sich zwei Jahrzehnte später in Deutschland vollziehende Wandel hin zum aktiven Alter(n) ist dem gegenüber in erster Linie Ausdruck einer Politik ›von oben‹, die in demografischen und sozialstaatlichen Krisendiskursen wurzelt. Politische Kräfte, die Interessen älterer Menschen vertreten, so zahlreiche Wohlfahrtsverbände oder die Gewerkschaften, fokussieren in Deutschland wie in vielen europäischen Ländern »on opposition to work and the need for state-funded economic support following retirement« (Estes et al. 2003: 76). Martin Kohli prophezeite 1989, dass die Moralökonomie der verdienten Erwerbsentpflichtung und des Generationenvertrages in Deutschland so fest verankert sei, dass es auch sozialstaatskritischen Kräften nicht gelingen werde, substanziell daran zu rütteln (vgl. Kohli 1989: 549). Er vermutete zwar, dass es zu einer leichten Erhöhung des Renteneintrittsalters kommen werde, betonte davon abgesehen aber: »in den für die Älteren wesentlichen Punkten dürfte der Generationenvertrag unangetastet bleiben.« (Ebd.)

Kontinuitätsdiagnose

Gut 25 Jahre später lässt sich sagen, dass Kohli (nur) teilweise Recht behalten sollte: Obwohl die systematische Rücknahme von Frühverrentungsoptionen seit Anfang der 1990er Jahre sowie die schrittweise Einführung der Rente mit 67 unmittelbar einer Politik forcierter Erwerbsvergesellschaftung entspringt, stehen bislang tatsächlich weder der Generationenvertrag noch die Erwerbsentpflichtung von Rentner_innen grundsätzlich in Frage. Tatsächlich sind parallel sogar leicht gegenläufige Trends zu konstatieren: Wer 45 Jahre Beiträge zur Rentenversicherung gezahlt hat, kann seit Juli 2014 ab

Vollendung des 63. Lebensjahres die Altersrente ohne Abzüge in Anspruch nehmen. Interessanterweise werden weder die Heraufsetzung der Regelaltersgrenze noch die Rücknahme von Frühverrentungsoptionen als Elemente einer *Neu*verhandlung des höheren Lebensalters ausgewiesen, ganz im Gegenteil: »The moral economy of late freedom *from work duties* is not challenged in principle, but politically promised to be preserved for all by harmonizing life expectancy and the length of work-life.« (van Dyk 2015a: o. S.) Zugleich zeigt die große Unpopularität der Rente mit 67, dass selbst eine Argumentation, die eine Kontinuität der Moralökonomie des Ruhestands verheißt, diesen aber zugleich verkürzt, im deutschen Kontext auf heftigen Protest stößt.[37] Darüber hinaus spielt Erwerbstätigkeit jenseits der Regelaltersgrenze weder faktisch noch diskursiv in Deutschland eine größere Rolle; es ist zwar ein Aufwärtstrend zu beobachten, allerdings auf einem vergleichsweise niedrigen Niveau (Schmitz 2015: 115 f.). Ganz anders stellt sich die Situation in den USA dar, wo aus ökonomischen wie kulturellen Gründen fortgesetzte Erwerbsarbeit im Rentenalter kein Nischenphänomen ist (vgl. Schulz/Binstock 2006: 153 f.; vgl. für vergleichende Perspektiven: Scherger 2015).

Legitimierung der Rente

Während diese Entwicklungen Martin Kohlis Prognose in gewisser Weise bestätigen, übersieht die Kontinuitätsdiagnose, dass sich auf ganz anderer Ebene Erschütterungen im Legitimationsgebäude des wohlverdienten Ruhestands zeigen. Zwar steht die grundsätzliche Erwerbsentpflichtung nicht in Frage, es findet gegenwärtig aber eine gesellschaftliche Neuverhandlung darüber statt, welche Gegenleistung die Rente legitimiert. Der Konsens über die Rente als Lohn für (vergangene) Lebensleistung ist aufgebrochen, womit die freie Zeit und die Potenziale der Ruheständler_innen als Ressourcen einer nun in der Gegenwart angelegten Reziprozität ins Blickfeld rücken. Was das erwerbsentpflichtete Nacherwerbsleben betrifft haben wir es deshalb mit einem Wandel der konkreten Subsumptionsweise des Ruhestands unter die Sphäre gesellschaftlicher Arbeit zu tun: vom Ausschließungsverhältnis (im Sinne der Versorgung ökonomisch funktionsloser Schichten) hin zum Nutzungsverhältnis, das der Organisation gesellschaftlicher Reproduktion dient (vgl. zu dieser Unterscheidung: Offe 2006: 79) und für dessen Ermöglichung die Älteren, wie dargelegt, qua präventiver Lebensführung selbst verantwortlich zeichnen.

Obgleich dieser Paradigmenwechsel hin zu einer in der Gegenwart angelegten Reziprozität für den deutschen Kontext empirisch gut belegt ist (vgl. Denninger et al. 2014: 86–200), sagt die zunehmende Dominanz des Produktivitätspostulats noch nichts darüber aus, wie die damit verbundene gesellschaftliche Erwartungshaltung von den adressierten Älteren wahrgenommen, aufgegriffen, umgedeutet oder – möglicherweise – auch ignoriert wird. Gerade weil die Altersaktivierung jenseits der Verlängerung der Lebensarbeitszeit nicht mit Zwangs- und Sanktionsmechanismen, sondern mit moralischen Aufrufen zum Engagement im Ruhestand operiert, ist die Rezeptionsperspektive von besonderer Bedeutung.

Diskurs und Wirklichkeit

Qualitative Interviews mit so genannten Jungen Alten im siebten Lebensjahrzehnt[38] offenbaren eine auffällige Diskrepanz zwischen der Konjunktur des aktiven und produktiven Alters einerseits und den Deutungen und Praktiken der Interviewten andererseits, die auf eine starke Persistenz des wohlverdienten Ruhestands und der Moralökonomie der späten Freiheit hinweisen, die bislang nur partiell durchbrochen scheint (vgl. ebd.: 216 ff.). Während eigenverantwortliches Gesundheitsmanagement und eine präventionsorientierte Lebensführung tatsächlich zu einem weitgehend verallgemeinerten Lebensführungswissen geworden sind, werden die Anforderungen an nachberufliches, heteroproduktives Engagement entweder gar nicht wahrgenommen oder aber explizit unter Verweis auf die verdiente späte Freiheit kritisiert (vgl. ebd.: 321–338). Die seit gut zehn Jahren an Fahrt gewinnende Konjunktur des produktiven Alters ist bislang also vor allem auf der medial vermittelten, politisch-programmatischen Ebene dominant, (noch) nicht aber – bzw. weniger – in den konkreten Lebenskontexten der Jungen Alten. Die hier aufscheinende, im Modell des wohlverdienten Ruhestands wurzelnde Diskrepanz, *könnte* ein vorübergehendes Phänomen darstellen und auf einen gewissen *time-lag* in der Übersetzung gesellschaftlicher Diskurse und Anforderungen in konkrete Handlungskontexte geschuldet sein.

»späte Freiheit« als Erlösung

Jüngere Untersuchungen legen jedoch nahe, dass die »späte Freiheit« des verdienten Ruhestands in Zeiten der Verdichtung, Entgrenzung und Prekarisierung von Erwerbsarbeit vielmehr an Gewicht und normativer Kraft gewinnt. Behr und Hänel (2013: 104) weisen darauf hin, dass Angestellte mittleren Alters, die angeben, früher in Rente gehen zu wollen, »die Beschleunigung und den Mangel an Regenerationszeiten gleichsam in ihre auch moralisch bewertete Lebensbilanz ein[beziehen]. Sie werden damit in ihren Überlegungen über die Grenzziehung zwischen Arbeitswelt und ›der Phase danach‹ regelrecht zu ›Lebenskraftkalkulierern‹.« Auch Hürtgen und Voswinkel (2012: 356) stellen in ihrer Studie zu Lebensorientierungen von Menschen in gesicherten Normalarbeitsverhältnissen fest, dass gerade für die Aufstiegs- und Leistungsorientierten der Ruhestand als »einzige legitime Form, diesem hohen Leistungsanspruch an sich zu entgehen« (ebd.) eine große, positiv besetzte Rolle spielt. Einmal mehr zeigen diese Forschungsergebnisse, dass die Vergesellschaftung des höheren Lebensalters auf das Engste mit den Strukturen der Erwerbsgesellschaft verschränkt ist und dass die (zeitlich begrenzte) legitime Befreiung vom Zwang zum Verkauf der eigenen Arbeitskraft in Deutschland nach wie vor einen hohen Stellenwert besitzt.

3. Alter(n) erleben und deuten – Identitäten und Erfahrungen

kein Altern ohne Gesellschaft

In diesem Abschnitt soll es um die Frage gehen, wie Subjekte Alter(n) erleben, erfahren und deuten und unter welchen Rahmenbedingungen dies geschieht. Anders als insbesondere psychologische Entwicklungsmodelle – so das einflussreiche epigenetische Schema der Identitätsentwicklung nach Erik Erikson – oder die seit Jahrhunderten populären Illustrationen von Lebenstreppen nahelegen, ist Altwerden gerade keine universale menschliche Erfahrung: »Ohne einen gesellschaftlich geteilten Begriff des Alterns gäbe es auch keine alternden Subjekte. Folglich wirft die Frage, wie Menschen zu einem gegebenen Zeitpunkt ihr eigenes Älterwerden erleben, stets die Frage mit auf, wie Älterwerden gesellschaftlich zu eben diesem Zeitpunkt verstanden wird.« (Graefe 2010a: 35) In welcher Weise diese Ebenen miteinander verschränkt sind, ist dabei in hohem Maße historisch variabel. So haben Analysen im Kontext der *Postmodern Ageing Studies*, der *Critical Gerontology* und der (De-)Institutionalisierung des Lebenslaufs aufgezeigt, dass sich Erfahrungsräume und Entscheidungsmöglichkeiten im höheren Lebensalter in den vergangenen Jahrzehnten empirisch wie normativ pluralisiert haben. Zugleich haben die Analysen zur Neuverhandlung des Alters im Kontext von demografischer Alterung und wohlfahrtsstaatlichem Wandel aber deutlich gemacht, dass diese neuen Freiheiten und Möglichkeiten auch in neuer Weise regiert und reguliert werden.

3.1 »Altsein ist später«

altersloses Selbst

Zahlreiche standardisierte Untersuchungen haben aufgezeigt, dass ältere Menschen sich fast durchgängig jünger fühlen als sie nach kalendarischem Alter tatsächlich sind und dass diese Diskrepanz mit zunehmendem Alter zunimmt (vgl. Westerhoff et al. 2003; Bowling et al. 2005). Augenfällig ist allerdings, dass die wenigsten Menschen jenseits der 60 sich explizit jung fühlen oder ein gefühltes Alter von 35 oder 25 Jahren angeben, »which indicates something of the limits of the flexibility of age-related categorisations« (Jones 2006: 89). Das Verhältnis von gefühltem und tatsächlichem kalendarischem Alter markiert jedoch nur eine Facette subjektiver Alterswahrnehmungen. Sharon Kaufman (1986) hat mit ihrer viel rezipierten Studie »The Ageless Self« Mitte der 1980er Jahre erstmalig den qualitativen, empirischen Versuch unternommen, die Relevanz von ›Alter‹ nicht vorauszusetzen (und dann mit Blick auf unterschiedliche Bedeutungsgehalte zu differenzieren), sondern ›Alter‹ quasi einzuklammern und den Interviewten den Raum und die Freiheit zu lassen, in ihren Lebensgeschichten Bezüge zu Alter(n) herzustellen – oder auch nicht. Das Ergebnis kann als bahnbrechend bezeichnet werden und hat die Debatten um Identität, biografische Kontinuität und Alter(n) der letzten drei Jahrzehnte wesentlich beeinflusst: »The old Americans I studied do not perceive meaning in ageing itself; rather, they perceive meaning in being themselves in old age [...]. When old people talk about themselves, they express a sense of self that is ageless – an identity that maintains continuity despite the physical and social changes that come with old age.« (Ebd.: 6 f.)

Altersübergang durch Abhängigkeit

Diese Kontinuität eines alterslosen ›Erwachsenen-Ich‹ tritt auch in anderen Studien zutage: Für das junge Alter ähnlich, für die Hochaltrigkeit jedoch abweichend, sind die Ergebnisse von Graefe, van Dyk und Lessenich, die ebenfalls im Rahmen einer qualitativen Interviewstudie erhoben wurden. Die Autor_innen identifizieren »zwei zentrale Basismuster der Deutungen des Älterwerdens: die Wahrnehmung der gegenwärtigen subjektiven Realität als relativ alterslose ›Kontinuität des Erwachsenendaseins‹ sowie der als Bruch antizipierte Übergang ins abhängige, hohe Alter.« (Graefe et al. 2011: 302) Der gesellschaftlich hoch institutionalisierte Übergang in den Ruhestand, der historisch überhaupt erst eine einheitlich erfahrbare Altersphase hervorgebracht hat, wird, so die Befunde, von den meisten Ruheständler_innen der Gegenwart zwar als wesentlicher biografischer Bruch und Übergang in einen neuen Lebensabschnitt gelesen, häufig jedoch gerade nicht als *Alters*übergang. Stärker als bei Kaufmann wird hier die Kontinuität des Erwachsenenlebens jedoch als bedroht erlebt – und zwar durch den ›Einbruch‹ der als abhängig attribuierten Hochaltrigkeit. Quéniar und Charpentier kommen, ebenfalls auf Basis qualitativer Interviews, zu einem ähnlichen Schluss, stellen sie doch fest, dass die von ihnen Interviewten zwischen einem ›uneigentlichen‹ und einem ›eigentlichem‹ Alter unterscheiden: Das ›uneigentliche‹ Alter beschreibt dabei die Phase, »in which they experienced some signs of ageing but did not feel old« (Quéniar/Charpentier 2011: 4), ganz im Gegensatz zum eigentlichen, hohen Alter »which everyone detests or fears« (ebd.). Der kaum institutionalisierte und damit im kalendarischen Sinne flexible Übergang in die Hochaltrigkeit wird, wie verschiedene Studien zeigen, wesentlich durch den subjektiv empfundenen Gesundheitszustand moderiert (vgl. z. B. Bowling et al. 2005), wobei auch die Frage, was in welchem Alter als gesund gilt, sehr unterschiedlich beantwortet werden kann. Nichtsdestotrotz deutet vieles darauf hin, dass gesundheitliche Einschränkungen, die

die selbstständige Lebensführung bedrohen oder terminieren, es für Menschen zumindest erschweren, »to dissociate themselves from old age« (Westerhoff/Tulle 2007: 251).

relatives Alter

So dominant die Bipolarität alt/jung im gesellschaftlichen Diskurs ist, so wenig scheint sie die vielschichtigen, auf Kontinuität bedachten Selbstdeutungen und -verortungen von Menschen höheren Lebensalters zu strukturieren – zumindest bis ins sehr hohe Alter. Das kommt auch darin zum Ausdruck, dass viele Interviewte sich selbst und gleichaltrige Bezugspersonen nicht als ›alt‹, sondern als ›älter‹ ausweisen: »This positions them in a relative but not an absolute way in relation to their age since ›older‹ is relative but ›old‹ is absolute.« (Jones 2006: 89) Dieser Ausweg wird durch den Prozesscharakter des Alterns eröffnet und er durchkreuzt in der individuellen Selbstverortung die binäre Verdichtung eines alt/jung-Gegensatzes. Nicht zwischen alt und jung, sondern zwischen ›älter‹ und ›hochaltrig‹ verläuft für die Interviewten aus den hier zitierten Studien die entscheidende Trennlinie des Lebens. Die Prozessperspektive schafft damit bis an die Grenze der Hochaltrigkeit eine Flexibilität der alltäglichen Selbstverortung, die in dieser Form für ›stationäre‹ Kategorien wie Geschlecht oder Ethnizität (gegenwärtig) nicht lebbar ist – geht es hier doch stets um ein Entweder-Oder und nicht um ein Mehr-oder-Weniger.

Differenzmarker und Prozess

Zugleich stellt der Doppelcharakter des Alter(n)s als Differenzmarker und Prozess das subjektive Alter(n)serleben und seine wissenschaftliche Analyse auch vor besondere Herausforderungen. Zum einen geht Altern als Prozess so langsam vonstatten, dass es für die Subjekte nicht unmittelbar wahrnehmbar, nicht intelligibel ist: »Growing older [...] occurs too slowly for us to perceive it directly. Moreover, there is no process with which it can be contrasted. We never grow younger. It is only memory, rather than direct bodily experience, which can provide some kind of access to time passing.« (Hockey/James 2003: 41) Zum anderen sehen sich alternde Menschen unterschiedlichen Erwartungshaltungen ausgesetzt, nämlich einerseits im Sinne eines biografischen »doing continuity« (Keddi 2011) dieselben zu bleiben und andererseits als altersadäquat erachtete

Eigenschaften und Rollenverständnisse herauszubilden. Die starke Zurückweisung des Altersattributs bis an die äußerste Grenze des Lebens durch viele Ältere könnte darauf hindeuten, dass viele Menschen den Eindruck haben, Andere werden zu müssen, um alt sein zu können.

Relativierung der Alterskategorie

Natürlich gibt es auch andere Stimmen, die an dieser Stelle nicht unterschlagen werden sollen: Erinnert sei an die Altersklage von Autor_innen wie Jean Améry oder Noberto Bobbio, die – sich selbst explizit als alt begreifend – in drastischen Worten die Zumutungen des Alter(n)s, das »Schauspiel des Niedergangs« (Améry 1991: 58 f.) beschreiben. Dem entgegen stehen positive, bisweilen idyllische Identifizierungen des Alters, z. B. im Sinne eines bewegten, bunten, erfahrenen/weisen oder auch produktiven Alters, die in der jüngeren Vergangenheit vor allem in einschlägigen Selbsterfahrungsbüchern und -statements – von in der Regel ökonomisch und sozio-kulturell privilegierten Älteren – zu finden sind (vgl. z. B. Scherf 2008). Vorherrschend jedoch bleibt der empirische Eindruck, das Altsein für die meisten Menschen ›später‹ stattfindet und dass auch Menschen im Ruhestand der Alterskategorie vielfach kein großes Gewicht beimessen.

Warum dies so ist, wird wissenschaftlich kontrovers diskutiert: Wo die einen von einem alterslosen Identitätskern ausgehen, der vom Alternsprozess unberührt bleibt (vgl. z. B. Featherstone/Hepworth 2009), sehen andere eher ein falsches Altersbewusstsein am Werk, das infolge verinnerlichter Altersfeindlichkeit die Alterskomponenten der Persönlichkeit abspaltet (vgl. z. B. Biggs 1999). Wieder andere betonen die Einflüsse der Konsum- und Jugendkultur, die Menschen auf Maßstäbe des *Anti-Ageing* und der Produktivität verpflichte und ein positive Wertschätzung von Alter erschwere (vgl. z. B. King/Calasanti 2006). Und manche weisen darauf hin, dass die Identifizierung als alt einfach nicht passend sei, wenn sie alle anderen Facetten der Persönlichkeit in den Hintergrund rücke: »Many years ago, I remember concluding as I read Sharon Kaufmann's book *The Ageless Self* that her subjects did not wish to identify as ›old‹ because of low consciousness or worse, internalized ageism. Now that I am older, I think the reason people over sixty-five or seventy resist the category is that it is ill-fitting. They know that many characteristics describe them, of which chronological age is only one.« (Cruikshank 2008: 150)

3.2 Alter(n) und Identität(en)

alterslose Identität vs. Altersidentität

Bei aller Kontroverse sticht zunächst ein Sachverhalt ins Auge: Unabhängig davon, ob Autor_innen von einem alterslosen Identitätskern ausgehen oder ob sie – ganz im Gegenteil – die Herausbildung einer kohärenten *Alters*identität als Voraussetzung für ein gelingendes Alter unterstellen, »genießt die Kategorie Identität in der Alter(n)sforschung ein vergleichsweise ungestörtes Dasein« (Graefe 2010a: 34). Interessant sind im Lichte der soeben diskutierten Empirie insbesondere jene Ansätze, die davon ausgehen, dass eine genuine *Alters*identität nicht nur möglich, sondern im Sinne eines gelingenden Lebens auch notwendig ist. In diesem Sinne argumentieren nicht nur zahlreiche sozial- und psychogerontologische Ansätze des wissenschaftlichen Mainstreams, sondern auch kritische Gerontologen wie Lars Tornstam und Simon Biggs unter Bezugnahme auf die entwicklungspsychologischen Arbeiten C. G. Jungs. Biggs spricht von einer »genuine experience of mature identity« (Biggs 1999: 168), Tornstam von »[gero-transcendence] as the final stage in a natural progression towards maturation and wisdom« (Tornstam 1997: 143). Auch Ansätze, die weniger ausgeprägt eine quasi naturwüchsige Selbstwerdung im Sinne eines sehr konkreten Altersideals unterstellen, lassen eines unhinterfragt: *dass* es so etwas wie eine *Alters*identität gibt, die mit den geeigneten Ressourcen zur Entfaltung kommen kann und soll (vgl. z. B. Keupp 2015: 35). Selbst bei Autor_innen wie Ludwig Amrhein und Gertrud Backes, die mit einer qualitativen Interviewstudie anstreben, Identitätsperspektiven auf das Alter(n) sinnverstehend auszudifferenzieren, bleibt die grundsätzliche Existenz einer Altersidentität unhinterfragt: Amrhein und Backes unterscheiden »vier Identitätsmodelle des Alter(n)s« (Amrhein/Backes 2008: 388 f.): Identifikation mit dem Alter, Ambivalente Akzeptanz, Alterslosigkeit und Auflehnung gegen das Alter(n). Obwohl sie explizit betonen, »dass Alter(n)sidentitäten verschiedene Dimensionen und Ebenen beinhalten« (ebd.) und als empirischen Typus die Alterslosigkeit mit aufnehmen, wird doch ex-post ausdifferenziert, was zunächst auch hier vorausgesetzt wird: dass es eine *Alters*identität gibt – und wenn sie im Widerstand gegen das Alter ihren Identitätskern findet.

Selbigkeit im Lebensverlauf

Die affirmative Bezugnahme auf positive Identitätskonzepte ist in zweifacher Hinsicht erstaunlich: Zum einen, weil der Doppelcharakter des Alter(n)s als Differenzmarker und Prozess die Frage aufwirft, »wie wir dieselben bleiben« (Keddi 2011) und doch altern können. Damit ist in den Worten Paul Ricœurs der Idem-Aspekt von Identität, d. h. die Selbigkeit im Lebensverlauf angesprochen – im Unterschied zur Ipse-Identität, die den Unterschied zu anderen markiert (vgl. Ricœur 1992: 165 ff.). Diesbezüglich ist eine veritable Forschungslücke zu schließen, denn obwohl Identität »in einem konstitutiven Sinne zeitlich« (Wagner 1998: 69) ist, haben identitätstheoretische Arbeiten in den Sozial- und Kulturwissenschaften Fragen des Alter(n)s bislang weitgehend ausgeblendet (vgl. kritisch: Hockey/James 2003: 5 f.; Gullette 2004: 126 f.). Wie aber verhält sich die in der Sozial- und Psychogerontologie vielfach vorausgesetzte *Alters*identität zur ›Selbigkeit‹ im Lebensverlauf?

identitätskritische Perspektiven

Zum anderen überrascht der entproblematisierend positive Identitätsbezug auch deshalb, weil im Kontext der Geschlechterforschung, der postkolonialen Studien sowie im weiten Feld des Poststrukturalismus und der *Cultural Studies* in den vergangenen drei Jahrzehnten ein Boom identitätskritischer Arbeiten zu verzeichnen ist (vgl. prominent: Butler 1991; Said 1994). Der für diese theoretischen Ansätze kennzeichnende Umschlag vom Konzept der Identität als Frage der personalen Kohärenz zur Frage der »Kontingenz des Selbstverstehens in der Hochmoderne« (Reckwitz 2008: 48) wird in der Altersforschung nicht nachvollzogen. Gemeinsam ist identitätskritischen Arbeiten bei aller Heterogenität, »dass sie Identität nicht in erster Linie als Voraussetzung für personale Integrität und ›agency‹ definieren, sondern vielmehr als Ergebnis sozialer Adressierungen und Normierungen, die individuelle und kollektive Handlungsfähigkeit ermöglichen und *zugleich begrenzen*« (Graefe 2010a: 41 f.; Hervorhebung SvD). Insbesondere Judith Butler (1991) hat in ihren Arbeiten gezeigt, dass identitäre Positionen nicht nur Zugehörigkeiten vermitteln und ermöglichen, sondern dass sie zugleich konstitutiv exkludierend und totalisierend sind: Jede Identität produziert ihr Anderes, das als Nicht-Intelligibles gemäß hegemonialer Identitätsmodelle verworfen wird und jede Identität totalisiert, verdrängt andere Identitätsteile, Persönlichkeitsfacetten oder Begehren des jeweiligen Subjekts. Die in dieser Problematisierung angelegte Dekonstruktion von totalisierenden Kollektividentitäten – wie ›die Frauen‹ oder ›die Schwulen‹ – spielt mit Blick auf ›die Alten‹ in Forschungen zum Lebensalter bis heute kaum eine Rolle. Im Feld der Altersforschung ist Margaret Cruikshank eine der ganz wenigen, die diese Leerstelle kritisch diskutiert und den potenziell repressiven Charakter von Identität stark macht: »Given the trend away from identity politics in sexuality studies, it seems curious that the identity ›old‹ has not undergone similar transformation in age studies. The social construction of aging is widely acknowledged, but the expansive and revisionist thought on ›women‹ and ›gay‹ finds few parallels with ›old‹ as an identity.« (Cruikshank 2008: 149) Obwohl – oder auch gerade weil – Konzepte positiver Altersidentitäten im Feld der *Critical Gerontology* situiert sind, stehen kritische Analysen dieser positiven Identitätsfixierungen aus. Ich komme auf diesen Aspekt im abschließenden fünften Kapitel zurück.

stabile Identitätsentwicklung

Welche Konsequenzen die skizzierten Problematisierungen des Komplexes Alter(n) und Identität für die Frage nach der Existenz einer genuinen *Alters*identität zeitigen, hat Stefanie Graefe (2010a: 44 f.) auf den Punkt gebracht: »Der vergleichsweise abstrakte, prozessuale [...] Charakter der Alter(n)serfahrung legt also die Vermutung nahe, dass Subjekte eher keine in sich schlüssigen Altersidentitäten ausbilden (können), sondern die verschiedenen Aspekte ihrer Identität im Alter neu justieren und zueinander ins Verhältnis setzen (müssen). Dass sie dies ohnehin ihr ganzes Leben lang tun, lässt die Wahrnehmung eines ›alterslosen Selbst‹ in etwas anderem Licht erscheinen: In seiner Rolle als ko-konstruktive Instanz der Selbst- und Weltdeutung, anders gesagt: des Identitätsmanagements, bleibt sich das so genannte Selbst über den Lebensverlauf tatsächlich relativ ähnlich, auch wenn sich die Inhalte dessen, was jeweils zu managen ist, und auch die

Managementformen radikal verändern.« (Graefe 2010a: 44 f.) Im so verstandenen Sinne geht empfundene Alterslosigkeit also nicht notwendigerweise mit der Leugnung von Veränderungen oder einem zwanghaften Jugendwahn einher, sondern beschreibt eher die Stabilität eines Modus von Weltaneignung und Identitätsentwicklung.

Mask of Ageing-Konzept

Abgesehen von der weitgehenden Entproblematisierung von Identität, die ein verbindendes Moment ansonsten diametral unterschiedlicher Analysen darstellt, werden im Kontext von *Postmodern Ageing Studies* und *Critical Gerontology* anhand des Topos der ›Maske‹ Kontroversen um das Verhältnis von Körper, Geist und Identität im Alternsprozess ausgetragen. Featherstone und Hepworth, zentrale Protagonisten postmoderner Perspektiven, vertreten mit ihrem Konzept des »mask of ageing« die Auffassung, dass das alterslose Innere älterer Menschen zunehmend in der äußeren Hülle des alternden Körpers gefangen sei: Das Bild der Maske erinnere daran, »dass womöglich ein Unterschied und sogar eine Spannung besteht zwischen der äußerlichen Erscheinung eines Gesichts und eines Körpers sowie ihren funktionalen Fähigkeiten einerseits und der inneren oder subjektiven Seite der eigenen Identität oder der Lebenspraxis andererseits.« (Featherstone/Hepworth 2009: 98) Im Sinne einer altersfreundlichen Gesellschaft gelte es, die individuelle Person hinter der Maske der physischen Veränderungen wieder zu entdecken; eine Maske, die dem Menschen von seinem größten modernen Feind, der chronologischen Zeit, zugefügt werde. Der Alternsprozess betrifft demzufolge nur die körperliche Hülle, womit Featherstone und Hepworth genuin postmodern im Sinne einer unendlichen Gegenwart argumentieren und *Anti-Ageing*-Praktiken als gute Möglichkeit betrachten, die Diskrepanz zwischen Maske und Selbst zu verkleinern. Jean Amérys berühmte Altersklage kann als ein eindrückliches Beispiel für diese Deutung des Alternsprozesses gelesen werden: »Der Alternde, dem sein Körper die Welt verbietet und ihn hämisch zwingt, sich mit ihm, diesem Leib, zu befassen, ja endlich zum Leibe und zu sonst nichts zu werden, muß unweigerlich die ›sterbliche Hülle‹, die ihn umkleidet und von innen auskleidet, als ein Außen verspüren – und den drohenden Tod als einen Mord. Die Ich-Dissoziation im Alternsprozeß besteht in ihrem ersten Stadium darin, daß das geistige Ich [...], daß also dieses Bewußtsseinsego gleichsam die Hülle abstreifen möchte, um wieder es selbst zu werden, will sagen: das, als was es sich durch Erinnerungen konstituiert hat.« (Amery 1991: 54 f.)

Konzept der *masquerade*

Simon Biggs und Kathleen Woodword nehmen mit ihrem Konzept der »masquerade« (Woodward 1991; Biggs 2004) exakt die Gegenposition ein: Sie gehen davon aus, dass durch Maskerade die reife, ältere Persönlichkeit – die »mature identity« (Biggs 1999) – vor einer auf kommerzialisierte Jugendorientierung und fortgesetzte Leistungsfähigkeit getrimmten Gesellschaft geschützt werde: »Within a predominantly ageist society masquerade is used to cloak socially unacceptable aspects of ageing« (Biggs 2004: 53). Wo bei Featherstone und Hepworth ein altersloser Identitätskern in diskrepanter Weise auf den alternden Körper trifft, ist hier das reife ältere Selbst – ist die genuine *Alters*identität – durch die Gesellschaft bedroht, erzwinge diese auf Seiten der älteren Subjekte doch eine »masquerade of sameness« (Biggs 2006: 115), um den gesellschaftlichen Erwartungen und Normen zu entsprechen. Hier sind es gerade nicht die *Anti-Ageing*-Praktiken, die die Diskrepanz zwischen alterndem Körper und alterslosem Geist lindern sollen, sondern es ist die das Alter abspaltende Gesellschaft, die es aus dieser Perspektive zu kritisieren gilt.

Trennung von Körper und Geist

Biggs und Woodward kritisieren, wie auch andere Autor_innen aus dem Kontext der *Critical Gerontology* (vgl. z. B. Andrews 1999; Öberg 1996) die strikte, cartesianische Trennung von Körper und Geist, die das *Mask of Ageing*-Konzept von Featherstone und Hepworth kennzeichnet und der eine Priorisierung des Geistes als eigentlicher Identität innewohnt. An die Stelle einer strikten Trennung tritt bei den Kritiker_innen im Sinne jüngerer körpersoziologischer Studien die Vorstellung eines verkörperten Selbst, das nicht in innerliche Geistigkeit und äußerliche Hülle aufgespalten werden kann. Wider die alterslose Kontinuität à la Featherstone und Hepworth wird die Diskontinuität des verkörperten Selbst als inhärenter Bestandteil des Alternsprozesses ausgewiesen: »According to this ontology, we would see development and change – instead of continuity – as that which is ›natural‹, and as a result of that *we would emphasise development of who-*

leness. It would be possible to see the ageing body and social ageing as something natural, even welcome, instead of discrediting discontinuities such as the ageing body and social age.« (Öberg 1996: 715; Hervorhebung SvD) Dass sich viele Menschen als alterslos empfinden bzw. der Kategorie Alter für die Selbstdefinition keine Bedeutung beimessen, wird aus dieser Perspektive nicht empirisch bestritten, sehr wohl aber – je nach Diktion als falsches Bewusstsein oder Überlebensstrategie in einer altersfeindlichen Gesellschaft – problematisiert (vgl. Andrews 1999: 312 f.).

3.3 Kontroversen um Anti-Ageing

Dimensionen des *Anti-Ageing*

Wie gesehen, kommen *Anti-Ageing*-Strategien in dieser Kontroverse ganz unterschiedliche Rollen zu. Versammelt wird unter *Anti-Ageing* ein heterogenes Ensemble von Praktiken und Angeboten, die von unzähligen Ratgebern über Kosmetika und mentale Verjüngungsprogramme bis hin zu medikamentösen Therapien und invasiv-medizinischen Eingriffen reichen. Vincent (2006) hat mit aufsteigender Radikalität vier Dimensionen des *Anti-Ageing* unterschieden: 1. die Symptomlinderung in ihrem Fokus auf das Aussehen, 2. die Erhöhung der ökologischen Lebenserwartung, 3. die Ausdehnung der physiologisch lebbaren Lebensspanne sowie 4. die Abschaffung des Alterns. Es ist unschwer zu erkennen, dass der Großteil der unter *Anti-Ageing* vermarkteten Produkte und Angebote sich auf die erste Dimension bezieht, während die zweite Dimension vor allem in Präventionskonzepten sowie Fragen der gesunden Lebensführung eine Rolle spielt – jedoch mit stets überaus fließenden Übergängen ins *Anti-Ageing*-Feld. Die insbesondere in Europa um Seriosität ringende *Anti-Ageing*-Medizin, die das Prädikat der Präventionsmedizin bevorzugt (vgl. ausführlich: Spindler 2014), strebt nach Abgrenzung von all jenen, die im Sinne der vierten Dimension die Abschaffung des Alters propagieren, um sich mit zunehmender Tendenz der dritten Dimension, der Lebensspannenverlängerung zu widmen. Insbesondere die biomedizinischen *Anti-Ageing*-Strategien basieren auf der grundsätzlichen Annahme, dass Altern als Meta-Krankheit zu begreifen und in diesem Sinne zu behandeln sei (vgl. Jones/Pugh 2005: 254). Dem wird in der sozialgerontologischen Forschung entgegen gehalten: »Aging is not a disease, so the concept of seeking a cure for it is tantamount to seeking a cure for embfyongenesis or child or adult development.« (Hayflick 2001: 21)

Kommerzialisierung und Diskriminierung

Wie die Kontroverse um die Hypothese des *Mask of Ageing* gezeigt hat, neigen postmoderne Analysen dazu, *Anti-Ageing*-Angebote als Bestandteil einer Optionen mehrenden Konsumkultur positiv einzuschätzen. Im Kontext der CG ist die Kritik des *Anti-Ageing* neben der Kritik der Altersaktivierung hingegen eine wesentliche, gemeinsame thematische Klammer. *Anti-Ageing* sei, so der Tenor, »zu einem Markenzeichen für eine qualitativ neue und vor allem offensive Aneignungs- und Formungsstrategie gegenüber dem alternden menschlichen Leben« (von Kondratowitz 2006: 2) geworden. Die Kritik richtet sich zum einen gegen die radikale Kommerzialisierung des *Anti-Ageing* und die damit verbundene Individualisierung von Kosten für den zunehmend in den Verantwortungsbereich des Individuums delegierten Alternsprozess – eine Entwicklung, die Stephen Katz (2005a: 195) als »marketing maturity« bezeichnet. Es ist die Ausbeutbarkeit des verbreiteten Verlangens, möglichst lange zu leben und nicht am Alternsprozess zu leiden, die dabei auch in macht- und herrschaftstheoretischer Absicht problematisiert wird. Moniert wird ferner, dass *Anti-Ageing* einem Welt- und Menschenbild entspringe, dass in seiner Fokussierung auf »youthfulness and ›the body beautiful‹« (Longino/Powell 2004: 203) zur Marginalisierung und Abwertung all jener Menschen beitrage, die diesen Idealen nicht entsprechen. Dass *Anti-Ageing*-Maßnahmen die Diskriminierung des Alters forcieren statt individuell vor eben dieser zu schützen, kann in diesem Sinne als ein wesentliches Argument kritischer Gerontolog_innen gelten (vgl. z. B. Estes et al. 2003: 34).

Geschlechtsspezifika

Da ein Großteil der kommerzialisierten *Anti-Ageing*-Praktiken die Sichtbarkeit des Alternsprozesses bzw. die Linderung oder Eliminierung von sichtbaren Spuren betrifft, wird zudem auf die Geschlechtsspezifik dieser Dimension verwiesen (vgl. Calasanti et al. 2006: 15). Bereits Anfang der 1970er Jahre sprach Susan Sontag diesbezüglich von einem »double standard of ageing«: »Getting older is less profoundly wounding for a man, for in addition to the propaganda for youth that puts both men and women on the defensive as they age, there is a double standard about aging that denounces women with special severity. Society is much more permissive about aging in men [...]. Men are ›allowed‹ to age, without penalty, in several ways women are not.« (Sontag 1972: 30) Auch wenn im Vergleich zu den 1970er Jahren Veränderungen dahingehend zu konstatieren sind, dass Frauen weniger ausschließlich auf ihr Äußeres reduziert werden, während Männer mehr für die Arbeit an ihrem Äußeren in Anspruch genommen werden – wie beispielsweise der Boom männlicher Kosmetik zeigt –, hat die grundlegende Diagnose auch für die Gegenwartsgesellschaft nicht an Aktualität eingebüßt. Aktuelle empirische Studien zeigen, dass Frauen in Deutschland wie in den USA einige Jahre früher als Männer als alt gelten (vgl. McConatha et al. 2003), obwohl sie eine längere absolute und gesunde Lebenserwartung vor sich haben. Damit ist die Lebensphase Alter für Frauen in zweifacher Hinsicht länger als bei Männern – durch die effektiv längere Lebenserwartung einerseits und durch die frühere Alterszuschreibung andererseits –, mit allen negativen Implikationen, die dies in einer altersfeindlichen Gesellschaft haben kann. Bei Männern gelten bestimmte körperliche Altersmarker – man denke an die grauen Schläfen – nach wie vor als attraktivitätsfördernd, während Altersmerkmale bei Frauen auch heute noch eher als Verfallsmerkmale gelesen werden (vgl. Calasanti 2005: 10). Viele ältere Frauen klagen in Interviews zudem darüber, dass sie mit zunehmendem Alter nicht mehr (als Frau) *gesehen* werden und beschreiben das Altern als »fight against invisibility« (Clarke/Griffin 2007: 663). In einer Interviewstudie kommt Tina Denninger zu dem Schluss, dass gerade die Sichtbarkeit des Alterungsprozesses paradoxerweise in die Unsichtbarkeit führe. Sie zeigt auf, dass Körperarbeit und die Arbeit am Selbst von den Interviewten als »Mittel für eine erhöhte Sichtbarkeit« (Denninger 2015: 180) beschrieben werden, wobei sich diese Arbeit insbesondere für Frauen als Gratwanderung erweist: »Der Vorwurf, sich absichtsvoll und vor allem erfolglos jung machen zu wollen traf ausschließlich Frauen, deren zu jugendliche Aufmachung als ›peinlich‹ oder als ›lächerlich‹ bewertet wurde.« (Ebd.: 181) Auch ein ›Zuviel‹ an *Anti-Ageing* wird demnach gesellschaftlich sanktioniert.

In dieser alltäglichen Gratwanderung älterer Frauen tritt ein Spannungsfeld zutage, das auch im wissenschaftlichen Feld die Kontroversen rund um die *Anti-Ageing*-Thematik strukturiert: Ist *Anti-Ageing* Altersleugnung, die Verdrängung eines natürlichen Prozesses? Oder drückt sich im *Anti-Ageing* vielmehr etwas Widerständiges aus, die Weigerung sich einer vermeintlichen Natur zu unterwerfen? Ist *Anti-Ageing* unnatürlich? Und was wäre demgegenüber natürliches Altern?

wider die Natur

Während *Anti-Ageing*-Angebote unaufhaltsam boomen, hat ihre Kritik auch jenseits der *Critical Gerontology* Hochkonjunktur. In der Breite stehen dabei weniger die Fragen der Kommerzialisierung und der Geschlechtsspezifik im Zentrum, als die – auch in der *CG* prominent vertretene – Problematisierung der Verdrängung bzw. Bekämpfung eines natürlichen Prozesses: *Anti-Ageing* wird als Altersflucht, als Heraustreten aus der menschlichen Grundkonstitution problematisiert, dem artifiziellen *Anti-Ageing* wird ein »ageing on one's own term« (Bayer 2005: 18) entgegengesetzt. Die Furcht vor der Endlichkeit in der säkularisierten Gesellschaft, die kein ewiges Leben mehr verheiße, locke die Menschen in das Hamsterrad der Verjüngung und trage zur Popularität von Angeboten bei, die vom Alter(n) ablenkten (vgl. z. B. Hazan 2011: 1130) – so die verbreitete Argumentation. Mit dieser Problematisierung geht nicht selten eine harsche Kritik an den vermeintlich gegen die Natur agierenden Älteren einher: »Der gegen seine Alterung ankämpfende Senior […] glänzt durch die Fähigkeit zur altersbereinigten Selbstmanipulation und zur Durchsetzbarkeit von menschlichem Gestaltungswillen wider die Natur.« (Richter 2020: 108)

differenzierte Positionen

Während postmoderne Analysen dazu tendieren, die Gegenposition zur großen Koalition der Kritiker_innen einzunehmen, sind in der Kontroverse vor allem jene Positionen interessant, die sich dem einfachen Entweder-Oder versperren, die gerade nicht zwischen Befreiung/Widerständigkeit einerseits und Verdrängung/falschem Bewusstsein andererseits entscheiden. So betonen Gilleard und Higgs, dass die Übergänge zwischen der widerständigen Auflehnung gegen Alterseinschränkungen und -festlegungen einerseits und der Unterwerfung unter oktroyierte gesellschaftliche Normen der Alterslosigkeit andererseits hochgradig fließend seien. Bei aller berechtigten Kritik am kommerzialisierten *Anti-Ageing*-Komplex, bedeute diese Kritik eben gerade nicht »that anti-ageing/age-resisting practices are inevitably pseudo-agentic acts, acts of false consciousness [...]. The question is rather how to distinguish truly ›transgressive acts‹ of self-definition from the self-deluding practices that consumer culture solicits.« (Gilleard/Higgs 2000: 73) In Auseinandersetzung mit jenen Positionen, die *Anti-Ageing*-Maßnahmen als künstliche Zurichtung kritisieren (vgl. Öberg 1996; Andrews 1999), entwickelt die feministische Theoretikerin Julia Twigg eine Kritik des Körperverständnisses der *Anti-Ageing*-Kritiker_innen: Der Körper sei keine natürliche Entität, sondern ein materialisiertes Produkt gesellschaftlicher Regulierungen, womit es – so Twigg – an eindeutigen Kriterien fehle, anhand derer *Anti-Ageing* per se als unnatürlich und die Orientierung an Normen des mittleren Lebensalters per se als Altersleugnung kritisiert werden könnte. Negiert könne nur werden, was als gegeben vorausgesetzt werde – wo aber beginne und ende der ›natürliche‹ Körper? Was ist mit dem Herzschrittmacher, was mit den gefärbten Haaren, was mit den durch zähes Training gestählten Oberarmen? Zu Recht merkt Twiggs an: »If there is no natural body, there is not natural way to age.« (Twigg 2004: 63) Diese Position zielt nicht darauf, die Leiblichkeit des alternden Körpers als Diskursprodukt zu entmaterialisieren; sie hält vielmehr einen kritischen Blick für angebracht, wenn aus einer vermeintlich homogenen Natur des Alter(n)s auf ›normale‹ Seinsweisen älterer Menschen geschlossen wird und konkrete Praktiken als altersinadäquat und unnatürlich kritisiert werden. Das Einwirken auf den alternden Körper ist demzufolge eben nicht per se problematisch, problematisch sind vielmehr die gesellschaftlichen Machtverhältnisse, die dieses Einwirken strukturieren (vgl. Spindler 2009). Die Zurückweisung der »Existenz ›natürlicher Grenzen‹ für Körpermodifikationen und biopolitische Entgrenzungstendenzen«

(Wehling et al. 2007: 562) bedeutet deshalb keineswegs im Umkehrschluss, dass alle gängigen Praktiken als unproblematisch zu gelten haben, zumal in Anbetracht ihrer umfassenden Kommerzialisierung und normierenden Wirkung. Wehling et al. betonen, dass es in Zeiten wachsender biomedizinischer Möglichkeiten umso dringlicher sei, »gesellschaftlich zu ziehende Grenzen des wissenschaftlich-technischen Zugriffs auf die ›Natur des Menschen‹« (ebd.) auszuhandeln, ohne damit der Vorstellung der Unverfügbarkeit einer gegebenen Natur Vorschub zu leisten.

4. Ageism – Stereotypisierung und Diskriminierung

Die bisherigen Ausführungen haben deutlich gemacht, dass Fragen der subjektiven Altersdeutung und Alterslosigkeit, der Altersmaske und des *Anti-Ageing* auf das Engste verwoben sind mit Praktiken der Altersstereotypisierung und Altersdiskriminierung, d. h. mit den Rahmenbedingungen einer strukturell das Alter abwertenden Gesellschaft.

4.1 Definitionen und Konzepte

enge und breite Definition

Um diese Phänomene systematisch in den Blick zu bekommen, prägte der US-amerikanische Gerontologe Robert Butler Ende der 1960er Jahre den Terminus *Ageism* und bestimmte ihn als »process of systematic stereotyping of and discrimination against people because they are old, just as racism and sexism accomplish this for skin colour and gender. […] Ageism allows the younger generations to see older people as different from themselves, thus they subtly cease to identify their elders as human beings.« (Butler 1975: 35). Die Definition nach Butler umfasst damit sowohl die Stereotypisierung und das Vorurteil als auch Praktiken der Diskriminierung. Sie gilt heute als enge Definition, da sie auf die Stereotypisierung und Diskriminierung älterer Menschen konzentriert ist. Eine breite Definition von *Ageism* umfasst jedes Vorurteil und jede Ungleichheit nach Lebensalter: »Indeed we are all, throughout our lives, oppressed by ageism, by dominant expectations about age, expectations that dictate how we behave and relate to each other.« (Bytheway 2005: 338) Da dieser Definition gemäß nicht eine fest umrissene Gruppe eine andere diskriminiert, werden von Vertreter_innen der breiten Definition die Parallelen zu Sexismus und Rassismus zurückgewiesen. Tatsächlich ist die Frage, inwiefern *Ageism* strukturanalog zu Rassismus und Sexismus konzipiert werden kann, ein vieldiskutierter und hochumstrittener Gegenstand theoretischer Debatten (vgl. Laws 1995; Macnicol 2004), besteht doch auch bei enger Definition der entscheidende Unterschied, dass potenziell alle Menschen, die lange genug leben, Adressat_innen von *Ageism* werden können. Auch das Phänomen, dass tief verankerte Fremdstereotype über das höhere Alter mit der Zeit zu Selbststereotypen werden können, ist dem besonderen Prozesscharakter des Alterns geschuldet (vgl. Calasanti 2005: 8 f.).

individuelle und institutionelle Formen

In der Konzeptbestimmung wird ferner zwischen individuellen und institutionellen Formen von *Ageism* unterschieden (vgl. Bytheway 2005: 340 f.): Erstere umfassen alltägliche Haltungen und Praktiken, die sich vor allem an (vermeintlichen) körperlichen und habituellen Altersmarkern orientieren, letztere rechtlich institutionalisierte Ungleichbehandlungen, die anhand des chronologischen Alters operieren. Zu denken ist hier insbesondere an Altersgrenzen in unterschiedlichsten Feldern: von der Festlegung von Altershöchstgrenzen für bestimmte Berufsgruppen (z. B. Piloten) oder politische Ämter bis hin zu arbeitsmarkt- und sozialpolitischen Altersgrenzen, die für Fragen des Rentenbezugs und des Erwerbsstatus entscheidend sind.[39] Die empirische Evidenz negativer Altersstereotype, mit denen ältere Menschen alltäglich konfrontiert sind und die ihre Autonomie, Zurechnungs- und Belastungsfähigkeit in Frage stellen, ist unbestritten und länderübergreifend nachgewiesen (vgl. z. B. Filipp/Mayer 2005; Rothermund 2009). Viele dieser Negativstereotype sind so tief verankert »that they are taken for granted and have become inexamined tacit assumptions« (Angus/Reeve 2006: 138). Zugleich gibt es erhebliche länderspezifische Unterschiede in der normativen Bewertung von Altersgrenzen als Altersdiskriminierung, wie am Beispiel des

Eintritts in den Ruhestand im deutsch-amerikanischen Vergleich gezeigt werden konnte: Während der Ausschluss aus der Erwerbsarbeit in Deutschland bis in die Gegenwart als »späte Freiheit« (Rosenmayr 1983) gewertschätzt wird, gilt er in den USA als wesentlicher Ausdruck der Diskriminierung des höheren Lebensalters (vgl. Nelson 2007: 58). Anders als in den USA und vielen angelsächsisch geprägten Ländern, in denen die Thematik *Ageism* sowohl wissenschaftlich als auch politisch große Aufmerksamkeit erfährt, steckt die Debatte in Deutschland – mit seinem traditionell starken Fokus auf die Versorgung des Alters – nach wie vor in den Kinderschuhen. Obwohl sich die Gerontologie seit den 1970er Jahren als Lobbywissenschaft dem Kampf für die soziale Anerkennung alter Menschen verschrieben hat, existiert im deutschsprachigen Raum weder eine theoretisch-konzeptionelle Auseinandersetzung mit *Ageism* noch eine den angelsächsischen Ländern vergleichbare Tradition der politischen Anti-Diskriminierungspraxis. Auch Impulse aus dem interaktionistischen »Alter als Stigma«-Ansatz (Hohmeier/Pohl 1978) aus den 1970er Jahren werden gegenwärtig kaum aufgegriffen.

Alters-Imperialismus

Im Kontext der *Critical Gerontology* hat sich in jüngerer Zeit zudem eine theoretische Perspektive entwickelt, die eine Verschiebung in der Debatte um *Ageism* markiert und bereits in der Debatte um *Anti-Ageing* angeklungen ist (vgl. im Überblick: van Dyk 2009b). So macht Simon Biggs einen Alters-Imperialismus aus, den er als *Ageism light* identifiziert: »By age imperialism here is meant the imposition of the goals, aims, priorities and agendas of one age group onto and into the lives of other age groups. [...] It is a more sophisticated ageism than a simple dislike of old age.« (Biggs 2004: 103) Der Historiker Thomas Cole schrieb bereits Mitte der 1980er Jahre: »The contemporary attack on negative stereotypes of old age does not achieve [...]. Aimed at liberating older people from images of passivity and debility, this attack frees (or subtly coerces) old people to retain the ideals of the middle-aged middle class.« (Cole 1984: 333) Andrews deutet die verbreitete Tendenz zur ›Alterslosigkeit‹ ebenfalls als eine neue Form der Altersfeindlichkeit und plädiert für die Anerkennung des Alters als eigenständiger, differenter Lebensphase: »While difference is celebrated in axes such as race, gender, religion and nationality, the same is not true for age.« (Andrews 1999: 309) Ganz im Gegensatz zum Tenor der deutschen Diskussion, in der Aktivität im Alter zum Garanten gegen *Ageism* wird, zeigen die genannten Autor_innen auf, inwiefern das Aktivitätspostulat selbst altenfeindlich strukturiert ist, indem es sich einseitig an den (Aktivitäts-)Normen der mittleren Lebensjahre ausrichtet. Laws (1995: 118) spricht in diesem Zusammenhang vom »cultural imperialism of youthfulness«. Die Kritik am *Age-Imperialism* entspricht damit argumentationslogisch der feministischen Kritik am Androzentrismus, d. h. der Ausrichtung an einer männlich kodifizierten Norm. Problematisch jedoch ist, dass die Strukturanalogie zum Androzentrismus und die durch die Imperialismus-Terminologie aufgerufene Analogie zum Eurozentrismus die Spezifik der Prozessperspektive des Alterns verkennt, d. h. den Umstand ausblendet, dass alle älteren Menschen auch die mittleren Lebensjahre durchlaufen haben. Der (als imperial bezeichnete) Maßstab ist hier nicht ausschließlich die (fremde) männliche, koloniale oder alterslose Norm, die auferlegt wird, sondern es sind immer auch die vertrauten, erlebten eigenen mittleren Lebensjahre und die ihnen eigenen Werte und Gewohnheiten: Der dominante Kanon ist beides, in synchroner Hinsicht der Maßstab der (jüngeren) Anderen bzw. der Alterslosigkeit, in diachroner Hinsicht der Maßstab des (vergangenen) Eigenen und damit Teil des biografischen Selbst. Dass viele Ältere sich bis weit in die Hochaltrigkeit hinein nicht als alt erleben, kann – wie dargelegt – eben auch Ausdruck erlebter biografischer Kontinuität sein.

4.2 Herausforderungen für die Ageism-Forschung

Intersektionalität

Für die zukünftige Forschung zu *Ageism* stellt die Verschränkung mit anderen gesellschaftlichen Differenz- und Ungleichheitsmarkern wie Klasse, Geschlecht, Behinderung oder Sexualität eine zentrale Herausforderung dar. Da in der Intersektionalitätsforschung die Dimension Alter, wie dargelegt, weitgehend unberücksichtigt bleibt oder unter die Kategorie Körper subsumiert wird (vgl. Winker/Degele 2009), liegt hier ein bis dato wenig aufgearbeitetes Forschungsfeld

Alter und Geschlecht

brach. Am weitesten fortgeschritten sind diesbezüglich die umfangreichen Arbeiten zur Verschränkung von Alter und Geschlecht, wurde doch schon früh die starke Verwobenheit von *Ageism* und Sexismus stark gemacht (vgl. z. B. Ginn/Arber 1995; Backes 1983). Aufgrund der ökonomisch prekären Lebenslage vieler älterer Frauen bei gleichzeitigem »double standard of ageing« (Sontag 1972) sind jedoch in der Tendenz Analysen vorherrschend, die weniger die je konkreten Verschränkungen von Alter und Geschlecht analysieren als dass sie eine additive Perspektive auf Benachteiligung einnehmen. Tatsächlich zeigt jedoch gerade die zuvor ausgeführte Dimension der Sichtbarkeit, dass sich im Alter nicht einfach Formen der sexistischen Diskriminierung und Benachteiligung verstärken, sondern dass sich neue Konstellationen herausbilden: Während jüngere Frauen häufig auf ihre Sexualität und ihr Äußeres reduziert werden, beklagen viele ältere Frauen genau das Gegenteil, nämlich dass sie nicht mehr als Frauen gesehen, dass sie quasi entsexualisiert werden. Strukturanalog findet sich dieses instruktive Argument bei Raab (2007) für die Verschränkung von Geschlecht und Behinderung, deren Spezifik mit einer Perspektive der doppelten Benachteiligung eben nicht in den Blick zu bekommen ist.

Alter und Klasse

Die große Wertschätzung bis Verehrung, die einzelnen Älteren, insbesondere älteren Männern, als Experten zukommt – man denke beispielsweise an die Rolle Helmut Schmidts – lenkt schließlich den Blick auf die Verschränkung von Alter und Klasse, die abgesehen von konkreten ökonomischen Lebenslagen bislang wenig erforscht ist. In ihren Analysen zu Alter und Männlichkeit kommt die schwedische Gerontologin Linn Sandberg zu dem Schluss, dass gerade Männer nicht per se im Alter ›verlieren‹, sondern dass es spezifische Intersektionen sind, die einen marginalisierten Status hervorbringen oder – zumindest partiell – abzuwenden helfen: »From this it is apparent that old age may not necessarily marginalise men, rather intersections of heterosexuality and ablebodiedness together with whiteness and a middle class position or higher in older men may render them flexible bodies and consequently resist failure (relatively).« (Sandberg 2008: 130)

Prozessperspektive

Eine weitere Herausforderung mit Blick auf Intersektionen stellt die Prozessperspektive des Alterns da, wirft sie doch die Frage auf, wie sich Intersektionen unterschiedlicher Differenzmarker wie Geschlecht oder Klasse im Lebensverlauf und mit dem Altern wandeln. Interessanterweise bleibt auch diese dynamische Perspektive in der Intersektionalitätsforschung bis heute undiskutiert. Toni Calasanti und Juli McMullin haben in ihren Arbeiten darauf hingewiesen, dass es gelte, die Veränderungen von Ungleichheitslagen im Alternsprozess zu analysieren, ohne den Differenzmarker Alter und die ihm ganz eigenen Mechanismen aus dem Blick zu verlieren: »Old age does not just exacerbate other inequalities but is a social location in its own right, conferring a loss of power for all those designated as ›old‹ regardless of their advantages in other hierarchies.« (Calasanti et al. 2006: 17) Und bei McMullin heißt es: »Researchers must recognize that inequality in later life is both patterned throughout the life course and unique.« (McMullin 2000: 525) Konträr zu diesen Positionen wird allerdings auch debattiert, inwiefern ›Alter‹ nicht nur zur Verschärfung, sondern auch zur Nivellierung von Ungleichheiten führen kann, inwiefern also Alter ein potenzieller *Equalizer* ist: indem möglicherweise Geschlechterunterschiede in der post-reproduktiven Phase abnehmen, die Bedeutung beruflicher Positionierungen schwindet, ähnliche körperliche Einschränkungen erlitten oder alle gleichermaßen Bezieher_innen von staatlichen Transfers werden. Tatsächlich spricht die Empirie flächendeckend gegen diese Deutung, angefangen vom *Cumulative Advantage and Disadvantage Model* (CAD) von Dannefer (2003) zur Kumulierung von Ungleichheiten im Alternsprozess, über Analysen zu fortgesetzten geschlechtsspezifischen Ungleichheitslagen und Altersdiskriminierungen (vgl. Backes 2007) bis hin zu sozialstrukturellen Daten zu Morbidität und Mortalität sowie zur klassenspezifischen »vital inequality« (Therborn 2009). Wenn überhaupt gelte die These vom Alter als *Equalizer*, so Gilleard und Higgs (2000: 41), nur im Sinne eines *Equalizing Down* mit Blick auf die erheblich eingeschränkte Höchstaltrigkeit oder das Leiden an fortgesetzter Demenz: »Structures in short become less powerful when agency declines, but such a loss of influence merely deprives all older people of the opportunity to exercise agency.«

Alterslob

An die Stelle einer umfassenden Auseinandersetzung mit *Ageism* ist insbesondere im deutschen Kontext ein fast schon rituelles Alterslob getreten, die unaufhörliche Betonung der Vorzüge und Stärken des Alters. Auf den ersten Blick kommt es ganz harmlos daher, das Alterslob, und natürlich stellt sich die Frage: Was sollte gegen ein freundliches Lob einzuwenden sein? Auf den zweiten Blick allerdings erweist sich, dass das politisch wie wissenschaftlich auferlegte positive Denken an den verankerten Negativstereotypen des Alters kaum rüttelt. Tatsächlich ist das (neue) Alterslob vor allem ein Lob des jungen und leistungsfähigen Alters, das die vermeintlich negativen Seiten des Alter(n)s – das Andere von Aktivität und Leistungsfähigkeit – nicht suspendiert, sondern im Lebenslauf nach hinten verschiebt. Der pauschalen Positivattribuierung des Jungen Alters korrespondiert damit nicht nur die Verfestigung von Negativstereotypen der Hochaltrigkeit, sondern jeglichen Lebens im Ruhestand, das den Kriterien des aktiven Alters nicht zu entsprechen vermag. Der Umstand, dass ›das Alter‹ stets eines Prädikats bedarf (›jung‹, ›aktiv‹, ›kompetent‹, ›weise‹ etc.), um positiv gelesen zu werden, zeigt deutlich, dass der Signifikant ›Alter‹ selbst weiterhin der Benennung einer defizitären Seinsweise gilt.

Aufwertungskultur

Indem auf Anschlüsse an die im angelsächsischen Sprachraum geführte Diskussion um *Ageism* weitgehend verzichtet wird, dominiert in der deutschsprachigen Diskussion der Fehlschluss, dass es sich bei der positiven Aufhellung von Altersbildern um eine Offensive gegen Altersdiskriminierung handele.[40] Der US-amerikanische Altersforscher Bill Bytheway hat schon früh auf dieses verbreitete, fundamentale Missverständnis hingewiesen »to equate an anti-ageist stance with thinking positive« (Bytheway 1995: 128). In dieser Logik wird Anti-Diskriminierung enggeführt, indem sie als Überwindung der ›ungerechtfertigten‹ Negativattribuierung des (noch) leistungsfähigen, positiv attribuierten jungen Alters thematisch wird, nicht aber als Diskriminierung und Ausgrenzung von körperlich oder geistig eingeschränkten Menschen höheren Lebensalters. Zudem erweist sich das Alterslob nicht nur in seiner Abspaltung des hohen Alters als problematisch, auch die Aufwertungskultur des Jungen Alters verdient einen zweiten, kritischen Blick. Ins Auge fällt zunächst die Pauschalität des Lobs, das das Junge Alter kollektiv mit Positivstereotypen überzieht, die in dieser Allgemeinheit empirisch beständig widerlegt werden müssen. Es sind eben nicht alle Jungen Alten erfahren, weise gar, loyal, verlässlich und leistungsbereit. Gerade das im politisch-medialen Diskurs allgegenwärtige Lob der Erfahrung des Alters erweist sich als so unbestimmt und a-historisch, dass weitgehend offen bleibt, was eigentlich genau gewertschätzt werden soll – zumal im Kontext der sich rasant wandelnden Gegenwartsgesellschaft. Mit der politisch, wissenschaftlich und medial gefütterten Maschinerie des rituellen Alterslobs beobachten wir das, was Junker die Kultur der »repressiven Idealisierung« (Junker 1973: 13, zit. n. Hohmeier 1978) durch positive Altersstereotype genannt hat: eine Kultur, die strukturelle Ausschlüsse und gesellschaftlich bedingte Deprivationen eher stärkt als unterläuft und die zudem zur Tabuisierung von belastenden und einschränkenden Facetten des Alterns beiträgt. Positivstereotypisierungen bauen zudem einen Erwartungsdruck auf, setzen all jene unter Druck, die diesen Bildern nicht entsprechen und machen diejenigen sprachlos, deren gelebte Erfahrungen sich als dissonant mit dieser Pauschalisierung erweisen (vgl. Sandberg 2008: 124).

V. Poststrukturalistisch-praxistheoretische Perspektiven auf die Analyse von Lebensalter

Die Ausführungen zur Neuverhandlung des Alters, zu subjektivem Alterserleben und Altersdiskriminierung haben gezeigt, dass die wissenschaftliche Analyse dieser Sachverhalte in der Regel genau zwei Perspektiven kennt: das Alter in Relation zum ›mittleren‹ Erwachsenenleben entweder als Gleiches oder aber als (positiv affirmiertes) Anderes zu bestimmen. Diese Diagnose zum Ausgangspunkt nehmend, werde ich im Folgenden erörtern, inwiefern ein Theorieimport poststrukturalistisch-praxistheoretischer Konzepte helfen kann, diese Engführung zu überwinden, um dem Gegenstand ›Alter(n)‹ in seiner Komplexität als Differenzmarker und Prozess gerecht zu werden. Ich werde zeigen, dass die vorherrschende Polarität von Gleichheit und Differenz nicht nur in sozialtheoretischer Hinsicht bedeutsam ist, sondern dass ihre Erkundung zum Verständnis einer auffälligen Diskrepanz beitragen kann: der Diskrepanz zwischen der Konjunktur von Alterslob und Anerkennungsrhetorik bei gleichzeitiger Persistenz negativer Altersstereotype und diskriminierender Praktiken.[41]

1. Die Polarität von Gleichheit und Differenz in der Alter(n)sforschung

Happy Gerontology

In der wissenschaftlichen Kontroverse um die aktivgesellschaftliche Neuverhandlung des Alters sind, wie ich noch einmal zuspitzen möchte, zwei Stränge zu unterscheiden, die an die Gleichheit-Differenz-Debatte der frühen Frauenforschung erinnern: die *Happy Gerontology*[42] des gerontologischen Mainstreams, die auf die Anerkennung Älterer als leistungsfähige Gleiche zielt, sowie die *Critical Gerontology*, die eine positive Andersartigkeit des Alters geltend macht und dieses gegen Aktivitäts- und Leistungsansprüche verteidigt. Der von mir als *Happy Gerontology* attribuierte Strang zielt seit seiner Etablierung in den späten 1960er und 1970er Jahren darauf, passivierende Defizitperspektiven auf das Alter durch forschende Aufklärung zu überwinden. Ältere Menschen seien, so der Tenor, »the same as middle-aged people« (Havighurst et al. 1968: 161), anerkennenswert als leistungsfähige Gleiche, die erst durch ihre Ausgliederung aus der Mitte der Gesellschaft zu anderen gemacht würden. Die *Happy Gerontology* analysiert die gegenwärtige Entdeckung des ›verjüngten‹ Alters als Chance – der Aufwertung und Anerkennung älterer Menschen als *(leistungsfähige) Gleiche*, wobei der instrumentelle Charakter des neuen Lobs zumeist ausgeblendet bleibt. Die *Critical Gerontology* zielt auf das Gegenteil dieser affirmativ-optimistischen Aktivierungsperspektive: Hier findet sich eine Kritik der Altersaktivierung im flexiblen Kapitalismus, die mit einer Kritik des *Age-Imperialism* (vgl. Biggs 2004) einhergeht, d. h. einer Kritik der Orientierung des Alters an den aktivitätsorientierten Normen der mittleren Lebensjahre. Mit der kritischen Analyse der wohlfahrtsstaatlichen Entwicklung und des *Anti-Ageing*-Komplexes ist eine normative Differenzposition erstarkt, die die positive Andersartigkeit des Alters als Lebensphase geltend macht, um es vor den Ansprüchen der neoliberalen Aktivgesellschaft und Jugendkonsumkultur zu schützen. Indem die Orientierung an Normen des mittleren Lebensalters als Altersleugnung problematisiert wird, wird eine in der Konsequenz essenzialisierende, binäre Unterscheidung von Alter und Nicht-Alter vorgenommen.

Critical Gerontology

Differenzmarker Alter

Während das für die Moderne kennzeichnende Spannungsverhältnis von Gleichheit (›Angleichung an das Allgemeine‹) und Differenz (›Würdigung des Partikularen‹) bezüglich der Differenzmarker Geschlecht und Ethnizität seit den 1970er Jahren umfassend diskutiert, problematisiert und in sozialen Bewegungen politisiert worden ist (vgl. z. B. Benhabib et al. 1993), ist für den Differenzmarker

Alter Vergleichbares bislang kaum zu beobachten (vgl. als Ausnahme: Gullette 2004). Die sozialwissenschaftliche Altersforschung verfängt sich stattdessen in der Polarität von naturalisierend-homogenisierender Differenzsetzung einerseits und der Angleichung an hegemoniale Leistungsnormen der mittleren Lebensjahre andererseits. Beide Perspektiven schenken dabei in ihrer gegensätzlich akzentuierten Aufwertung des höheren Lebensalters – als Gleiches oder als Anderes – der Konstruktion von Alter(n) im Lebenslauf zu wenig theoretische Aufmerksamkeit. Resultat dessen ist ein ›halbierter Konstruktivismus‹: Zur Debatte steht nicht die soziale Hervorbringung von Lebensalter im Allgemeinen, sondern lediglich die Konstruktion des Kindheits- und Jugendalters einerseits sowie die des höheren Alters andererseits, das als Alter ausgewiesen wird. Die mittleren Lebensjahre hingegen bleiben dem Konstruktionsanliegen entzogen: »Adult is left to stand as an untheorised status« (Hockey/James 2003: 81) und diese Nicht-Markierung der mittleren Lebensjahre als ›altersloses‹ Erwachsenendasein grundiert nicht nur die Altersforschung, sondern die sozialwissenschaftliche Forschung in ihrer Breite.[43] Eine mit dem höheren Alter befasste Forschung, die sich dem ›Alters-Pol‹ widmet, ohne seiner Relation zum Unmarkierten Rechnung zu tragen, ist aber »at risk of further making only old age into age« (Sandberg 2008: 118 f.), womit die vermeintlich altersneutrale Norm der mittleren Lebensjahre reifiziert wird.[44]

Prozessperspektive

Auch die Analyse der Prozessperspektive des Alterns wirft grundlegende Fragen mit Blick auf den Konstruktionscharakter des Alter(n)s auf: Im Kontext der *Happy Gerontology* steht die Annahme einer grundsätzlichen Plastizität, d. h. Gestaltbarkeit des Alternsprozesses und die konkrete *individuelle* Bewältigung dieser Aufgabe im Zentrum. Parallel haben sich makrosoziologische Analysen der Institutionalisierung des Lebenslaufs als einflussreich erwiesen, die aufzeigen, dass und wie der Alternsprozess eingelassen ist in die wohlfahrtsstaatlich konstruierte Dreiteilung des Lebens in distinkte Altersphasen. Weder Plastizitäts- noch Lebenslaufanalysen ziehen hingegen das grundsätzliche chronologische Ablaufschema des Lebens konstruktionslogisch in Betracht, sodass die mittleren Lebensjahre als Maßstab gebende Hochphase des Lebens ebenso wie das Alter als Lebens*abend* und *Herbst* des Lebens fest in der Idee linearer Progression verwurzelt bleiben: »The very term ›old age‹ is thick with cultural assumptions about chronology, the linear nature of time, decline, as well as ›natural‹ change, and the life course with the assumption of analogies to nature (seasons, gardens, fires).« (Rubinstein 1990: 113)

2. Das Denken der Dekonstruktion und der Differenzmarker Alter

differenztheoretisches Denken

Das poststrukturalistische Denken der Dekonstruktion zum Ausgangspunkt nehmend, möchte ich den forschenden Blick re-justieren und erörtern, inwiefern es dieser theoretisch sparsame, halbierte Konstruktivismus ist, der in die Sackgasse der Polarität von Gleichheit und Differenz führt. Da (Lebens-)Alter eine »missing category in poststructuralist theory« (Gullette 2004: 121) darstellt, handelt es sich um eine erste Sondierung der Zuträglichkeit poststrukturalistisch-praxistheoretischer Konzepte für eine Soziologie der Lebensalter. Dabei interessiere ich mich insbesondere für die Frage, inwiefern der spezifische Doppelcharakter des Alter(n)s als Strukturkategorie und Prozess sowie die damit einhergehende spezifische Temporalität der Konstruktion Fragen aufwirft, die sich bei der (De-)Konstruktion vermeintlich a-temporaler Kategorien wie Geschlecht oder Ethnizität in dieser Form nicht stellen.[45] Die Frage des Alter(n)s stellt dabei nicht nur eine Leerstelle im heterogenen Feld poststrukturalistischer Ansätze dar, es gibt umgekehrt bis heute – von wenigen, fragmentarisch bleibenden Ausnahmen abgesehen (vgl. z. B. Gullette 2004) – auch keine poststrukturalistisch inspirierte, sozialwissenschaftliche Forschung zu Fragen des Lebensalters.[46] Ich möchte argumentieren, dass der Anschluss an das differenztheoretische Denken, das eine »wahlverwandte theoretische Geste« (Stäheli 2000: 7) poststrukturalistischer Theorien darstellt, ein gutes theoretisches Werkzeug an die Hand gibt, um das (höhere) Alter in Relation zum vermeintlich alterslosen Erwachsenenleben in den Blick zu bekommen – und umgekehrt.

Differenz als Relation

Sich dem differenztheoretischen Denken zu nähern, bedeutet zunächst, sich der verwirrenden Bedeutungsvielfalt des Differenz-Begriffs gewahr zu werden, wird das Wort doch alltagssprachlich »als lateinische Fassung des Unterschieds verwendet oder aber als philosophische Kategorie eines nicht-identischen Denkens« (Drygala/Günter 2010: 12). Differenz im poststrukturalistischen Sinne meint aber gerade nicht Unterschied als Alterität – wie sie uns in der *Critical Gerontology* mit ihrer Unterscheidung des Alters als positives Anderes begegnet –, sondern Differenz als Relation. Das differenztheoretische Denken der Relation ficht die Vorstellung mit sich selbst identischer Entitäten an, die allein aus ihrer Substanz und der positiven Bezugnahme auf sich selbst bestimmt werden und kehrt die Perspektive um: Die Identität einer Entität werde, so die Argumentation, gleichsam negativ, als Relation zu dem, was es *nicht* ist, bestimmt (vgl. Derrida 1990: 91 ff.). Alles, was Bedeutung besitzt, ist damit eingeschrieben in ein Netz von differenziellen Beziehungen zwischen Elementen, die stets die Spur des Anderen in sich tragen.

Überwindung der halbierten Konstruktion

Dieses differenzlogische Denken in Relationen ist sowohl von der identitätslogischen Homogenisierung der Pole binärer Unterscheidungen (Mann/Frau, jung/alt) als auch von einem identitätslogischen Denken der Differenz*en* im Plural zu unterscheiden. Was ist damit gemeint? Die Betonung von Altersvielfalt – bezüglich der sozialen Lage, des Gesundheitszustands oder der Familienverhältnisse – bleibt ebenso wie die Ausdifferenzierung der Kategorie Frau durch die Berücksichtigung von Ethnizität, Klasse oder sexueller Orientierung einem identitätslogischen Denken verhaftet: Die Identität ›Alter‹ oder ›Frau‹ wird aus sich heraus bestimmt und anschließend vervielfältigt, ohne die bereits *in sich* heterogene Struktur der Differenz erkennbar werden zu lassen: »es ist immer nur ein Hinzufügen von Elementen als ein Versuch, die Einheit zu ergänzen und damit bleibt gleichzeitig die binäre Logik [...] erhalten, indem andere Dimensionen einfach hinzuaddiert werden« (Wartenpfuhl 2000: 161). Egal wie vielfältig das Alter ausgewiesen wird – und die Betonung der

Vielfalt des Alters stellt einen der zentralen Topoi im Kontext der Neuverhandlung des Alters dar (vgl. z. B. BMFSFJ 2010) –, stets geht es um die Ausdifferenzierung des zuvor Unterschiedenen und den Ausweis dessen, dass auch ›das Alter‹ nicht homogen ist (was für die mittleren Lebensjahre so selbstverständlich ist, dass die Betonung der Vielfalt absurd anmuten würde); niemals aber durchbricht die Vielfalt den alt/jung-Gegensatz selbst. Im Gegensatz dazu liegt im differenztheoretischen Denken das theoretische Potenzial begründet, ›Alter‹ in seiner Relation zu dem, was es nicht (mehr) ist, in den Blick zu nehmen und damit die halbierte Konstruktion zu überwinden, die nur die Jugend und das höhere Alter als soziale Konstruktionen ausweist.

hierarchische Binarität

Entscheidend ist nun, dass die in binären Logiken operierenden Unterscheidungen in der Regel nicht die Unterscheidung von Gleichwertigem prozessieren, sondern dass ihnen eine Hierarchie der Pole inhärent ist, wie bereits Simone de Beauvoir in ihrem Werk »Das andere Geschlecht« festgestellt hat: Die Frau »wird bestimmt und unterschieden mit Bezug auf den Mann, dieser aber nicht mit Bezug auf sie, sie ist das Unwesentliche angesichts des Wesentlichen. Er ist das Subjekt, er ist das Absolute: sie ist das Andere.« (de Beauvoir 1949: 129) Der Mechanismus, ein ›Eigentliches‹ und ein (abgeleitetes) ›Anderes‹ zu unterschieden ist ein »systematischer Bestandteil der Logiken und Praktiken der Herrschaft über Frauen, farbige Menschen, Natur, ArbeiterInnen, Tiere – kurz der Herrschaft über all jene, die als Andere konstituiert werden und deren Funktion es ist, Spiegel des Selbst zu sein« (Haraway 1995: 67). Das höhere Lebensalter als Anderes im Unterschied zu einem alterslos-unmarkierten Erwachsenenleben passt sich in diese Struktur ein, auch wenn gerade das Lebensalter in einschlägigen Analysen – nicht nur bei Haraway – unberücksichtigt bleibt. Wie einflussreich diese hierarchische Binarität auch in der Gegenwart bleibt, hat zuletzt der Umgang mit dem zu einem »Risiko-Pol« verdichteten Alter in der Corona-Krise gezeigt.

Dekonstruktion

Die Praxis der Dekonstruktion beschränkt sich nun nicht auf eine Umkehrung bzw. Neutralisierung der Hierarchie durch Aufwertung des abgewerteten Pols – wie es zum Beispiel der aktuelle Lobpreis des Erfahrungswissen des Alters tut –, sondern greift die Logik hierarchischen Denkens in viel grundsätzlicherer Weise an: In einem ersten Schritt bringt die Dekonstruktion die abgewertete Seite der Binarität ins Spiel, mit dem Ziel, sie sichtbar zu machen und im »gegebenen Augenblick die Hierarchie umzustürzen« (Derrida 1986: 88). Dieser erste Schritt wird komplettiert durch einen zweiten, der darauf zielt, die Binarität selbst – das Oppositionspaar in seiner Reinheit – zu zerstören und zu überschreiten. Das dekonstruktive Denken öffnet dabei den Blick dafür, dass auch der unmarkierte Pol der hierarchischen Opposition die Spur des Anderen trägt und von diesem affiziert wird. Tatsächlich ist die Idee eines unabhängigen und autonomen Erwachsenenlebens ganz wesentlich auf das Gegenbild eines abweichenden, abhängigen Alters angewiesen.

(Un)Reinheit der Binarität

Die ›Unreinheit‹ der bipolaren Konstruktion alt/jung zeigt sich zudem in kontextspezifisch divergierenden Alterszuschreibungen (vgl. Kornadt/Rothermund 2011), wenn beispielsweise Sportler_innen bereits mit 30 (zu) alt sind, während sie sich als Arbeitnehmer_innen oder Nachbar_innen auf der anderen Seite der Binarität wieder finden, oder wenn ältere Arbeitnehmer_innen zugleich junge Großeltern sind. Mit Blick auf den Doppelcharakter von Alter(n) stellt sich zudem die Frage, ob nicht der sichtbare Prozess des Alterns ganz automatisch die Reinheit der Binarität alt/jung in permanenter Bewegung durchkreuzt. In gewisser Hinsicht ist dies tatsächlich der Fall, besteht doch weitgehende Einigkeit darüber, dass es einen eindeutig zu bestimmenden Umschlagpunkt nicht gibt. Auch weisen, wie gezeigt, viele als alt attribuierte Menschen diese Zuordnung für sich selbst zurück, was sie umgekehrt allerdings meistens nicht daran hindert, Gleichaltrige entlang stereotyper Altersattribute zu vermessen. Paradoxerweise begründet gerade der Umstand, dass der Umschlagpunkt des zur Binarität verdichteten Alternsprozesses in hohem Maße flexibel und unbestimmt ist, ganz wesentlich die disziplinierende Kraft der Unterscheidung: Dies ist in dem als *Anti-Ageing* hoch kommerzialisierten Bemühen zu beobachten, so lange wie möglich auf der nicht alterskodierten Seite des Erwachsenenlebens zu verbleiben. Gerade weil sich das Altersattribut als flexibler erweist als andere Differenzmarkierungen, gerade weil Menschen individuell ›rausoptieren‹, wird die hierarchische Binarität mit dem Alterspol als »Signifikant des Mangels« (Kunow 2005: 33) – an Jugend, Gesundheit, Normalität usw. – unaufhörlich erneuert und nicht kämpferisch durchkreuzt. Die meisten Menschen streben danach, persönlich nicht als alt attribuiert zu werden, statt die dem Alterspol inhärente Abwertung zu problematisieren bzw. zu politisieren. »Resisting age rather than ageism« (Gilleard/Higgs 2000: 71) ist die vorherrschende Devise.

Signifikant des Mangels

Es ist die doppelte Geste der Dekonstruktion, die dafür sensibilisiert, dass die einseitige Aufwertung des (vornehmlich jungen) höheren Lebensalters so lange ins Leere läuft, wie die *violent hierarchy* der ihr zu Grunde liegenden Binarität unproblematisiert bleibt: Zwar mögen einige gesunde und in anderer Hinsicht privilegierte Menschen im Ruhestand von einer solchen Aufwertung profitieren und zunehmend den Maßstäben eines nicht alterskodierten Erwachsenenlebens entsprechen, die Polarität selbst aber bleibt bestehen. Bei allem Aufwertungsbestreben sind es vor allem drei Quellen, die das Alter als Signifikant des Mangels unaufhörlich nähren: die Problematisierung gesellschaftlicher Alterung, die Propagierung besonderer Altersqualitäten und die Marginalisierung von Hochaltrigkeit. So zeugt, wie in Abschnitt IV.1. dargelegt, zum einen die in Medien, Politik und Wissenschaft einflussreiche Problematisierung des demografischen Wandels als Prozess der ›Überalterung‹ von einem grundlegend negativen Altersbild und der Vorstellung eines ›normalen‹ (da jüngeren) Bevölkerungsaufbaus. Zum zweiten ist eine spezifische Form der Positivattribuierung des Jungen Alters zu konstatieren, die eine negative Kehrseite aufruft: Wenn die Gesellschaft »den Tatendurst der Jungen wie die Erfahrung der Alten« (FDP 1987; ähnlich: SPD 2002) braucht, wird nicht nur ein weiteres Mal die einflussreiche Binarität demonstriert, sondern zugleich attestiert, dass der Tatendurst und die Dynamik den Älteren fehlt. Die den Älteren vorzugsweise attestierten Qualitäten unterscheiden sich deutlich von Positivattribuierungen der mittleren Lebensjahre: Während im flexiblen Kapitalismus Kreativität, Flexibilität, Individualität, Risikobereitschaft und unternehmerischer Geist gefordert sind (vgl. Bröckling 2007; Sennett 1998), werden Älteren vornehmlich Erfahrungswissen, Gewissenhaftigkeit und

Loyalität, Ausgeglichenheit und ›soziale Wärme‹ zugeschrieben (vgl. Denninger et al. 2014: 194 ff.; Cuddy et al. 2005). Faktisch stellen sie mit all diesen Eigenschaften das Gegenteil des ›unternehmerischen Selbst‹ und des ›flexiblen Menschen‹ als zentralen Sozialfiguren des Gegenwartskapitalismus dar: Erst diese Kontextualisierung lässt die impliziten Negativkonnotationen der expliziten Positivattribuierung des erfahrenen Alters sichtbar werden.

Die vielleicht entscheidendste Rolle für die permanente Erneuerung des hierarchischen Gegensatzes alt/jung spielt schließlich drittens die fortdauernde Negativattribuierung von körperlich und/oder geistig eingeschränkter Hochaltrigkeit.

3. Das Vierte Alter als verworfenes Leben?

konstitutives Außen

Für das Verständnis des Zusammenhangs von Drittem und Viertem Lebensalter erweist sich die poststrukturalistisch konturierte Analyse radikaler Verwerfung als inspirierend. Erhellend ist hier der Gedanke, dass die binären Oppositionen (hier: alt/jung) eine prekäre Einheit konstituieren, die ihrerseits auf etwas verweist, das außerhalb dieser Oppositionen liegt – die stark eingeschränkte Hochaltrigkeit. Dieses Außen vereinheitlicht nach Innen und markiert eine Grenze, die »zwischen sozialen Personen und anderem gezogen wird« (Lindemann 2004: 33). Damit wird eine zweite Dimension der Hierarchisierung eingezogen, die zu unterscheiden ist von den *violent hierarchies*, die sich via Ungleichbehandlung innerhalb des Sozialen manifestieren: »Unterdrückt zu werden bedeutet immerhin, dass man bereits als ein irgendwie geartetes Subjekt existiert: man ist da als der sichtbare und unterdrückte Andere, als ein möglicher oder potentieller Untertan für das Meistersubjekt. [...] Die Beobachtung zu machen, dass man vollkommen unintelligibel ist [...], ist gleichbedeutend mit der Feststellung, dass man noch keinen Zutritt zum Menschlichen gefunden hat.«[47] (Butler 2009: 345 f.) Während das derart Verworfene die Binnenzonen des Sozialen/Menschlichen in gewisser Weise stabilisiert, erweist es sich zugleich als permanente Herausforderung und Bedrohung, denn es schreibt sich als Spur ein, macht sich immer wieder bemerkbar, als »aufsprengende Wiederkehr des Ausgeschlossenen« (Butler 1997: 34).

sozialer Tod

Körperlich und/oder geistig stark eingeschränkte Hochaltrigkeit aus dieser Perspektive in den Blick zu nehmen, bestreitet in keiner Weise, dass es viele liebevoll gepflegte und umsorgte hochaltrige Menschen gibt, die für Angehörige und Freund_innen natürlich sehr menschlich sind. Zugleich aber offenbaren empirische Studien, dass die abhängige Hochaltrigkeit in radikaler Weise de-humanisiert und als sozialer Tod mehrheitlich mehr gefürchtet wird als das tatsächliche Lebensende. Wie eine qualitative Interviewstudie mit Jungen Alten zeigt, ersetzen ›siechen‹ und ›vegetieren‹ in der Rede über das höchste Alter häufig das Verb ›leben‹ (vgl. Denninger et al. 2014: 242 ff.). Insbesondere Demenz wird, wie Medienanalysen offenbaren, metaphorisch in Terminologien der sozialen Absenz, der Regression und des sozialen Todes verhandelt, der Prozess des Dementwerdens als Reise ins ›Niemandsland‹ beschrieben (vgl. Grebe et al. 2013: 95 ff.). In institutioneller Hinsicht sind die Situation in Pflegeheimen, in denen Fixierung und Unterversorgung weiterhin keine Ausnahme darstellen (vgl. MDS 2011) sowie eine auf Rehabilitation weitgehend verzichtende Pflegepolitik Ausdruck einer Gesellschaft, die das höchste Alter verloren gibt (vgl. Moritz 2013).

disziplinierendes Potenzial

Die abhängigen Hochaltrigen werden als »living dead« (Hazan 2011: 113) aus dem Sozialen verwiesen. Während dem Dritten Lebensalter und zunehmend auch dem nur partiell eingeschränkten Vierten Lebensalter Potenziale zugeschrieben und von politischer Seite Inklusionsangebote unterbreitet werden, gilt dies für die Höchstaltrigen nicht: »They are left to occupy the position of being nature, not society's, casualties.« (Gilleard/Higgs 2000: 162) Die allgegenwärtige Drohung der verworfenen Hochaltrigkeit birgt dabei beträchtliches disziplinierendes Potenzial im Hinblick auf einen Lebensstil der Selbstoptimierung, die diesem Stadium der vermeintlichen De-Humanisierung vorgreifen sollen. Die »aufsprengende Wiederkehr des Ausgeschlossenen« (Butler 1997: 34) bricht sich in einer alle Lebensbereiche durchdringenden *Anti-Ageing*-Industrie und der breiten Verankerung eigenverantwortlicher Gesundheitsprophylaxe Bahn, frei nach dem Motto: Wer abhängig alt wird, hat nicht genug an sich gearbeitet. Indem die auf Sorge und Pflege angewiesene Höchstaltrigkeit weitgehend aus den Zonen des Sozialen verbannt und verworfen wird, findet eine Verlagerung von Existenzialität und Endlichkeit in die Sphären des naturalisierten Post-Humanen statt. Das konstitutive Außen der verworfenen Hochaltrigkeit fungiert hier als Bollwerk zwischen Leben und Tod, befreit das Soziale, das Menschliche von seiner Endlichkeit – und sucht sie nichtsdestotrotz heim. Das poststrukturalistische Denken der Dekonstruktion ermöglicht damit nicht nur eine Überwindung des halbierten Konstruktivismus mit Blick auf die mittleren Lebensjahre, sondern holt mit der Figur des Verworfenen auch die Doppelperspektive von Drittem und Viertem Alter ein.

4. Die Dekonstruktion des Alters und der Prozess des Alterns

Iterabilität

Die poststrukturalistische Perspektive unterscheidet sich von strukturalistischen Differenztheorien nun dadurch, dass sie von der konstitutiven Instabilität gesellschaftlicher Verhältnisse ausgeht: Selbst einflussreichste *violent hierarchies* – und damit auch das Gegensatzpaar alt/jung – sind demzufolge nur temporär fixiert. Der Fokus auf die konstitutive Offenheit der aktualisierenden Wiederholung verleiht dem Poststrukturalismus sein Präfix und macht poststrukturalistische Analysen zu genuinen Prozessanalysen – und damit zusätzlich interessant für die Analyse des Doppelcharakters von Alter(n)s als Differenzmarker *und* Prozess. Derrida hat die konstitutive Offenheit der permanenten Wiederholung als Iterabilität gefasst: »Die Iterabilität verändert und kontaminiert auf parasitäre Art gerade das, was sie identifiziert und wiederholt« (Derrida 2001: 120). Während die Iterabilität bei Derrida auf der strukturellen Ebene der Sprache gedacht ist, ist es das Anliegen Judith Butlers die Logik der Iterabilität als gesellschaftliche Logik zu denken und an die gelebten Praktiken körperlicher Subjekte rückzubinden: Keine Handlung, so Butler, finde ein für alle Mal statt, keine Erfahrung schreibe sich einmalig ein, kein Körper sei für immer gegeben, keine Struktur überdauere, wenn sie nicht immer wieder als solche aktualisiert würden. Diese (praktischen) Wiederholungen finden in und mit der Zeit statt: »Wer argumentiert, Konstruktion sei grundlegend eine Angelegenheit der Wiederholung, macht die zeitliche Modalität der Konstruktion zu einer Priorität.« (Butler 1997: 338) Die Wiederholungen bedingen – je nach Kontext und Situation unterschiedlich weit reichende – Re-Justierungen dessen, was wiederholt wird und sind in diesem Sinne performativ, Wirklichkeit schaffend. Im gelebten Alter, d. h. in der permanenten Aktualisierung des abgewerteten Pols durch diejenigen, die als alt attribuiert werden, liegt damit auch das Potenzial genau dieses Attribut zu durchkreuzen und zu modifizieren.

kritische Handlungsfähigkeit

Während diese strukturelle Instabilität den gesellschaftlichen Verhältnissen inhärent ist, ist die soziologisch interessante Frage die nach der je konkreten Realisierung der Möglichkeit im Sinne kritischer Handlungsfähigkeit. Diese liegt dort vor, »wo Subjekte zum Beispiel diskriminierende Adressierungen aufgreifen und sich gegen den Strich aneignen – oder wo sie gesellschaftlich zugewiesene Plätze nicht in der bislang vorgesehenen Weise einnehmen und dadurch neu definieren, was überhaupt als legitimer Platz gilt« (Graefe 2010b: 307). Als Bertolt Brechts (1967) »Unwürdige Greisin« aus der gleichnamigen Erzählung nach ihrer Verwitwung beginnt, ihre Mahlzeiten im Gasthaus einzunehmen und Kinovorstellungen zu besuchen statt ihr bescheidenes, der Sorge anderer gewidmetes Leben weiterzuführen, nimmt sie eine solche praktische Neudefinition vor. Die ›Unwürdigkeit‹ manifestiert sich aus Sicht ihrer Kinder genau darin, dass sie mit ihrem Alltag die einer verwitweten, alten Frau zugedachte Lebensweise durchkreuzt. Fast einhundert Jahre später vermag eine 70-Jährige, die ins Kino geht, niemanden mehr zu schockieren, die Unwürdigkeit als Altersunangemessenheit ist jedoch nicht suspendiert, sondern lediglich verschoben: so werden der Diskobesuch oder der Minirock in neuer Terminologie als Jugendwahn oder Altersverleugnung verschrien.

zirkuläre Temporalität

Tatsache ist, dass trotz der Konzeption von Subjektivität als permanentem Prozess der Körper- und Subjektwerdung, »aging as living in time« (Baars 2007: 16) in poststrukturalistischen Analysen kaum eine Rolle spielt. Es finden sich keine Überlegungen, die die Temporalität von Konstruktionen, die die konstitutive Iterabilität an den Prozess des Alterns und die Endlichkeit der menschlichen Existenz rückbinden. Obwohl die Konstruktion des Subjekts als »zeitlicher Prozess« (Butler 1997: 32) gedacht wird, gelingt eine Übersetzung dieser Bewegung für das Leben verkörperter Subjekte nicht. Wir begegnen einer faktisch zirkulär anmutenden Temporalität – natürlich nicht als Wiederkehr des Immergleichen, sondern als permanente Verschiebung –, doch diese Verschiebung ist nicht im Lebensprozess situiert. Margarete Gullette konstatiert mit Blick auf einschlägige poststrukturalistische Körperstudien: »Their constructed bodies (heterosexual, female, male, of color) are socialized in other ways but have no explicit age and experience temporality only as a repetition.« (Gullette 2004: 122) Kennzeichnend für poststrukturalistische Prozessanalysen ist eine »future-oriented temporality« (Grosz 1999: 4), die Fragen der Endlichkeit und der materiellen Irreversibilität der menschlichen Existenz zugunsten der subversiven Potenzialität bzw. der potenziellen Subversivität des unaufhörlichen Werdens vernachlässigt.

Kritik

Einerseits bietet gerade diese *future-oriented temporality* das theoretische Potenzial, lineare Vorstellungen von Chronologie und vermeintlich naturalisierte Ablaufschemata zu durchkreuzen, die das Alter als *Herbst* des Lebens auf bestimmte Rollen, Praktiken und Körper festlegt. Andererseits gerät die Dekonstruktion naturalisierter Ablaufschemata an ihre Grenzen, wenn Alternsspezifika und die Endlichkeit der Existenz und damit der Verlust von Zukünftigkeit ausgeblendet bleiben. Obwohl sich mit Blick auf das körperlich und/oder geistig stark eingeschränkte Leben am Lebensende auch Fragen nach den Grenzen der sozialen Konstruktion (von Alter) aufdrängen, gibt es nur wenige Analysen, die sich diesem Spannungsfeld von körperlicher Materialität und Existenzialität aus post-konstruktivistischer Perspektive nähern (vgl. z. B. Hazan 2011). Theoretisch-konzeptionell würde es darum gehen, dem Umstand Rechnung zu tragen, dass die (körperliche) Existenzialität des Lebens keine beliebig zu affizierende – d. h. mit beliebigen Konstruktionen zu überziehende – Oberfläche ist (vgl. z. B. Coole/Frost 2010), ohne damit umgekehrt einer

Re-Biologisierung und Re-Naturalisierung des Sozialen in einem biomedizinisch dominierten Feld Vorschub zu leisten.

5. Perspektiven für die Alter(n)sforschung

Im Streit um subjektive Alter(n)serfahrungen, den *Anti-Ageing*-Komplex und die Aktivierung des Alters verfangen sich, wie ich dargelegt habe, weite Teile der Altersforschung in einer Gleichheit-Differenz-Polarität, im Rahmen derer das höhere Lebensalter als Gleiches oder als Besonderes affirmiert, gewürdigt und – je nach Position – integrierend aktiviert oder aber vor den Zumutungen der Aktivgesellschaft geschützt werden soll. Ein gegensätzlich akzentuierter Imperativ des positiven Denkens (über ›das Alter‹) tritt an die Stelle einer kritischen Analyse der komplexen Doppelstruktur von Alter(n); in beiden Perspektiven wird die Unterscheidung alt/nicht-alt faktisch vorausgesetzt und damit als Gegenstand der Forschung suspendiert.

Dekonstruktion

Dieser blinde Fleck ist nicht nur in theoretischer Hinsicht bemerkenswert, sondern er verstellt auch forschungspraktisch den Blick auf zentrale Facetten der gesellschaftlichen Neuverhandlung des höheren Lebensalters. Ich möchte abschließend konkrete Konsequenzen und Forschungsperspektiven skizzieren, die aus der theoretischen Neujustierung im hier vorgeschlagenen Sinne resultieren. Zunächst öffnet ein dekonstruktiver Fokus den Blick dafür, warum die politisch wie wissenschaftlich nachgerade beschworene Aufwertung des (leistungsfähigen) höheren Alters und die damit einhergehende Betonung einer positiv konturierten neuen Altersvielfalt weitgehend ins Leere laufen. Alter bleibt ein Signifikant des Mangels – an Jugend, Alterslosigkeit und Normalität –, ein Signifikant, der zusätzlich durch die präsente Absenz der auf Pflege und Betreuung angewiesenen Hochaltrigkeit genährt wird. Die wissenschaftlich gut belegte Persistenz negativer Altersstereotype geht dabei nicht, wie von wissenschaftlich-politischer Seite propagiert, auf einen Mangel an Aufklärung und Information über die (tatsächlichen) Potenziale des Alters zurück (vgl. BMFSFJ 2010: V), sondern wird sehr viel grundsätzlicher durch die Bestimmung des Alters als Anderes eines vermeintlich alterslosen Erwachsenenlebens systematisch erzeugt. Die Rolle des höheren Alters als ›Markiertes‹ und ›Abweichendes‹ bleibt in allen positiven Zuschreibungen unberührt, egal wie sehr sie eine (partielle) Aufwertung des Alters intendieren. In kaum einem anderen Feld gesellschaftlicher Dualismen ist der das Allgemeine repräsentierende Maßstab derart unhinterfragt geblieben wie im Bereich des Lebensalters. Es ist das differenztheoretische Denken der Dekonstruktion, das einen Ausweg aus dieser Sackgasse ermöglicht, indem es die identitätslogische Bestimmung des Alters durchbricht und stattdessen nach der Relation zu dem fragt, was es nicht ist: dem ›Nicht-Alter‹.

feministische Forschung

Den *Critical-Whiteness-Studies* oder der kritischen Männerforschung vergleichbar, braucht es eine (auch empirische) Forschung, die die vermeintliche Alterslosigkeit und die mit ihr einhergehenden Normen der mittleren Lebensjahre – so insbesondere die Norm der Unabhängigkeit und Selbstständigkeit – zu ihrem Ausgangspunkt macht.[48] Tatsächlich verstellt der gerontologische Imperativ des positiven Denkens, der sich mit einem in der Tradition der Aufklärung stehenden Ideal des autonomen Subjekts verbindet, den Blick auf die konstitutive Verletzlichkeit und soziale Verwiesenheit jedes – auch des vermeintlich alterslosen – menschlichen Lebens. Statt die Norm der Unabhängigkeit zu problematisieren, steht in weiten Teilen der *Happy Gerontology* sowie in einschlägigen politischen Programmatiken das Anliegen im Vordergrund, die Realisierung dieser Norm für einen Großteil der Altersphase nachzuweisen. Für eine Problematisierung dieser Praxis wären Anschlüsse an die feministische Forschung denkbar, die schon früh darauf hingewiesen hat, dass die moderne Idee des autonomen (männlichen) Subjekts eine Fiktion darstelle, die u. a. erst durch die reproduktiven Unterstützungsleistungen von Frauen möglich werde (vgl. Clement 1996). Die Kritik zielt darauf, »[to] demystify ideals of self-sufficiency and independence and [to] promote a conception of equality that begins with our relationality and neediness« (Feder Kittay 2001: 530). »The deep and basic nature of human dependency« (Holstein et al. 2011: 282) akzentuierend, verweisen feministische Forscher_innen darauf, dass alle Menschen – wenn auch in unterschiedlichen Graden und Weisen – von anderen abhängig sind, um zu überleben und sich zu entwickeln. Diese Kritik der vermeintlichen Unabhängigkeit des (männlich kodierten) Erwachsenenlebens aufzugreifen und für die Lebensalter-Forschung fruchtbar zu machen, darf natürlich nicht darauf hinauslaufen, spezifische Bedürfnisse sowie Einschränkungen der Selbstständigkeit im höheren und höchsten Lebensalter zu negieren und ihrer politischen wie sozialen Verdrängung Vorschub zu leisten. Sie kann aber sehr wohl den Blick dafür öffnen, dass die negative Rahmung und Problematisierung von Abhängigkeit im Alter *auch* durch die Norm der Unabhängigkeit genährt wird (vgl. Holstein et al. 2011: 12). Die Dekonstruktion des Ideals der Unabhängigkeit ermöglicht es, Menschen, die auf die Hilfe von anderen angewiesen sind, nicht als Anomalie zu begreifen, sondern als spezifischen Ausdruck der existenziellen Verwiesenheit menschlichen Lebens. Diese Form der Verwiesenheit auf andere kann je nach Lebenssituation, Lebensphase und gesellschaftlichen Rahmenbedingungen ganz unterschiedliche Formen annehmen: »Dependency carries no single meaning; it encompasses a range of different contexts, embracing a wide continuum of social experience.« (Hockey/James 1993: 104 f.) In diesem Sinne wären Unabhängigkeit und Abhängigkeit als Außenpole eines Kontinuums und nicht als sich ausschließende Gegensätze zu begreifen und es wäre grundsätzlich für unterschiedliche Lebenssituationen und -phasen danach zu fragen, in welcher Weise Verwiesenheit und Autonomie, Abhängigkeit und Unabhängigkeit konkret ausgestaltet sind und ineinandergreifen. So muss beispielsweise der Verlust von Selbstständigkeit im höheren Alter nicht automatisch mit einem Verlust von Selbstbestimmung und Autonomie einhergehen, wenn es der betroffenen Person ermöglicht wird, *selbst bestimmt* über den gewünschten Pflege- und Betreuungskontext zu entscheiden (vgl. z. B. Kammerer et al. 2012). Umgekehrt sind beispielsweise viele junge Familien in hohem Maße von den Unterstützungsleistungen der (Groß-)Eltern abhängig, um in Ermangelung einer entsprechenden Infrastruktur einen Alltag mit Kindern und Beruf bewältigen zu können.

Ideal der Unabhängigkeit

neues Alterslob

Neben der Problematisierung des Maßstabs der mittleren Lebensjahre verdient zudem der konkrete Inhalt des neuen Alterslobs verstärkte Aufmerksamkeit. Die Gleichheit-Differenz-Polarität der wissenschaftlichen Analysen verstellt den Blick darauf, dass die (potenziell) aktiven und engagierten Älteren in der medialen Darstellung und politischen Programmatik denjenigen in den mittleren Lebensjahren zwar ähnlicher werden, dass sie zugleich aber – nicht trotz, sondern gerade wegen dieser Entwicklung – deutlich als Andere unterschieden bleiben (sollen): und zwar nicht durch ihre Abwertung oder Negativstereotypisierung, sondern durch den Inhalt der ihnen zugedachten Qualitäten. Wie ich skizziert habe, sind die den Älteren vorzugsweise attestierten Positivstereotype (Erfahrung, Gewissenhaftigkeit, Loyalität, Ausgeglichenheit) deutlich von jenen der mittleren Lebensjahre (Kreativität, Schnelligkeit, Risikobereitschaft) unterschieden. Die Jungen Alten werden zum positiven Anderen der kapitalistischen Leistungsgesellschaft stilisiert, weniger kompetitiv, auf Ausgleich bedacht, menschlicher, »following the natural laws of their body, maintaining tranquility of mind, cultivating a sense of harmony with oneself and one's surroundings and gaining the wisdom of handling challenges and thus making adaptation accordingly« (Liang/Luo 2012: 332). Das Lob ist einer Aufwertungsrhetorik vergleichbar, wie wir sie historisch aus der Würdigung der so genannten »edlen Wilden« (Stein 1984) in den Kolonien und natürlich von Frauen kennen, denen – angeblich unverdorben von der rationalisierten kapitalistischen Leistungsgesellschaft – eine »Position moralischer Überlegenheit, der Unschuld und der größeren Nähe zur Natur« (Haraway 1995: 66) zugeschrieben wird. Es ist unschwer zu erkennen, dass damit eine Festigung der hierarchischen Binaritäten Mann/Frau, weiß/schwarz, jung/alt einhergeht, mobilisiert diese Form des Lobs doch die abgewertete Seite der modernen Dualismen Natur/Kultur und Emotio/Ratio.

widersprüchliche Konstellation

Die Analyse der Neuverhandlung des Alters im flexiblen Kapitalismus kann zudem nicht davon absehen, was – mehr oder weniger explizit – mit der Positivattribuierung bezweckt wird: Weil das kapitalistische System für seine soziale Reproduktion auf systemfremde Elemente angewiesen ist, die nicht vollständig kapitalisier- und rationalisierbar sind (vgl. Federici 2012), werden – wie die Historie zeigt – Personengruppen ausgewiesen, denen besondere Fähigkeiten für diese Aufgaben zugeschrieben werden: so den Frauen mit ihrer vermeintlich natürlichen Emotionalität und Wärme. In Zeiten, die zwar weit davon entfernt sind, diese Geschlechternormen gänzlich hinter sich gelassen zu haben, in denen dennoch immer weniger Frauen ganztägig und lebenslang als kostenlose Ressource zur Verfügung stehen, in Zeiten zumal, da mit zunehmender Pflegebedürftigkeit die Sorgetätigkeiten in der Gesellschaft eher zu- als abnehmen – in diesen Zeiten werden die Jungen Alten als »Retter des Sozialen« (Aner et al. 2007) entdeckt und entsprechend attribuiert. Faktisch entzieht sich die Neuverhandlung des Alters damit der einfachen Gleichheit-Differenz-Polarität, die seine Analyse dominiert: hier die Eingliederung in die Leistungsgesellschaft als Gleiche/Ähnliche, dort der kollektive Schutz einer besonderen Lebensphase. Zu konstatieren ist vielmehr das, was in den Debatten um Multikulturalismus und Integration treffend als komplex-widersprüchliche Konstellation beschrieben worden ist, die »zwischen Anerkennung von Differenz und disziplinierendem ›Integrationsimperativ‹ oszilliert« (Neuhold/Scheibelhofer 2010: 93).

Handlungsmacht

Wichtige Fragen stellen sich schließlich auch bezüglich der kritischen Handlungsmacht älterer Menschen. ›Alt sind nur die anderen‹: Dieses Bonmot ist ebenso abgegriffen wie empirisch evident und untergräbt systematisch die grundlegende Voraussetzung für einen kollektiven Prozess der Organisierung und der Durchkreuzung diskriminierender Zuschreibungen, Praktiken und Strukturen. Das Bewusstsein eines ›Wir‹ im Sinne gemeinsamer Betroffenheit bleibt weitgehend aus. Die evidente Prozeduralität und Fluidität des Alterns, die »a basis for deconstruction« (Kriebernegg/Maierhofer 2013: 10) sein *könnte*, bewirkt auf der Ebene kultureller Repräsentationen genau das Gegenteil: Die Binarität wird durch die (zumindest imaginierte) Option des individuellen Ausstiegs als hierarchische Norm eher stabilisiert denn erschüttert. Bekämpft wird das Alter(n) – dafür steht nicht zuletzt der riesige *Anti-Ageing*-Markt – und nicht seine Stereotypisierung und Diskriminierung.

Mimikry

Das Konzept der Iterabilität gesellschaftlicher Verhältnisse sensibilisiert aber dafür, dass Normen und Praktiken nicht nur durch einen Willen zur Kritik und durch explizit kollektiv-politische Praxis verändert werden, sondern dass auch in ihrer alltäglichen, modifizierten Wiederholung ein destabilisierendes Potenzial liegen kann – man denke an Brechts unwürdige Greisin. Anknüpfend an die Iterabilität gesellschaftlicher Verhältnisse hat Homi Bhabha die Idee der Mimikry formuliert, verstanden als Imitation kolonialer Standards durch die Kolonialisierten, »that is almost the same, but not quite« (Bhabha 1994: 86), gleichzeitig »resemblance and menace« (ebd.). Während die *Critical Gerontology* mit ihrer Problematisierung von *Age-Imperialism* allein die einfache Wiederholung bzw. Doppelung von *Midlife*-Normen kennt, argumentiert Thomas Küpper im Anschluss an Bhabha mit Blick auf die von Jungen Alten bevorzugte Mode, dass diese nicht einfach dem Stil der mittleren Lebensjahre entspräche, sondern »rather proves to be ambivalent as it supports and at the same time undermines the norm« (Küpper 2013: 133). Auch für die Analyse des *Anti-Ageing*-Feldes könnte dementsprechend der Blick geschärft werden, in welcher Weise Normen der mittleren Lebensjahre gerade nicht identisch dupliziert, sondern in ihrer (versuchten) Kopie verändert und verschoben werden. Eine für solche Praktiken sensible, qualitativ-empirische Forschung, die die im Fokus stehenden Älteren weniger quantitativ vermisst als dass sie ihren Alltagspraktiken Aufmerksamkeit schenkt, wäre eine große Bereicherung für die Forschung zu Fragen des Lebensalters. Im Hinblick auf Fragen kritischer Handlungsmacht ist dabei stets zu differenzieren zwischen der hegemonialen Individualisierung von Verantwortung für die Plastizität des Alterns sowie der subversiven Durchkreuzung – dem *Queering* – von Alternsnormen und -maßgaben. Die entscheidenden, letztlich nur empirisch zu beantwortenden Fragen lauten: Wo haben wir es mit dem subversiven Unterlaufen gesellschaftlicher Altersnormen, mit einer Form des (mehr oder weniger impliziten) ›Alterswiderstands‹ und wo mit der Verinnerlichung von Optimierungsimperativen und der eilfertigen Bestätigung des Primats der Jugend bzw. des Nicht-Alters zu tun? Und was ist, wenn beides so eng miteinander verschränkt ist, dass eine solche Unterscheidung unmöglich wird?

Anmerkungen

1 Zwar werden mit der Perspektive auf Hochaltrigkeit und Endlichkeit selbstverständlich auch die Themenfelder Tod und Sterben berührt. Da es sich hierbei jedoch um ein ganz eigenes thematisches und wissenschaftliches Feld handelt, kann der vorliegende Band eine systematische Einführung in die Thematik Tod und Sterben nicht leisten. Ebenfalls einschränkend anzumerken ist, dass sich die Analysen dieses Bandes auf Deutschland und andere frühindustrialisierte Länder konzentrieren, Kontexte des globalen Südens hingegen ausgeblendet bleiben.

2 Zur Einführung in philosophiehistorische Stationen der Reflexion über das Alter vgl. insbesondere Birkenstock (2008).

3 Für einen komprimierten, hervorragenden historischen Überblick im Kulturvergleich, beginnend mit der frühen Menschheitsgeschichte vgl. Rosenmayr (1999).

4 Martin Kohli (1985: 14 f.) analysiert diese Chronologisierung als Rationalisierungsprozess in der sich modernisierenden Gesellschaft, da die Organisation gesellschaftlicher Ordnung auf der Basis funktionalen Alters erheblich aufwendiger sei.

5 Eine Unterscheidung von Arthur E. Imhof (1988: 97 ff.) aufgreifend, handelt es sich hier um den Anstieg der »ökologischen Lebenserwartung«, d. h. um einen Anstieg des durchschnittlichen Sterbealters unter konkreten gesellschaftlichen Rahmenbedingungen. Dem gegenüber steht die »physiologische Lebenserwartung« im Sinne einer grundsätzlichen physiologischen Obergrenze menschlichen Lebens, die bis in die 1990er Jahre hinein bei ca. 85 Jahren verortet wurde. Diese Grenze ist in den vergangenen zwei Jahrzehnten, nicht zuletzt aufgrund der zuneh-

menden Anzahl von Über-100-Jährigen, sukzessive nach oben gesetzt worden.

6 Die Einführung einer – trotz höherer Lebenserwartung – nach unten abweichenden Altersgrenze für Frauen wurde seinerzeit mit der Doppelbelastung der erwerbstätigen Frauen begründet (BTDrucks. II/3080, S. 10 zu § 1253). Die in fast allen Industrienationen lange Zeit übliche geschlechtsspezifische Differenzierung wird von Geschlechterforscher_innen allerdings auch dahingehend interpretiert, dass mit Blick auf den empirisch verbreiteten Altersunterschied zwischen Ehepartner_innen eine Umkehrung der traditionellen geschlechtsspezifischen Arbeitsteilung durch die Weiterarbeit der jüngeren Ehefrau bei Verrentung des älteren Ehemannes vermieden werden sollte (vgl. z. B. Ginn/Arber 1995: 6).

7 Zur Kritik des Konzepts vom Altersstrukturwandel vgl. im Überblick Amrhein (2008: 181 ff.). Moniert wird von verschiedenen Autor_innen zu Recht die Überakzentuierung der Bedeutung des demografischen Wandels und die mangelnde Rückbindung der Alterstrukturwandel-These an strukturelle und kulturelle Wandlungsprozesse.

8 Nachdem der Gewinn an Lebenserwartung lange Zeit vor allem darin begründet lag, dass immer mehr Menschen die angenommene maximale Lebensspanne von ca. 85 Jahren erreichten, ist der Zugewinn seit dem ausgehenden 20. Jahrhundert verstärkt darauf zurückzuführen, »dass sich die Grenze des menschlichen Lebens nach oben verschiebt« (Ehmer 2012: 424).

9 Wie historisch gebunden kalendarische Bestimmungen des Alters sind, offenbart auch folgende Analyse aus dem Jahr 1894, derzufolge die kalendarische Markierung 63 nicht ein Drittes oder Junges Alter, sondern den Beginn des finalen Verfalls einleitet: »Bisweilen wird behauptet, ein Mann sei mit 45 Jahren alt; andere wiederum erachten 70 Jahre für das normale Maß. Lange Beobachtungen haben mich zu der Überzeugung geführt, dass 63 Jahre ein Alter ist, in dem man die Mehrheit der Personen als alt bezeichnen kann, und in der Regel können wir diese Alter auch als eines ansehen, mit dem der Verfall des Lebens einsetzt.« (Gardner 1894: 13)

10 »Aus der Anthropologie und Biologie heraus sind nur das Faktum des Lebens und Sterbens, die begrenzte Lebensdauer und die mit dem Altern gegebenen körperlich-geistig-seelischen Wandlungen verstehbar, nicht aber jene Relevanz, die diese Urfakta jeweils für das gesellschaftlich-historische Miteinander bekommen.« (Mannheim 1964: 527)

11 Es sei an dieser Stelle aber darauf hingewiesen, dass es jenseits der sozialwissenschaftlichen Geschlechterforschung, Feministinnen und Publizistinnen wie Simone de Beauvoir, Betty Friedan und Susan Sontag waren, die mit »Das Alter« (de Beauvoir 1972), »The fountain of age« (Friedan 1993) und dem Konzept des »Double Standard of Ageing« (Sontag 1972) wesentliche Beiträge zur spezifischen Unterdrückung und Benachteiligung von Frauen im Alter geliefert haben.

12 Zur Geschichte der Institutionalisierung der Altersforschung im deutschsprachigen Raum bis Ende der 1990er Jahre vgl. z. B. Karl (1999) und Höpflinger (1999).

13 Für einen ausführlichen Überblick über die frühe gerontologische Theorieentwicklung vgl. Backes und Clemens (2013: Kapitel 3).

14 Mitte der 1970er Jahre bezeichnete Glen Elder die Lebenslaufperspektive noch als »emerging field of inquiry« (Elder 1975: 186). Schon 20 Jahre später war dieses Feld zu einem der dominierenden Paradigmen der mit dem höheren Lebensalter befassten Forschung geworden (vgl. Dannefer/Kelly-Moore 2009: 406).

15 Erst in jüngeren Arbeiten weist Townsend explizit darauf hin, dass nicht nur wohlfahrtsstaatliche Programme, sondern auch die Funktionsmechanismen des (Arbeits-)Marktes darauf zielen, Ältere auszugrenzen und in Abhängigkeit zu bringen (vgl. Townsend 2006).

16 In einer der wenigen Arbeiten, die sich nicht auf die USA oder Großbritannien beziehen, spricht Anne Marie Guillemard (1982) für den französischen Kontext vom Ruhestand als sozialem Tod.

17 Das grundsätzliche Spannungsverhältnis von demokratischem Staat und profitorientierter Marktökonomie, die Rolle von Sozialpolitik im Spannungsfeld zwischen demokratischer Legitimation und kapitalistischer Akkumulation wird – von wenigen instruktiven Ausnahmen abgesehen (vgl. insbesondere Myles 1984) – hingegen kaum vertieft.

18 »Although ageing individuals are seemingly offered a range of practices to free themselves from the constraints of ›oldness‹, their autonomy is regulated through a new set of social obligations bounded by neoliberal rationality.« (Rudman 2006: 197)

19 Frühe Bezüge auf das Foucault'sche Werk im deutschsprachigen Raum finden sich bei Christel Schachtner (1988), die unter dem Untertitel »Für ein Recht auf Eigensinn« das Alter als produktiven »Störfall« gesellschaftlicher Ordnung analysiert.

20 Die Charakterisierung der *Foucauldian Gerontology* als postmodern, wie sie mitunter zu finden ist (vgl. z. B. Baars 1991: 230 f.), ist angesichts dieses Fokus nicht haltbar.

21 Lange Zeit war Deutschland das einzige OECD-Land, in dem die Armutsrate der Rentner_innen niedriger war als die der Gesamtbevölkerung (vgl. BMFSFJ 2008: 23). Aufgrund des in der Gesetzlichen Rentenversicherung herrschenden Prinzips der Äquivalenz von Beiträgen und Leistungen geht dies allerdings mit einer im internationalen Vergleich außergewöhnlich ausgeprägten Ungleichheit der Alterseinkommen einher (vgl. OECD 2014). Diese Ungleichheitsstruktur trifft insbesondere und systematisch Frauen, die im Ergebnis seit Jahrzehnten etwa doppelt so hohe Armutsquoten aufweisen wie ältere Männer (vgl. Seils 2013: 363 f.).

22 So widmen Backes und Clemens (2003) der *Political Economy of Ageing* in ihrem mehrfach neu aufgelegten Einführungsband »Lebensphase Alter« eine dreiviertel Seite und blenden bis in die jüngste Vergangenheit die daran anschließenden theoretischen Entwicklungen vollständig aus. In der Neuauflage von 2013 wird diese Lücke allerdings erstmalig thematisiert und unter Verweis auf jüngere theoretische Entwicklungen zu schließen gesucht (vgl. Backes/Clemens 2013: 191–197).

23 Viel früher ist eine lebhafte Rezeption theoretischer Arbeiten aus der angelsächsischen Diskussion in der deutschsprachigen, literaturwissenschaftlich inspirierten Alter(n)sforschung zu verzeichnen (vgl. z. B. Kunow 2005; Haller 2010; Küpper 2013), die in der sozialwissenschaftlichen Forschung jedoch nur wenig Beachtung findet.

24 Eine radikale Reform der Zuwanderungspolitik, die diese Entwicklung signifikant beeinflussen könnte, ist politisch zur Zeit wenig wahr-

scheinlich, auch wenn der Verweis auf die ökonomische Bedeutung von Zuwanderung angesichts der Alterung der Gesellschaft derzeit an Einfluss gewinnt.

25 Vgl. zur grafischen Dramaturgie der Dramatisierung das Kapitel »Pyramide – Glocke – Urne: Die Gefahr *sehen* lernen« (Etzemüller 2007: 83–110).

26 Zu den rassistischen und eugenischen Wurzeln der Bevölkerungswissenschaft vgl. Hummel (2000: 93 ff.).

27 Zum Machtregime der »Demografisierung des Gesellschaftlichen« vgl. grundlegend die diskursanalytische Arbeit von Messerschmidt (2017).

28 Im als »Generationenvertrag« (Kohli 1989) konzipierten Umlageverfahren bauen die Beitragszahler_innen keinen Kapitalstock zur Sicherung ihres eigenen Rentenanspruchs auf, sondern reichen ihre Beiträge unmittelbar an die aktuellen Rentenbezieher_innen weiter. Kapitalstockfinanzierte Renten haben sich in der jüngeren Vergangenheit als sehr anfällig für Finanzmarktkrisen gezeigt, mit zum Teil gravierenden Konsequenzen für das Volumen des angesparten Vermögens (vgl. Sackmann 2018: 11). Für einen Überblick der Struktur der Alterssicherung in Deutschland mit ihren vier Säulen – staatliche Regelsicherung, betriebliche Altersvorsorge, private Altersvorsorge und Grundsicherung im Alter – vgl. Bäcker (2018).

29 So war die Relation von Erwerbspersonen zur Gesamtbevölkerung im Jahr 1970 aufgrund der niedrigen Frauenerwerbstätigkeit trotz der jüngeren Altersstruktur deutlich niedriger als gegenwärtig (vgl. Kistler/Trischler 2012: 171).

30 Die Grenze der Versicherungspflicht für die Renten- und Arbeitslosenversicherung lag 2020 bei einem monatlichen Nettoeinkommen von 6900 Euro in den alten und 6450 Euro in den neuen Bundesländern.

31 Tatsächlich existiert die dramatische Generationenkriegs-These auch unter umgekehrten Vorzeichen, also mit Parteinahme für die ältere Generation. Ein populäres Beispiel stellte der Bestseller »Das Methusalem-Komplott« des inzwischen verstorbenen Mitherausgebers und Feuilleton-Chefs der FAZ, Frank Schirrmacher (2004), dar. In verkaufsfördernder Endzeitsemantik schildert Schirrmacher einen zukünfti-

gen Krieg der Generationen in der alternden Gesellschaft und ruft die Babyboomer-Generation als zukünftige Alte auf, einen Angriff gegen Jugendwahn und Altersdiskriminierung zu starten.

32 Zur Entwicklung von Armutsgefährdung und materieller Deprivation älterer Menschen im europäischen Vergleich vgl. Zaidi und Gasior (2011).

33 Anzeichen hierfür sind u. a. die große Popularität der ›Occupy‹-Bewegungen und sozialen Proteste im Gefolge der Finanz- und Wirtschaftskrisen seit 2008 sowie der Einfluss und Erfolg der Monografie »Das Kapital im 21. Jahrhundert« des französischen Ökonomen Thomas Piketty (2014), die die systematische Produktion sozialer Ungleichheit über mehr als zwei Jahrhunderte nachzeichnet.

34 Ein Blick auf die Verteilung öffentlicher Ausgaben im internationalen Vergleich zeigt, dass die verbreitete Rechnung »wenn die Alten viel kriegen, leiden darunter die Jungen« keineswegs aufgeht. In Ländern mit hohen staatlichen Leistungen für Alte werden durchweg auch die Kinder und Jugendlichen besser behandelt als in Ländern mit niedrigen Ausgaben für ältere Menschen (vgl. Kohli 2006: 124).

35 Zwar wird im deutschsprachigen Raum durchaus seit Ende der 1990er Jahre vor einer (politischen) Instrumentalisierung des aktiven und produktiven Alters gewarnt (vgl. z. B. Backes 2006: 65; Knopf et al. 1999: 102 ff.), doch erscheint diese Instrumentalisierung nicht als strukturelles Problem, sondern als (vermeidbarer) Umschlag von sinnstiftender Engagementförderung zu Ausbeutung. Damit bleiben jedoch die entscheidenden Kontextbedingungen, die gerade darauf zielen, die Alterspotenziale auszubeuten, ausgeblendet.

36 Wie die Corona-Pandemie im Frühjahr 2020 gezeigt hat, erweisen sich allerdings auch die neuen Positiv-Zuschreibungen an das »Junge Alter« als äußerst fragil: Galten sie gestern noch als »Retter des Sozialen« (Aner et al. 2007), wurden sie über Nacht zur vulnerablen Risikogruppe, »wiedervereint im Alterspool mit den Hochaltrigen, den Pflegebedürftigen und ›Verwirrten‹.« (Graefe et al. 2020: 411). Als nun manche der zuletzt als produktive Ressource Umworbenen zu Beginn der Corona-Pandemie für sich in Anspruch nahmen, selbstbestimmt darüber zu entscheiden, welchen Schutz sie brauchen, wollen oder

ertragen können, war der Vorwurf des Altersstarrsinns nicht weit, paternalistische Bevormundung und ein »Totalitarismus der Fürsorglichkeit« (Martenstein 2020) machte sich breit (van Dyk et al. 2020).

37 Untersuchungen zeigen, dass das gewünschte Ruhestandsalter in hohem Maße abhängig von länderspezifischen institutionellen, moralökonomischen und kulturellen Kontexten ist. So beträgt der Anteil der Personen, die als subjektiv empfundene Erwerbsfähigkeitsgrenze ein Alter von weniger als 65 Jahren angeben in Frankreich 72,7 Prozent, in Deutschland 40,9 Prozent und in Schweden 23 Prozent (vgl. Jansen 2013: 242).

38 Die Interviews wurden 2009 und 2010 mit insgesamt 55 älteren (60- bis 72jährigen), verrenteten Männern und Frauen unterschiedlicher Bildungs- und Einkommenskonstellationen in Jena und Erlangen geführt. Die Dokumentation der Ergebnisse findet sich in Denninger et al. (2014: 201–358).

39 Eine kritische Bestandsaufnahme von rechtlich verankerten Altersgrenzen und ihren potenziell diskriminierenden Implikationen findet sich im Sechsten Altenbericht der Bundesregierung (vgl. BMFSFJ 2010: 195–213).

40 Ausnahmen bestätigen wie immer die Regel, vgl. kritisch in diesem Sinne z. B. Filipp/Maier (2005) und Brauer (2010).

41 Vgl. ausführlich zu den folgenden Überlegungen: van Dyk (2015b).

42 Die Bezeichnung ist angelehnt an eine Bemerkung Norberto Bobbios, der in seinem Essay »Vom Alter – De Senectute« moniert: »Zur Verschleierung der Übel des Greisenalters trägt, wenngleich ungewollt und mit den besten Absichten, die ›fröhliche Wissenschaft‹ der Geriatrie in beträchtlichem Ausmaß bei.« (Bobbio 2006: 60)

43 Die Namenlosigkeit geht so weit, dass die Differenzmarkierung des höheren Lebensalters mit der Binarität alt/jung operiert – einer Binarität also, die die altersmarkierten Ränder des Lebens kontrastiert, obwohl sie in der Regel die Abgrenzung vom Nicht-Markierten, also die Differenz alt/nicht-alt im Kontext des Erwachsenenlebens meint.

44 Analysen aus dem Kontext der *Critical Gerontology* problematisieren zwar, wie dargelegt, die Anpassung an Normen der mittleren Lebensjahre als *Age-Imperialism*, da sie jedoch die Konstruktion der mittle-

ren Lebensjahre sowie die komplexe Relation von Alter/Nicht-Alter nicht in den Blick nehmen, läuft ihre Position umgekehrt auf die Bekräftigung der zugewiesenen Differenz als positiv attribuiertes Anderes hinaus.

45 Damit ist selbstverständlich nicht gemeint, dass es sich um ahistorische Kategorien handelt, sondern lediglich, dass die individuelle Zuordnung zu diesen Kategorien als stabil und nicht prozesshaft gilt.

46 Auch die sich seit Ende der 1990er Jahre entwickelnde *Foucauldian Gerontology* schließt diese Forschungslücke nicht, da sie im Anschluss an das eher strukturalistische Foucault'sche Frühwerk danach fragt, wie die gerontologische Wissenschaft ihren Gegenstand – ›die Alten‹ bzw. die ältere Bevölkerung – hervorbringt (vgl. Katz 1996). Der zweite Strang der *Foucauldian Gerontology* orientiert sich am gouvernementalitätstheoretischen Spätwerk und arbeitet heraus, wie neue Formen der Normierung (eines aktiven Alterns) mittels Erziehung zum Selbstmanagement etabliert werden (vgl. Powell 2006) – auch dies keine originär poststrukturalistische Perspektive.

47 Bzw. ihn – formuliert für die Hochaltrigkeit – nicht *mehr* hat.

48 Die *Critical Gerontology* ist zwar den wichtigen Schritt weitergegangen, die *violent hierarchy* zwischen mittleren Lebensjahren und ›dem Alter‹ aufzudecken, hat die Kritik aber auf den Imperialismus der *Midlife*-Normen auf das höhere Lebensalter konzentriert, statt den Maßstab selbst zum Gegenstand kritischer Analyse zu machen.

Literatur

AfD (2016): *Programm für Deutschland. Das Grundsatzprogramm der Alternative für Deutschland*, Berlin: AfD.

Amann, Anton (2000): »Sozialpolitik und Lebenslagen älterer Menschen«. In: Gertrud Backes/Wolfgang Clemens (Hg.), *Lebenslagen im Alter*, Opladen: Leske + Budrich, S. 53–74.

Amann, Anton (2006): »Unentdeckte und ungenützte Ressourcen und Potenziale des Alter(n)s«. In: Deutsches Zentrum für Altersfragen (Hg.), *Gesellschaftliches und familiäres Engagement älterer Menschen als Potenzial*, Berlin: LIT Verlag, S. 7–146.

Améry, Jean (1991): *Über das Altern. Revolte und Resignation*, München: dtv/Klett-Cotta.

Amrhein, Ludwig (2008): *Drehbücher des Alter(n)s. Die soziale Konstruktion von Modellen und Formen der Lebensführung und -stilisierung älterer Menschen*, Wiesbaden: VS.

Amrhein, Ludwig (2010): »Altersintegration als Rezept gegen Ageism?« In: Kai Brauer/Wolfgang Clemens (Hg.), *Zu alt? ›Ageism‹ und Altersdiskriminierung auf Arbeitsmärkten*, Wiesbaden: VS, S. 81–113.

Amrhein, Ludwig/Backes, Gertrud (2008): »Alter(n) und Identitätsentwicklung: Formen des Umgangs mit dem eigenen Älterwerden«. In: *Zeitschrift für Gerontologie und Geriatrie* 41, S. 382–393.

Andersson, Lars (Hg.) (2002a): *Cultural Gerontology*, West Port: Auburn House.

Andersson, Lars (2002b): »Introduction«. In: Ders. (Hg.), *Cultural Gerontology*, West Port: Auburn House, S. vii–x.

Andrews, Molly (1999): »The seductiveness of agelessness«. In: *Ageing and Society* 19, S. 301–318.

Aner, Kirsten/Karl, Fred/Rosenmayr, Leopold (Hg.) (2007): *Die neuen Alten – Retter des Sozialen?* Wiesbaden: VS.

Aner, Kirsten/Karl, Fred/Rosenmayr, Leopold (2007): »Die neuen Alten – Retter des Sozialen? Anlass und Wandel gesellschaftlicher und gerontologischer Diskurse«. In: Kirsten Aner/Fred Karl/Leopold Rosenmayr (Hg.), *Die neuen Alten – Retter des Sozialen?* Wiesbaden: VS, S. 13–38.

Angus, Jocelyn/Reeve, Patricia (2006): »Ageism: A Threat to ›Aging Well‹ in the 21st Century«. In: *The Journal of Applied Gerontology* 25, S. 137–152.

Ariès, Phillipe (1975): *Geschichte der Kindheit*, München/Wien: DTV.

Baars, Jan (1991): »The Challenge of Critical Gerontology: The Problem of Social Constitution«. In: *Journal of Aging Studies* 5, S. 219–243.

Baars, Jan (2006): »Beyond Neomodernism, Antimodernism, and Postmodernism«. In: Jan Baars/Dale Dannefer/Chris Phillipson/Alan Walker (Hg.), *Aging, Globalization, and Inequality*, Amityville, NY: Baywood, S. 17–42.

Baars, Jan (2007): »A Triple Temporality of Aging«. In: Jan Baars/Henk Visser (Hg.), *Aging and Time. Amityville*, New York: Baywood, S. 15–42.

Bachmann-Medick, Doris (2014): *Cultural Turns. Neuorientierungen in den Kulturwissenschaften*, Reinbek: Rowohlt.

Backes, Gertrud M. (1983): *Frauen im Alter. Ihre besondere Benachteiligung als Resultat lebenslanger Unterprivilegierung*, Bielefeld: AJZ.

Backes, Gertrud M. (2002): »›Geschlecht und Alter(n)‹ als zukünftiges Thema der Alter(n)ssoziologie«. In: Gertrud M. Backes/Wolfgang Clemens (Hg.), *Die Zukunft der Soziologie des Alter(n)s*, Opladen: Leske + Budrich, S. 111–148.

Backes, Gertrud M. (2003): »Soziologie und sozialwissenschaftliche Gerontologie«. In: Fred Karl (Hg.), *Sozial- und verhaltenswissenschaftliche Gerontologie*, Weinheim: Juventa, S. 45–58.

Backes, Gertrud M. (2006): »Widersprüche und Ambivalenzen ehrenamtlicher und freiwilliger Arbeit im Alter«. In: Klaus R. Schroeter/Peter Zängl (Hg.), *Altern und bürgerschaftliches Engagement*, Wiesbaden: VS, S. 63–94.

Backes, Gertrud M. (2007): »Geschlechter – Lebenslagen – Altern«. In: Ursula Pasero/Gertrud M. Backes/Klaus R. Schroeter (Hg.), *Altern in Gesellschaft*, Wiesbaden: VS, S. 151–183.

Backes, Gertrud M./Clemens, Wolfgang (2003): *Lebensphase Alter. Eine Einführung in die sozialwissenschaftliche Alternsforschung*, Weinheim/München: Juventa.

Backes, Gertrud M./Clemens, Wolfgang (2013): *Lebensphase Alter. Eine Einführung in die sozialwissenschaftliche Alternsforschung*, 4. erweiterte Auflage, Weinheim/Basel: Beltz Juventa.

Bäcker, Gerhard (2018): »Alterssicherung in Deutschland«. In: Klaus R. Schroeter/Harald Künemund/Claudia Vogel (Hg.), *Handbuch Soziologie des Alter(n)s*, Wiesbaden: Springer, S. 1–26, URL: https://doi.org/10.1007/978-3-658-09630-4_16-1.

Baltes, Paul B. (1996): »Über die Zukunft des Alterns: Hoffnung mit Trauerflor«. In: Margret Baltes/Leo Montada (Hg.), *Produktives Leben im Alter*, Frankfurt/New York: Campus, S. 29–68.

Baltes, Paul B./Baltes, Margret (1989): »Erfolgreiches Altern: Mehr Jahre und mehr Leben«. In: Margret Baltes/Martin Kohli/Karl Sames (Hg.), *Erfolgreiches Altern*, Bern et al.: Hans Huber, S. 5–10.

Baltes, Paul B./Carstensen, Laura L. (1996): »The Process of Successful Ageing«. In: *Ageing and Society* 16, S. 397–422.

Baltes, Paul B./Smith, Jacqui (2003): »New Frontiers in the Future of Aging: From Successful Aging of the Young Old to the Dilemmas of the Fourth Age«. In: *Gerontology* 49, S. 123–135.

Barlösius, Eva/Schiek, Daniela (Hg.) (2007): *Demographisierung des Gesellschaftlichen. Analysen und Debatten zur demographischen Zukunft Deutschlands*, Wiesbaden: VS.

Bass, Scott A. (2007): »The Emergence of the Golden Age of Social Gerontology?« In: *The Gerontologist* 47, S. 408–412.

Bass, Scott A. (2009): »Towards an Integrative Theory of Social Gerontology«. In: Vern L. Bengtson/Daphna Gans/Norella M. Putney/Merril Silverstein (Hg.), *Handbook of Theories of Aging*, New York: Springer, S. 347–374.

Basting, Anne D. (1998): *The Stages of Age: Performing Age in Contemporary American Culture*, Ann Arbor: University of Michigan Press.

Baumgartl, Birgit (1997): *Altersbilder und Altenhilfe. Zum Wandel der Leitbilder von Altenhilfe seit 1950*, Opladen: Westdeutscher Verlag.

Bayer, Kathryn (2005): »Cosmetic Surgery and Cosmetics: Redefining the Appearance of Age«. In: *Generations* 29, S. 13–18.

de Beauvoir, Simone (1949): *Das andere Geschlecht*, Hamburg: Rowohlt.

de Beauvoir, Simone (1972): *Das Alter*, Hamburg: Rowohlt.

Beck, Ulrich/Giddens, Anthony/Lash, Scott (1996): *Reflexive Modernisierung. Eine Kontroverse*, Frankfurt a. M.: Suhrkamp.

Beck-Gernsheim, Elisabeth (1991): »Frauen – die heimliche Ressource der Sozialpolitik«. In: *WSI-Mitteilungen* 2, S. 58–66.

Behr, Michael/Hänel, Anja (2013): »Höher qualifizierte Angestellte als Lebenskraftkalkulierer – Eine Herausforderung für die betriebliche Alterspolitik«. In: *WSI-Mitteilungen* 2, S. 98–106.

Beneker, Christian (2020): »Covid19. Jedes zweite Corona-Opfer lebte im Heim«. In: *ÄrzteZeitung*, 17.06.2020.

Bengtson, Vern L./Gans, Daphna/Putney, Norella M./Silverstein, Merril (Hg.) (2008): *Handbook of Theories of Aging*, New York: Springer.

Benhabib, Seyla/Butler, Judith/Cornell, Drucilla/Fraser, Nancy (Hg.) (1993): *Der Streit um Differenz. Feminismus und Postmoderne in der Gegenwart*, Frankfurt a. M.: Fischer.

Bhabha, Homi K. (1994): »Of mimicry and man: The ambivalence of colonial discourse«. In: Ders.: *The Location of Culture*, London: Routledge, S. 85–92.

Biggs, Simon (1999): *The mature imagination. Dynamics of identity in midlife and beyond*, Buckingham/Philadelphia: Open University Press.

Biggs, Simon (2004): »Age, gender, narratives, and masquerades«. In: *Journal of Aging Studies* 18, S. 45–58.

Biggs, Simon (2006): »Ageing Selves and Others«. In: John A. Vincent/Chris Phillipson/Murna Downs (Hg.), *The Futures of Old Age*, London et al.: Sage, S. 109–116.

Biggs, Simon/Jason L. Powell (2009): »Eine foucauldianische Analyse des Alters und der Macht wohlfahrtsstaatlicher Politik«. In: Silke van Dyk/Stephan Lessenich (Hg.), *Die Jungen Alten*, Frankfurt/New York: Campus, S. 186–206.

Binstock, Robert H. (1986): »Public Policy and the Elderly«. In: *Journal of Geriatric Psychiatry* 19, S. 115–142.

Birkenstock, Eva (2008): *Angst vor dem Altern? Zwischen Schicksal und Verantwortung*, Freiburg/München: Karl Alber.

Birren, James E./Bengtson, Vern L. (Hg.) (1988): *Emergent Theories of Aging*, New York: Springer.

Birren, James E./Kenyon, Gary/Ruth, Jan-Eric/Schroots, Johannes J. F./Svensson, Torbjorn (Hg.) (1996): *Ageing and Biography: Explorations in Adult Development*, New York: Springer.

Blättner, Fritz (1957): *Vom Sinn des Alters*, Kiel: Hirt.

Blaikie, Andrew (1999): *Ageing and popular culture*, Cambridge: Cambridge University Press.

Blaikie, Andrew (2004): »The search for ageing identities«. In: Svein O. Daatland/Simon Biggs (Hg.), *Ageing and diversity*, Bristol: The Policy Press, S. 79–93.

Blank, Florian/Schulze Buschoff, Karin (2013): »Arbeit, Leistungsgerechtigkeit und Alterssicherung im deutschen Wohlfahrtsstaat«. In: *WSI-Mitteilungen*, 66 (5), S. 313–320.

Blau, Zena (1973): *Old Age in a Changing Society*, New York: New Viewpoints.

Blumer, Herbert (1969): *Symbolic Interactionism. Perspective and Method*, New Jersey: Englewood Cliffs.

BMFSFJ [Bundesministerium für Familie, Senioren, Frauen und Jugend]/Institut der deutschen Wirtschaft Köln (Hg.) (2004): *Bevölkerungsorientierte Familienpolitik – ein Wachstumsfaktor*, Bonn: BMFSFJ.

BMFSFJ [Bundesministerium für Familie, Senioren, Frauen und Jugend] (2008): *Chancen erkennen und nutzen – Alternde Gesellschaften im internationalen Vergleich*, Berlin: BMFSFJ.

BMFSFJ [Bundesministerium für Familie, Senioren, Frauen und Jugend] (2010): *Sechster Bericht zur Lage der älteren Generation. Altersbilder in der Gesellschaft*, Drucksache 17/3815, Berlin: BMFSFJ.

BMFSFJ [Bundesministerium für Familie, Senioren, Frauen und Jugend] (2012): *Achter Familienbericht: Zeit für Familie. Familienzeitpolitik als Chance einer nachhaltigen Familienpolitik*, Berlin: BMFSFJ.

BMFSFJ [Bundesministerium für Familie, Senioren, Frauen und Jugend] (2016): *Siebter Altenbericht. Sorge und Mitverantwortung in der Kommune – Aufbau und Sicherung zukunftsfähiger Gemeinschaften*, Drucksache 18/10210, Berlin: BMFSFJ.

Bobbio, Norbert (2006): *Vom Alter – De senectute*, Berlin: Klaus Wagenbach.

Bode, Ingo/Wilke, Felix (2014): *Private Vorsorge als Illusion. Rationalitätsprobleme des neuen deutschen Rentenmodells*, Frankfurt/New York: Campus.

Bosbach, Gerd (2004): »Demografische Entwicklung – nicht dramatisieren!« In: *Gewerkschaftliche Monatshefte* 55, S. 96–103.

Born, Claudia/Krüger, Helga (Hg.) (2001): *Individualisierung und Verflechtung: Geschlecht und Generation im deutschen Lebenslaufregime*, Weinheim: Juventa.

Borscheid, Peter (1987): *Geschichte des Alters. 16.–18. Jahrhundert*, Münster: F. Coppenrath.

Bourdieu, Pierre (1987): *Sozialer Sinn. Kritik der theoretischen Vernunft*, Frankfurt a. M.: Suhrkamp.

Bourdieu, Pierre (1992): *Die verborgenen Mechanismen der Macht*, Hamburg: VSA.

Bourdieu, Pierre (1999): *Die feinen Unterschiede. Kritik der gesellschaftlichen Urteilskraft*, Frankfurt a. M.: Suhrkamp.

Bowling, Anne/See-Tai, Sharon/Ebrahim, Shah/Gabriel, Zahava/Solanki Priyha (2005): »Attributes of age-identity«. In: *Ageing and Society* 25, S. 479–500.

Brauer, Kai (2010): »Ageism: Fakt oder Fiktion?« In: Kai Brauer/Wolfgang Clemens (Hg.), *Zu alt? ›Ageism‹ und Altersdiskriminierung auf Arbeitsmärkten*, Wiesbaden: VS, S. 21–60.

Braun, Bernard (2011): »Demographischer Wandel: Weder apokalyptisch oder unentrinnbar noch ungestaltbar«. In: *Jahrbuch für kritische Medizin und Gesundheitswissenschaften*, S. 75–104.

Brecht, Bertolt (1967): »Die unwürdige Greisin«, in: Bertolt Brecht: *Gesammelte Werke in 20 Bänden, Band 1*, Frankfurt a. M.: Suhrkamp, S. 315–320.

Bröckling, Ulrich (2004): »Prävention«, In: Ulrich Bröckling/Susanne Krasmann/Thomas Lemke (Hg.), *Glossar der Gegenwart*, Frankfurt a. M.: Suhrkamp, S. 210–215.

Bröckling, Ulrich (2007): *Das unternehmerische Selbst. Soziologie einer Subjektivierungsform*, Frankfurt a. M.: Suhrkamp.

Brosig, Magnus (2019): *Der Wert guter Renten*, Bremen: Arbeitnehmerkammer Bremen.

Brütt, Christian (2011): *Workfare als Mindestsicherung. Von der Sozialhilfe zu Hartz IV – deutsche Sozialpolitik von 1962 bis 2005*, Bielefeld: transcript.

Bryant, Thomas (2011): »Alterungsangst und Todesgefahr – der deutsche Demografiediskurs (1911–2011)«. In: *Aus Politik und Zeitgeschichte* 10-11, S. 40–46.

Burgdörfer, Friedrich (1932): *Volk ohne Jugend. Geburtenschwund und Überalterung des deutschen Volkskörpers*, Heidelberg/Berlin: Kurt Vowinckel .

Bury, Mike (1995): »Ageing, Gender and Sociological Theory«. In: Sara Arber/Jay Ginn (Hg.), *Connecting Gender and Ageing*, Buckingham/Philadelphia: Open University Press, S. 15–29.

Butler, Judith (1991): *Das Unbehagen der Geschlechter*, Frankfurt a. M.: Suhrkamp.

Butler, Judith (1997): *Körper von Gewicht*, Frankfurt a. M.: Suhrkamp.

Butler, Judith (2009): *Die Macht der Geschlechternormen*, Frankfurt a. M.: Suhrkamp.

Butler, Robert N. (1975): *Why survive? Being old in America*, New York et al.: Harper & Row.

Butler, Robert N./Gleason, Herbert P. (1985): *Productive Aging. Enhancing Vitality in Later Life*, New York: Springer.

Butterwegge, Christoph/Bosbach, Gerd/Birkwald, Matthias W. (Hg.) (2012): *Armut im Alter*, Frankfurt/New York: Campus.

Butterwegge, Christoph (2006): »Demographie als Ideologie?« In: Peter A. Berger/Heike Kahlert (Hg.), *Der demographische Wandel*, Frankfurt/New York: Campus, S. 53–80.

Bytheway, Bill (1995): *Ageism*, Buckinham/Philadelphia: Open University Press.

Bytheway, Bill (2005): »Ageism«. In: Malcom L. Johnson (Hg.), *The Cambridge Handbook of Age and Ageing*, Cambridge: Cambridge University Press, S. 338–345.

Bytheway, Bill (2011): *Unmasking Age. The significance of age for social research*, Bristol: The Policy Press.

Calasanti, Toni (2005): »Ageism, Gravity, and Gender. Experiences of Aging Bodies«. In: *Generations* 29, S. 8–12.

Calasanti, Toni (2009): »Theorizing Feminist Gerontology, Sexuality, and Beyond: An Intersectional Approach«, In: Vern L. Bengtson/Merril Silverstein/Norella M. Putney/Daphne Gans (Hg.), *Handbook of Theories of Aging*, New York: Springer, S. 471–485.

Calasanti, Toni/Slevin, Kathleen F. (2001): *Gender, Social Inequalities, and Aging*, Walnut Creek et al.: AltaMira Press.

Calasanti, Toni/Slevin, Kathleen F./King, Neal (2006): »Ageism and Feminism: From ›Et Cetera‹ to Center«. In: *NWSA Journal* 18, S. 13–30.

Cicero (1998): *Cato maior de senectute, Cato der Ältere über das Alter*, Stuttgart: Reclam.

Clarke, Laura Hurd/Griffin, Meridith (2007): »The body natural and the body unnatural: Beauty work and aging«. In: *Journal of Aging Studies* 21, S. 187–201.

Clemens, Wolfgang (1997): *Frauen zwischen Arbeit und Rente. Lebenslagen in späterer Erwerbstätigkeit und frühem Ruhestand*, Opladen: Westdeutscher Verlag.

Clement, Grace (1996): *Care, Autonomy, and Justice. Feminism and the Ethic of Care*, Colorado/Oxford: Westview Press.

Cole, Thomas R. (1984): »Age, Meaning, and Well-Being: Musings of a Cultural Historian«. In: *International Journal of Aging and Human Development* 19, S. 329–336.

Cole, Thomas R. (1993): »Preface«. In: Thomas Cole/Andrew Achenbaum/Patricia Jakobi/Robert Kastenbaum (Hg.), *Voices and visions of aging*, New York: Springer, S. vii–xii.

Cole, Thomas R. (1997): *The Journey of Life. A Cultural History of Aging in America*, Cambridge: Cambridge University Press.

Coole, Diana/Frost, Samantha (Hg.) (2010): *New Materialisms. Ontology, Agency, and Politics*, Durham: Duke University.

Council of the European Union (2010): *Council conclusions on active ageing*. The Council of the European Union. In: URL: www.consi lium.europa.eu/uedocs/cms_data/docs/pressdata/en/lsa/114968. pdf [gesehen am 15.07.2012].

Cowgill, Donald O./Holmes, Lowell D. (Hg.) (1972): *Aging and modernization*, New York: Appleton-Century-Crofts.

Cruikshank, Margaret (2003): *Learning to Be Old. Gender, Culture, and Aging*, Lanham et al.: Rowman & Littlefield.

Cruikshank, Margaret (2008): »Aging and identity politics«. In: *Journal of Aging Studies* 22, S. 147–151.

Cuddy, Amy J.C/Norton, Michael I./Fiske, Susan T. (2005): »This Old Stereotype: The Pervasiveness and Persistence of the Elderly Stereotype«. In: *Journal of Social Issues* 61, S. 267–285.

Cumming, Elaine/Henry, William (1961): *Growing old. The process of disengagement*, New York: Basic Books.

Dallinger, Ursula/Schroeter, Klaus R. (2002): »Theoretische Alter(n)-soziologie – Dämmertal oder Griff in die Wühlkiste der allgemeinen soziologischen Theorie?« In: Ursula Dallinger/Klaus R. Schroeter (Hg.), *Theoretische Beiträge zur Alternssoziologie*, Opladen: Leske + Budrich, S. 7–34.

Dannefer, Dale (2003): »Cumulative advantage/disadvantage and the life course«. in: *Journal of Gerontology: Social Sciences* 58, S. 327–337.

Dannefer, Dale (2006): »Reciprocal Co-Optation: The Relationship of Critical Theory and Social Gerontology«. In: Jan Baars/Dale Dannefer/Chris Phillipson/Alan Walker (Hg.), *Aging, Globalization, and Inequality, Amityville*, NY: Baywood, S. 103–120.

Dannefer, Dale/Kelley-Moore, Jessica A. (2009): »Theorizing the Life Course: New Twists in the Paths«. In: Vern L. Bengtson/Daphne Gans/Norella M. Putney/Merril Silverstein (Hg), *Handbook of Theories of Aging*, New York: Springer, S. 389–411.

Denninger, Tina (2015): *Blicke auf Schönheit und Alter. Von Körperbildern alternder Menschen*, Wiesbaden: VS Springer.

Denninger, Tina/van Dyk, Silke/Lessenich, Stephan/Richter, Anna (2014): *Leben im Ruhestand. Zur Neuverhandlung des Alters in der Aktivgesellschaft*, Bielefeld: transcript.

Derrida, Jacques (1986): ›*Positionen*‹. *Gespräche mit Henri Ronse/Julia Kristeva/Jean-Louis Houdebine/Guy Scarpetta,* Wien: Passagen.

Derrida, Jacques (1990): »Die différance«. In: Peter Engelmann (Hg.), *Postmoderne und Dekonstruktion,* Stuttgart: Reclam, S. 76–113.

Derrida, Jacques (2001): *Limited Inc.* Hg. von Peter Engelmann, Wien: Passagen.

Deutscher Bundestag (2002): *Schlussbericht der Enquête-Kommission ›Demographischer Wandel – Herausforderungen unserer älter werdenden Gesellschaft an den Einzelnen und die Politik*‹, Drucksache 14/8800, Berlin: Deutscher Bundestag.

Dieck, Margarete/Naegele, Gerhard (1993): »›Neue Alte‹ und alte soziale Ungleichheiten – vernachlässigte Dimensionen in der Diskussion des Altersstrukturwandels«. In: Gerhard Naegele/Hans Peter Tews (Hg.), *Lebenslagen im Strukturwandel des Alters,* Opladen: Westdeutscher Verlag, S. 43–60.

Donicht-Fluck, Brigitte (1994): *Bilder des Alters in den USA im 20. Jahrhundert und ihr Einfluß auf die amerikanische Altenbildung und Alten-(Sozial)politik,* Berlin: DZA.

Drygala, Anke/Günter, Andrea (2010): *Paradigma Geschlechterdifferenz,* Sulzbach/Taunus: Ulrike Helmer.

van Dyk, Silke (2007): »Kompetent, aktiv, produktiv? Die Entdeckung der Alten in der Aktivgesellschaft«. In: *Prokla* 36, S. 93–112.

van Dyk, Silke (2009a): »Das Alter: adressiert, aktiviert, diskriminiert«. In: *Berliner Journal für Soziologie* 19, S. 601–625.

van Dyk, Silke (2009b): »›Junge Alte‹ im Spannungsfeld von liberaler Aktivierung, Ageism und Anti-Ageing-Strategien«. In: Silke van Dyk/Stephan Lessenich (Hg.), *Die jungen Alten. Analysen einer neuen Sozialfigur,* Frankfurt/New York: Campus, S. 316–339.

van Dyk, Silke/Graefe, Stefanie (2010): »Fit ohne Ende – gesund ins Grab? Kritische Anmerkungen zur Trias Alter, Gesundheit, Prävention«. In: *Jahrbuch für kritische Medizin* 46, S. 96–121.

van Dyk, Silke/Stephan Lessenich (2009a): *Die jungen Alten. Analysen einer neuen Sozialfigur,* Frankfurt/New York: Campus.

van Dyk, Silke/Stephan Lessenich (2009b): »Ambivalenzen der (De-) Aktivierung: Altwerden im flexiblen Kapitalismus«. In: *WSI-Mitteilungen* 62, S. 540–546.

van Dyk, Silke (2015a): »The decline of ›late freedom‹? Work, retirement and activation«. In: Simone Scherger (Hg.), *Paid Work beyond Pension Age. Comparative Perspectives*, Houndmills: Palgrave Macmillan, S. 278–297.

van Dyk, Silke (2015b): »Vom Leben in der Zeit. Theoretische Perspektiven auf die Analyse von Lebensalter und die gesellschaftliche Norm der Alterslosigkeit«. In: *Zeitschrift für theoretische Soziologie* 4 (2), S. 208–235.

van Dyk, Silke (2020a): »Die Demografisierung der Demokratie. Literaturessay zu »Seniorendemokratie. Die Überalterung der Gesellschaft und ihre Folgen für die Politik« von Emanuel Richter«. In: *Soziopolis. Gesellschaft beobachten*, URL: https://soziopolis.de/lesen/buecher/artikel/die-demografisierung-der-demokratie/ [gesehen am 25. Juni 2020].

van Dyk, Silke (2020b): »Ambiguität der Gerechtigkeit. Mehrdeutigkeit, Hegemonie und die soziale Frage im Gegenwartskapitalismus«. In: Verena Krieger (Hg.), *Ambige Verhältnisse. Uneindeutigkeit in Kunst, Politik und Alltag*, Bielefeld: transcript, i. E.

van Dyk, Silke/Graefe, Stefanie/Haubner, Tine (2020): »Das Überleben der ›Anderen‹: Alter in der Pandemie«. In: *Blätter für deutsche und internationale Politik*, 66 (5), 2020, S. 37–40.

Ebbinghaus, Bernhard (2006): *Reforming Early Retirement in Europe, Japan and the USA*, Oxford: Oxford University Press.

Ebert, Andreas/Kistler, Ernst (2007): »Demographie und Dema-gogie. Mythen und Fakten zur ›demographischen Katastrophe‹«. In: *Prokla* 146, S. 39–60.

Ehmer, Josef (1990): *Sozialgeschichte des Alters*, Frankfurt a. M.: Suhrkamp.

Ehmer, Josef (2012): »Altersstrukturen im historischen Wandel«. In: Brigitte Röder/Willemijn de Jong/Kurt W. Alt (Hg.), *Alter(n) anders denken*, Köln: Böhlau, S. 403–436.

Elder, Glen (1975): »Age differentiation and the life course«, in: *Annual Review of Sociology* 1, S. 165–190.

Elias, Norbert (1969 [1939]): Über den Prozess der Zivilisation. *Soziogenetische und psychogenetische Untersuchungen*, Frankfurt a. M.: Suhrkamp.

Erlinghagen, Marcel/Hank, Carsten (Hg.): *Produktives Alter und informelle Arbeit in modernen Gesellschaften. Theoretische und empirische Befunde*, Wiesbaden: VS.

Esping-Andersen, Gøsta (1990): *The Three Worlds of Welfare Capitalism*, Cambridge: Polity Press.

Estes, Caroll L. (1979): *The Aging Enterprise*, San Francisco: Jossey-Bass.

Estes, Caroll L. (1986): »The Politics of Ageing in America«. In: *Ageing and Society* 6, S. 121–134.

Estes, Caroll L./Biggs, Simon/Phillipson, Chris (2003): *Social Theory, Social Policy and Ageing*, Berkshire: Open University Press.

Estes, Carroll L./Mahakian, Jane L. (2001): »The Political Economy of Productive Aging«. In: Nancy Morrow-Howell/James Hinterlong/Michael Sherraden (Hg.), *Productive Aging*, Baltimore/London: The Johns Hopkins University Press, S. 197–213.

Estes, Carroll L./Phillipson, Chris (2007): »Critical Gerontology«. In: James E. Birren (Hg.), *Encyclopedia of Gerontology*, Amsterdam: Elsevier, S. 330–337.

Estes, Carroll L./Swan, James H./Gerard, Lenore E. (1982): »Dominant and Competing Paradigms in Gerontology: Toward a Political Economy of Ageing«. In: *Ageing and Society* 2, S. 151–164.

Estes, Caroll L. and Associates (2001): *Social Policy & Aging. A Critical Perspective*, Thousand Oaks et al.: Sage.

Etzemüller, Thomas (2007): *Ein ewigwährender Untergang. Der apokalyptische Bevölkerungsdiskurs im 20. Jahrhundert*, Bielefeld: transcript.

European Commission (1999): *Towards a Europe for all Ages. Promoting Prosperity and Intergenerational Solidarity. COM (1999) 221 final*, Brussels: Commission of the European Communities.

Fachinger, Uwe/Rothgang, Heinz (1997): »Zerstört der demographische Wandel die Grundlagen der sozialen Sicherung?« In: *Zeitschrift für Sozialreform* 43, S. 814–838.

FDP (1987): *Wahlplattform zur Bundestagswahl 1987 der Freien Demokratischen Partei. »Zukunft durch Leistung«*, Bonn: FDP.

Featherstone, Mike/Hepworth, Mike (1993): »Images of Aging«. In: John Bond/Peter Coleman/Sheila Peace (Hg.), *Ageing in Society*, London et al.: Sage, S. 304–323.

Featherstone, Mike/Hepworth, Mike (2005): »Images of Ageing: Cultural Representations of Later Life«. In: Malcom L. Johnson (Hg.), *The Cambridge Handbook of Age and Ageing*, Cambridge: Cambridge University Press, S. 354–362.

Featherstone, Mike/Hepworth, Mike (2009): »Die Maske des Alterns und der postmoderne Lebenslauf«. In: Silke van Dyk/Stephan Lessenich (Hg.), *Die jungen Alten*, Frankfurt/New York: Campus, S. 85–105.

Feder Kittay, Eva (2001): »A Feminist Public Ethic of Care Meets to New Communitarian Family Policy«. In: *Ethics*, S. 523–547.

Federici, Silvia (2012): *Aufstand aus der Küche. Reproduktionsarbeit im globalen Kapitalismus und die unvollendete feministische Revolution*, Münster: edition assemblage.

Filipp, Sigrun-Heide/Mayer, Anne-Kathrin (2005): »Zur Bedeutung von Altersstereotypen«. In: *Aus Politik und Zeitgeschichte* 49-50, S. 25–31.

Foucault, Michel (1978): *Dispositive der Macht. Über Sexualität, Wissen und Wahrheit*, Berlin: Merve.

Foucault, Michel (1994): *Überwachen und Strafen. Die Geburt des Gefängnisses*, Frankfurt a. M.: Suhrkamp.

Foucault, Michel (1996): *Diskurs und Wahrheit. Die Problematisierung der Parrhesia*, (Transkript von sechs Vorträgen vom Oktober und November 1983 an der Universität von Berkely/CA), Berlin: Merve.

Foucault, Michel (2004): *Geschichte der Gouvernementalität II: Die Geburt der Biopolitik, Vorlesung am Collège de France 1978-1979*, Frankfurt a. M.: Suhrkamp.

Friedan, Betty (1993): *The Fountain of Age*, New York: Touchstone.

Fröhler, Norbert/Fehmel, Thilo/Klammer, Ute (2013): *Flexibel in die Rente. Gesetzliche, tarifliche und betriebliche Bestimmungen*, Berlin: edition sigma.

Gardner, John (1894): *Longevity. The Means of Prolonging Life after Middle Age*, London: Henry J. King.

Garfinkel, Harold (1984 [1967]): *Studies in Ethnomethodology*, Malden/MA: Polity Press/Blackwell.

Gilleard, Chris (1996): »Consumption and Identity in Later Life: Toward a Cultural Gerontology«. In: *Ageing and Society* 16, S. 489–498.

Gilleard, Chris/Higgs, Paul (2000): *Cultures of Ageing. Self, citizen and the body*, Harlow et al.: Prentice Hall.

Gilleard, Chris und Higgs, Paul (2002): »The third age: class, cohort or generation?« In: *Ageing and Society* 22, S. 369–382.

Ginn, Jay/Arber, Sara (1995): »›Only Connect‹: Gender Relations and Ageing«. In: Sara Arber/Jay Ginn (Hg.), *Connecting Gender and Ageing*, Buckingham/Philadelphia: Open University Press, S. 1–14.

Göckenjan, Gerd (2000a): *Das Alter würdigen. Altersbilder und Bedeutungswandel des Alters*, Frankfurt a. M.: Suhrkamp.

Göckenjan, Gerd (2000b): »Altersbilder und die Regulierung der Generationenbeziehungen«. In: Josef Ehmer/Peter Gutschner (Hg.), *Das Alter im Spiel der Generationen*, Wien et al.: Böhlau, S. 93–108.

Göckenjan, Gerd (2002): »Die Bedeutung der Geschichte des Alters in der Soziologie des Alters«. In: Gertrud M. Backes/Wolfgang Clemens (Hg.), *Die Zukunft der Soziologie des Alter(n)s*, Opladen: Leske + Budrich, S. 47–74.

Goerres, Achim (2009): »Age-based self-interest, intergenerational solidarity and the welfare state: a comparative analysis of older people's attitudes towards public child care in 12 OECD countries«. In: *European Journal of Political Research*, 49 (6), S. 818–851.

Goerres, Achim (2010): »Das Wahlverhalten älterer Menschen Forschungsergebnisse aus etablierten Demokratien«. In: *Zeitschrift für Parlamentsfragen*, 41 (1), S. 102–120.

Gordon, Colin (1991): »Governmental Rationality: an introduction«. In: Graham Burchell/Gordon Colin/Peter Miller (Hg.), *The Foucault Effect. Studies in Governmentality*, Chicago: University of Chicago Press, S. 1–52.

Götz, Irene (2019): »Altersarmut – Ein lange vernachlässigtes Problem«. In: Dies. (Hg.), *Kein Ruhestand. Wie Frauen mit Altersarmut umgehen*, München: Antje Kunstmann, S. 9–92.

Graefe, Stefanie (2010a): »Altersidentität. Zum theoretischen und empirischen Gebrauchswert einer prekären Kategorie«. In: *Mittelweg* 36, Okt./Nov., S. 34–51.

Graefe, Stefanie (2010b): »Effekt, Stützpunkt, Überzähliges? Subjektivität zwischen hegemonialer Rationalität und Eigensinn«. In: Johannes Angermüller/Silke van Dyk (Hg.), *Diskursanalyse meets Gouvernementalitätsforschung*, Frankfurt/New York: Campus, S. 289–313.

Graefe, Stefanie/van Dyk, Silke/Lessenich, Stephan (2011): »Altsein ist später. Alter(n)snormen und Selbstkonzepte in der zweiten Lebenshälfte«. In: *Zeitschrift für Gerontologie und Geriatrie* 44, S. 299–305.

Graefe, Stefanie/Lessenich, Stephan (2012): »Rechtfertigungsordnungen des Alter(n)s«. In: *Soziale Welt* 63, S. 299–315.

Graefe, Stefanie/Haubner, Tine/van Dyk, Silke (2020): »Was schulden uns die Alten? Isolierung, Responsibilisierung und (De-)Aktivierung in der Corona-Krise«. In: *Leviathan*, 48 (3), 407–432.

Grebe, Heinrich/Welf-Gerrit, Otto/Zimmermann, Harm-Peer (2013): »The Journey into the Land of Forgetfulness. Metaphors of Aging and Dementia in Media«. In: Ulla Kriebernegg/Roberta Maierhofer (Hg.), *The Ages of Life*, Bielefeld: transcript, S. 89–106.

Gronemeyer, Reimer (1991): *Die Entfernung vom Wolfsrudel. Über den drohenden Krieg der Jungen gegen die Alten*, Frankfurt a. M.: Fischer.

Grosz, Elisabeth (1999): »Becoming...an introduction«. In: Dies. (Hg.), *Becomings. Explorations in Time, Memory, and Futures*, Ithaka/London: Cornell University Press, S. 2–11.

Gubrium, Jaber (1993): »Voice and context in a new gerontology«. In: Thomas Cole/Andrew Achenbaum/Patricia Jakobi/Robert Kastenbaum (Hg.), *Voices and visions of aging*, New York: Springer, S. 46–63.

Gubrium, Jaber F./Holstein, James A. (2006): »Biographical Work and the Future of the Ageing Self«. In: John A. Vincent/Chris Phillipson/Murna Downs (Hg.), *The Futures of Old Age*, London et al.: Sage, S. 117–124.

Gubrium, Jaber F./Wallace, J. Brandon (1990): »Who Theorises Age?« In: *Ageing and Society* 10, S. 131–149.

Gugutzer, Robert (2004): *Soziologie des Körpers*, Bielefeld: transcript.

Guillemard Anne (1982): »Old age, retirement, and the social class structure«. In: Tamara K. Hareven/Kathleen Adams (Hg.), *Aging and the life course transition: An interdisciplinary perspective,* New York: Guildford Press, S. 221-243.

Gullette, Margaret M. (2004): *Aged by Culture,* Chicago/London: The University of Chicago Press.

Haller, Miriam (2010): »Aging Studies and Cultural Studies«. In: Ines Maria Breinbauer/Dieter Ferring/Miriam Haller/Hartmut Meyer-Wolters (Hg.), *Transdisziplinäre Alter(n)sstudien,* Würzburg: Königshausen & Neumann, S. 229–254.

Hank, Karsten/Erlinghagen, Marcel (2008): »Produktives Altern und informelle Arbeit«. In: Marcel Erlinghagen/Karsten Hank (Hg.), *Produktives Altern und informelle Arbeit in modernen Gesellschaften. Theoretische Perspektiven und empirische Befunde,* Wiesbaden: VS, S. 9–24.

Haraway, Donna (1995): *Die Neuerfindung der Natur. Primaten, Cyborgs und Frauen,* Frankfurt/New York: Campus.

Hartz, Peter et al. (2002): *Moderne Dienstleistungen am Arbeitsmarkt. Vorschläge der Kommission zum Abbau der Arbeitslosigkeit und zur Umstrukturierung der Bundesanstalt für Arbeit,* Berlin.

Havighurst, Robert J./Neugarten, Bernice L./Tobin, Sheldon S. (1968): Disengagement and Patterns of Aging. In: Bernice Neugarten (Hg.), *Middle Age and Aging,* Chicago/London: The University of Chicago Press, S. 161–177.

Hayflick, Leonard (2001): »Anti-Aging Medicine: Hype, Hope, and Reality«. In: *Generations* 25, S. 20–26.

Hazan, Haim (2011): »Gerontological autism: terms of accountability in the cultural study of the category of the Fourth Age«. In: *Ageing and Society* 31, S. 1125–1140.

Hentschel, Susanne (2017): »Linker Feminismus gegen rechte Bevölkerungspolitik«.In: *Zeitschrift Luxemburg,* 08/2017, URL: https://www.zeitschrift-luxemburg.de/linker-feminismus-gegen-rechte-bevoelkerungspolitik/ [gesehen am 3. Mai 2020].

Hockey, Jenny/James, Allison (1993): *Growing Up and Growing Old. Aging and Dependency in the Life Course,* London et al.: Sage.

Hockey, Jenny/James, Allison (2003): *Social Identities across the life course*, Basingstoke/New York: Palgrave Macmillan.

Höpflinger, Francois (1999): »Soziale Gerontologie in der Schweiz«. In: Birgit Jansen/Fred Karl/Hartmut Radebold/Reinhare Schmitz-Scherzer (Hg.), *Soziale Gerontologie*, Weinheim/Basel: Juventa, S. 65–76.

Hohmeier, Jürgen (1978): »Alter als Stigma«. In: Jürgen Hohmeier/Hans-Joachim Pohl (Hg.), *Alter als Stigma oder Wie man alt gemacht wird*, Frankfurt a. M.: Suhrkamp, S. 10–30.

Hohmeier, Jürgen/Pohl, Hans-Joachim (Hg.) (1978): *Alter als Stigma oder Wie man alt gemacht wird*, Frankfurt a. M.: Suhrkamp.

Holstein, James A./Gubrium, Jaber F. (2000): *Constructing the life course*, New York: General Hall, Inc.

Holstein, James A./Gubrium, Jaber F. (2007): »Constructionist Perspectives on the Life Course«. In: *Sociology Compass*, S. 1–18.

Holstein, Martha/Minkler, Meredith (2003): »Self, Society, and the ›New Gerontology‹«. In: *The Gerontologist* 43, S. 487–496.

Holstein, Martha B./Parks, Jennifer A./Waymack, Mark H. (2011): *Ethics, Aging and Society. The Critical Turn*, New York: Springer.

Hürtgen, Stefanie/Voswinkel, Stephan (2012): »Subjektivierung der Biographie. Lebensorientierungen und Anspruchshaltungen«. In: *Österreichische Zeitschrift für Soziologie* 37, S. 347–365.

Hüther, Michael/Naegele, Gerd (2013): »Demografiepolitik und Demografiestrategie – Was notwendig ist«, in: Michael Hüther/Gerd Naegele (Hg.), *Demografiepolitik*, Wiesbaden: Springer VS, S. 365–378.

Hummel, Diana (2000): *Der Bevölkerungsdiskurs. Demographisches Wissen und politische Macht*, Opladen: Leske + Budrich.

Hummel, Diana (2006): »Demographisierung gesellschaftlicher Probleme? Der Bevölkerungsdiskurs aus feministischer Sicht«. In: Peter A. Berger/Heike Kahlert (Hg.), Der demographische Wandel, Frankfurt/New York: Campus, S. 27–52.

ILO (2011): *Social security for social justice and a fair globalization*, Geneva: ILO.

Imhof, Arthur E. (1988): *Die Lebenszeit. Vom aufgeschobenen Tod und von der Kunst des Lebens*, München: C. H. Beck.

Infratest Sozialforschung (1991): *Die Älteren. Zur Lebenssituation der 55–70jährigen*, Bonn: Dietz.

Jansen, Andreas (2013): »Kulturelle Muster des Altersübergangs«. In: *Kölner Zeitschrift für Soziologie und Sozialpsychologie* 65, S. 223–251.

Jäger, Hans (1977): »Generationen der Geschichte. Überlegungen zu einer umstrittenen Konzeption«. In: *Geschichte und Gesellschaft* 3, S. 429–452.

Jameson, Frederick (1998): *The Cultural Turn. Selected Writings on the Postmodern, 1983-1998*, London: Verso.

Jessen, Jens (2020): »Zwischen Willkür und Freiheit«. In: *DIE ZEIT*, 29.04.2020, S. 41.

Jones, Julie/Pugh, Steve (2005): »Ageing Gay Men: Lessons from the Sociology of Embodiment«. In: *Men and Masculinities* 7, S. 248–260.

Jones, Rebecca L. (2006): »›Older people‹ talking as if they are not older people: Positioning theory as an explanation«. In: *Journal of Aging Studies* 20, S. 79–91.

Kammerer, Kerstin/Falk, Katrin/Heusinger, Josefine/Kümpers, Susanne (2012): »Selbstbestimmung bei Pflegebedürftigkeit«. In: *Zeitschrift für Gerontologie und Geriatrie* 45, S. 624–629.

Karl, Fred (1999): »Gerontologie und soziale Gerontologie in Deutschland«. In: Birgit Jansen/Fred Karl/Hartmut Radebold/Reinhard Schmitz-Scherzer (Hg.), *Soziale Gerontologie*, Weinheim/Basel: Beltz, S. 20–46.

Karl, Fred (2002): »Alternsoziologie und sozial- und verhaltenswissenschaftliche Gerontologie – gegenseitige Impulse«. In: Gertrud M. Backes/Wolfgang Clemens (Hg.), *Zukunft der Soziologie des Alter(n)s*, Opladen: Leske + Budrich, S. 293–306.

Katz, Stephen (1996): *Disciplining Old Age: The Formation of Gerontological Knowledge*, Charlottesville/London: University Press of Virginia.

Katz, Stephen (2000): »Critical Gerontology Discourse: Nomadic Thinking or Postmodern Sociology«. In: *Discourse of Sociological Practice* 3, S. 7–11.

Katz, Stephen (2003): »Critical Gerontological Theory: Intellectual Fieldwork and the Nomadic Life of Ideas«. In: Simon Biggs/Ariela Lowenstein/Jon Hendricks (Hg.), *The Need for Theory*, Amityville, New York: Baywood, S. 15–32.

Katz, Stephen (2005a): »Growing Older Without Aging? Postmodern Time and Senior Markets«. In: Stephen Katz (Hg.), *Cultural Aging*, Peterborough: Broadview Press, S. 188–201.

Katz, Stephen (2005b): »Busy Bodies: Activity, Aging, and the Management of Everyday Life«. In: Stephen Katz (Hg.), *Cultural Aging*, Peterborough: Broadview Press, S. 121–139.

Kaufman, Sharon R. (1986): *The Ageless Self. Sources of Meaning in Later Life*, Wisconsin: University of Wisconsin Press.

Kaufmann, Franz Xaver (2005): *Schrumpfende Gesellschaft. Vom Bevölkerungsrückgang und seinen Folgen*, Frankfurt a. M.: Suhrkamp.

Keddi, Barbara (2011): *Wie wir dieselben bleiben. Doing continuity als biopsychosoziale Praxis*, Bielefeld: transcript.

Kenyon, Gary M./Ruth, Jan-Eric/Mader, Wilhelm (1999): »Elements of a Narrative Gerontology«. In: Vern L. Bengtson/K. Warner Schaie (Hg.), *Handbook of Theories of Aging*, New York: Springer, S. 41–58.

Ketelhut, Klemens (2018): *»Mehr Kinder? Aber nur für Deutsche!« Die Familienpolitik der AfD*, Berlin: Heinrich-Böll-Stiftung/Gunda-Werner-Institut.

Keupp, Heiner (2015): »Alter ist auch nicht mehr das, was es einmal war!« In: Helga Dill/Heiner Keupp (Hg.), *Der Alterskraftunternehmer*, Bielefeld: transcript, S. 17–48.

King, Neal/Calasanti, Toni (2006): »Empowering the Old: Critical Gerontology and Anti-Aging in a Global Context«. In: Jan Baars/Dale Dannefer/Chris Phillipson/Alan Walker (Hg.), *Aging, Globalization, and Inequality*, Amityville, NY: Baywood, S. 139–157.

Kistler, Ernst/Trischler, Falko (2012): »Altersarmut und Methusalem-Lüge«. In: Christoph Butterwegge/Gerd Bosbach/Matthias W. Birkwald (Hg.), *Armut im Alter*, Frankfurt/New York: Campus, S. 163–174.

Kitschelt, Herbert/Lange, Peter/Marks, Gary/Stephens, John D. (Hg.) (1999): *Continuity and Change in Contemporary Capitalism*, Cambridge: Cambridge University Press.

Kiziltepe, Cansel/Schreiner, Ottmar (2011): »Arm im Alter. Warum wir eine solidarische Bürgerrente brauchen«. In: *Blätter für deutsche und internationale Politik* 10, S. 85–92.

Knapp, Gudrun-Axeli/Wetterer, Angelika (Hg.) (2003): *Achsen der Differenz. Gesellschaftstheorie und feministische Kritik II*, Münster: Westfälisches Dampfboot.

Knopf, Detlef/Schäuble, Gerhard/Veelken, Ludger (1999): »Früh beginnen. Perspektiven für ein produktives Altern«. In: Annette Niederfranke/Gerhard Naegele/Eckart Frahm (Hg.), *Funkkolleg Altern 2. Lebenslagen und Lebenswelten, soziale Sicherung und Altenpolitik*, Opladen: Westdeutscher Verlag, S. 97–156.

Kocyba, Hermann (2004): »Aktivierung«. In: Ulrich Bröckling/Susanne Krasmann/Thomas Lemke (Hg.), *Glossar der Gegenwart*, Frankfurt a. M.: Suhrkamp, S. 17–22.

Kohli, Martin (1981): »Zur Theorie der biographischen Selbst- und Fremdthematisierung«. In: Joachim Matthes (Hg.), *Lebenswelt und soziale Probleme*, Frankfurt a. M.: Campus, S. 502–520.

Kohli, Martin (1985): »Die Institutionalisierung des Lebenslaufs. Historische Befunde und theoretische Argumente«. In: *Kölner Zeitschrift für Soziologie und Sozialpsychologie* 37, S. 1–29.

Kohli, Martin (1987): »Altersgrenzen im Schnittpunkt von betrieblichen Interessen und individueller Lebensplanung: Das Beispiel des Vorruhestands«. In: *Soziale Welt* 38, S. 92–109.

Kohli, Martin (1989): »Moralökonomie und ›Generationenvertrag‹«. In: Max Haller/Hans-Joachim Hoffmann-Nowotny/Wolfgang Zapf (Hg.), *Kultur und Gesellschaft*, Frankfurt/New York: Campus, S. 532–555.

Kohli, Martin (1992): »Altern in soziologischer Perspektive«. In: Paul B. Baltes/Jürgen Mittelstraß (Hg.), *Zukunft des Alterns und gesellschaftliche Entwicklung*, Berlin/New York: Walter de Gruyter, S. 231–259.

Kohli, Martin (2003): »Der institutionalisierte Lebenslauf: ein Blick zurück und nach vorn«. In: Jutta Allmendinger (Hg.), *Entstaatlichung und soziale Sicherheit*, Opladen: Leske + Budrich, S. 525–545.

Kohli, Martin (2006): »Alt-Jung«. In: Stephan Lessenich/Frank Nullmeier (Hg.), *Deutschland – eine gespaltene Gesellschaft*, Frankfurt/New York: Campus, S. 115–135.

Kohli, Martin (2013): »Alter und Altern der Gesellschaft«. In: Steffen Mau/Nadine Schöneck (Hg.), *Handwörterbuch der Gesellschaft Deutschlands*, Wiesbaden: VS, S. 11–24.

Kommission Verlässlicher Generationenvertrag (2020): *Bericht der Kommission verlässlicher Generationenvertrag*, BMAS: Berlin.

Koos, Sebastian/Naumann, Elias (2019): *Vom Klimastreik zur Klimapolitik. Die gesellschaftliche Unterstützung der ›Fridays for Future‹-Bewegung und ihrer Ziele. Forschungsbericht*, Konstanz: Universität Konstanz.

von Kondratowitz, Hans-Joachim (1998): »Vom gesellschaftlich ›regulierten‹ über das ›unbestimmte‹ zum ›disponiblen‹ Alter«. In: Wolfgang Clemens/Gertrud M. Backes (Hg.), *Altern und Gesellschaft*, Opladen: Leske+Budrich, S. 61–82.

von Kondratowitz, Hans-Joachim (2002a): »Entwicklung und Perspektiven einer ›Cultural Gerontology‹«. In: Gertrud M. Backes/Wolfgang Clemens (Hg.), *Die Zukunft der Soziologie des Alter(n)s*, Opladen: Leske+Budrich, S. 279–292.

von Kondratowitz, Hans-Joachim (2002b): »Konjunkturen – Ambivalenzen – Kontingenzen: Diskursanalytische Erbschaften einer historisch-soziologischen Betrachtung des Alter(n)s«. In: Ursula Dallinger/Klaus R. Schroeter (Hg.), *Theoretische Beiträge zur Alternssoziologie*, Opladen: Leske+Budrich, S. 113–138.

von Kondratowitz, Hans-Joachim (2003): »Sozialgerontologie in Europa: Gemeinsame Entwicklungsmuster und unterschiedliche Perspektiven«. In: Fred Karl (Hg.), *Sozial- und verhaltenswissenschaftliche Gerontologie. Alter und Altern als gesellschaftliches Problem*, Weinheim/München: Juventa, S. 111–128.

von Kondratowitz, Hans-Joachim (2006): »Strategien der Lebensvergewisserung? Anti-Aging als Provokation für die Gerontologie«, in: *Informationsdienst für Altersfragen* 33, S. 2–3.

von Kondratowitz, Hans-Joachim (2007): »Diversity in alternden Gesellschaften«, In: Gertraude Krell/Barbara Riedmüller/Barbara

Sieben/Dagmar Vinz (Hg.), *Diversity Studies. Grundlagen und disziplinäre Ansätze*, Frankfurt/New York: Campus, S. 123–142.

Kornadt, Anna E./Rothermund, Klaus (2011): »Dimensionen und Deutungsmuster des Alterns. Vorstellungen vom Altern, Altsein und der Lebensgestaltung im Alter«. In: *Zeitschrift für Gerontologie und Geriatrie* 44, S. 291–298.

Krekula, Clary (2007): »The Intersection of Age and Gender. Reworking Gender Theory and Social Gerontology«. In: *Current Sociology* 55, S. 155–171.

Kriebernegg, Ulla/Maierhofer, Roberta (2013): »The Ages of Life. Living and Aging in Conflict?« In: Ulla Kriebernegg/Roberta Maierhofer (Hg.), *The Ages of Life*, Bielefeld: transcript, S. 9–17.

Kruse, Andreas (2005): »Selbstständigkeit, bewusst angenommene Abhängigkeit, Selbstverantwortung und Mitverantwortung als zentrale Kategorien einer ethischen Betrachtung des Alters«. In: *Zeitschrift für Gerontologie und Geriatrie*, S. 273–287.

Kunow, Rüdiger (2005): »›Ins Graue‹. Zur kulturellen Konstruktion von Altern und Alter«. In: Heike Hartung (Hg.), *Alter und Geschlecht*, Bielefeld: transcript, S. 21–43.

Künemund, Harald (2005): »Altersgrenzen aus der Sicht der Soziologie«. In: Volker Schumpelick/Bernhard Vogel (Hg.), *Alter als Last und Chance*, Freiburg: Herder-Verlag, S. 527–538.

Küpper, Thomas (2013): »Of Mimicry and Age. Fashion Ambivalences of the Young-Old«. In: Ulla Kriebernegg/Roberta Maierhofer (Hg.), *The Ages of Life. Aging and Living in Conflict?* Bielefeld: transcript, S. 133–143.

Lampert, Thomas/Kroll, Lars Eric/Dunkelberg, Annalena (2007): »Soziale Ungleichheit der Lebenserwartung in Deutschland«. In: *Aus Politik und Zeitgeschichte* 42, S. 11–18.

Lampert, Thomas/Hoebel, Jens/Kroll, Lars Eric (2019): »Soziale Unterschiede in der Mortalität und Lebenserwartung in Deutschland – Aktuelle Situation und Trends«. In: *Journal of Health Monitoring* 4 (1), S. 3–15.

Laslett, Peter (1995): *Das dritte Alter. Historische Soziologie des Alterns*, Weinheim/München: Juventa.

Laws, Glenda (1995): »Understanding Ageism: Lessons From Feminism and Postmodernism«. In: *The Gerontologist* 35, S. 112–118.

Leggewie, Claus (2006): »Eltern – Kinderlose«. In: Stephan Lessenich/Frank Nullmeier (Hg.), *Deutschland – eine gespaltene Gesellschaft*, Frankfurt/New York: Campus, S. 158–174.

Lehr, Ursula (1987): »Kompetenz im Alter – Wunsch oder Wirklichkeit?« In: *KDA-Presse- und Informationsdienst* 7+8, S. 21–26.

Lehr, Ursula (2003): Die Jugend von gestern – und die Senioren von morgen. In: *Aus Politik und Zeitgeschichte* 20, S. 3–5.

Leisering, Lutz (2004): »Paradigmen sozialer Gerechtigkeit«. In: Stefan Liebig/Holger Lengfeld/Steffen Mau (Hg.), *Verteilungsprobleme und Gerechtigkeit in modernen Gesellschaften*, Frankfurt/New York: Campus, S. 29–68.

Lemke, Thomas (1997): *Eine Kritik der politischen Vernunft. Foucaults Analyse der modernen Gouvernementalität*, Berlin/Hamburg: Argument Verlag.

Lenz, Karl/Rudolph, Martin/Sickendiek, Ursel (1999): Alter und Altern aus sozialgerontologischer Sicht. In: Karl Lenz/Martin Rudolph/Ursel Sickendiek (Hg.), *Die alternde Gesellschaft. Problemfelder gesellschaftlichen Umgangs mit Altern und Alter*, Weinheim/München: Juventa, S. 7–96.

Lessenich, Stephan (2008): *Die Neuerfindung des Sozialen*, Bielefeld: transcript.

Lessenich, Stephan (2012): »Der Sozialstaat als Erziehungsagentur«. In: *Aus Politik und Zeitgeschichte* 62, S. 55–61.

Liang, Jiayin/Luo, Baozhen (2012): »Toward a discourse shift in social gerontology: From successful aging to harmonious aging«. In: *Journal of Aging Studies* 26, S. 327–334.

Lindemann, Gesa (2004): »Reflexive Anthropologie und die Analyse des Grenzregimes«. In: Ulrich Bröckling et al. (Hg.), *Disziplinen des Lebens. Zwischen Anthropologie, Literatur und Politik*, Tübingen: Narr, S. 23–34.

Longino, Charles F./Powell, Jason (2004): »Embodiment and the Study of Aging«. In: Vincente Berdayes/Luigi Esposito/John W. Murphy

(Hg.), *The Body in Human Inquirey Cresskill,* New Jersey: Hampton Press, S. 199–215.

Luhmann, Niklas (1984): *Soziale Systeme. Grundriß einer allgemeinen Theorie,* Frankfurt a. M.: Suhrkamp.

Macnicol, John (2004): »Analysing Age Discrimination«. In: Britt-Marie Öberg/Anna-Liisa Närvänen/Elisabet Näsman/Erik Olsson (Hg.), *Changing Worlds and the Ageing Subject,* Aldershot: Ashgate, S. 23–40.

Mahr, Christiane (2016): *»Alter« und »Altern«. Eine begriffliche Klärung mit Blick auf die gegenwärtige wissenschaftliche Debatte,* Bielefeld: transcript.

Mannheim, Karl (1964 [1928]): *Wissenssoziologie. Auswahl aus dem Werk* (hg. von Kurt H. Wolff), Berlin/Neuwied: Luchterhand.

Marshall, Victor W./Clarke, Philippa J. (2007): »Theories of Aging: Social«. In: James E. Birren (Hg.), *Encyclopedia of Gerontology,* Amsterdam: Elsevier, S. 621–630.

Martenstein, Harald (2020): »Totalitarismus der Fürsorglichkeit«. In: *Tagesspiegel,* URL: https://www.tagesspiegel.de/politik/martenstein-ueber-kontaktsperre-totalitarismus-der-fuersorglichkeit/25715664.html [gesehen am 22.05.2020].

Martinson, Marty/Halpern, Jodi (2011): »Ethical implications of the promotion of elder volunteerism: A critical perspective«. In: *Journal of Aging Studies* 25, S. 427–435.

May, Christina (2010): *Generation als Argument. Konflikte um die Rentenversicherung in Deutschland, Großbritannien und den Niederlanden,* Frankfurt/New York: Campus.

Mayer, Karl Ulrich (1996): »Lebensverläufe und gesellschaftlicher Wandel«. In: Johann Behrens/Wolfgang Voges (Hg.), *Kritische Übergänge. Statuspassagen und sozialpolitische Institutionalisierung,* Frankfurt a. M.: Campus, S. 43–72.

Mayer, Karl-Ulrich/Baltes, Paul B. (Hg.) (1996): *Die Berliner Altersstudie,* Berlin: Akademie-Verlag.

Mayer, Karl Ulrich/Blossfeld, Hans-Peter (1990): »Die gesellschaftliche Konstruktion sozialer Ungleichheit im Lebensverlauf«. In: Peter

A. Berger/Stefan Hradil (Hg.), *Lebenslagen, Lebensläufe, Lebensstile*, Göttingen: Schwartz, S. 297–318.

McConatha, Jasmin T/.Schnell, Frauke/Volkwein, Karin/Riley, Lori/ Leach, Elizabeth (2003): »Attitudes toward aging; a comparative analysis of young adults from the United States and Germany«. In: *International Journal of Aging and Human Development* 57, S. 203–215.

McMullin, Julie (1995): »Theorizing Age and Gender Relations«. In: Sara Arber/Jay Ginn (Hg.), *Connecting Gender and Ageing*, Buckingham/Philadelphia: Open University Press, S. 30–41.

McMullin, Julie Ann (2000): »Diversity and the State of Sociological Aging Theory«. In: *The Gerontologist* 40, S. 517–530.

MDS (2011): *Dritter Bericht des MDS über Qualität in der ambulanten und stationären Pflege*, Essen: MDS.

Mergenthaler, Andreas (2018): »Gesundheitliche Ungleichheiten in der zweiten Lebenshälfte«. In: Klaus R. Schroeter/Harald Künemund/ Claudia Vogel (Hg.), *Handbuch Soziologie des Alter(n)s*, Wiesbaden: Springer, S. 1–19, URL: https://doi.org/10.1007/978-3-658-09630-4_18-1 [gesehen am 5. Juni 2020].

Messerschmidt, Reinhard (2017): »Demografisierung des Gesellschaftlichen. Eine diskursanalytische Bestandsaufnahme«. In: Julia Hamann/Jens Maeße/Vincent Gengnagel/Alexander Hirschfeld (Hg.), *Macht in Wissenschaft und Gesellschaft*, Wiesbaden: Springer VS, S. 319–357.

Minkler, Meredith/Cole, Thomas R. (1991): »Political and moral economy: Not such strange bed fellows«. In: Meredith Minkler/Caroll L. Estes (Hg), *Critical perspectives on aging: The political and moral economy of growing old*, Amityville, NY: Baywood, S. 37–49.

Minkler, Meredith/Holstein, Martha (2008): »From civil rights to … civic engagement? Concerns of two older critical gerontologists about a ›new social movement‹ and what it portends«. In: *Journal of Aging Studies* 22, S. 196–204.

Moody, Harry R. (1988): »Toward a Critical Gerontology: The Contribution of the Humanities to Theories of Aging«. In: James E. Birren/Vern L. Bengtson (Hg.), *Emergent Theories of Aging*, New York: Springer, S. 19–40.

Moody, Harry R. (1993): »Overview: What Is Critical Gerontology and Why Is It Important?« In: Thomas R. Cole/W. Andrew Achenbaum/ Patricia L. Jakobi/Robert Kastenbaum (Hg.), *Voices and Visions of Aging: Toward a Critical Gerontology*, New York: Springer, S. xv–xli.

Moody, Harry R. (2005): »From Successful Aging to Conscious Aging«. In: May L. Wykle/Peter J. Whitehouse/Diana L. Morris (Hg.), *Successful Aging Through the Life Span*, New York: Springer, S. 55–68.

Moody, Harry R. (2007): »Justice between generations: the recent history of an idea«. In: Miriam Bernard/Thomas Scharf (Hg.), *Critical Perspectives on Ageing Societies*, Bristol: The Policy Press, S. 125–138.

Moritz, Susanne (2013): *Staatliche Schutzpflichten gegenüber pflegebedürftigen Menschen*, Baden-Baden: Nomos.

Moulaert, Thibauld/Biggs, Simon (2012): »International and European policy on work and retirement: Reinventing critical perspectives on active ageing and mature subjectivity«. In: *Human Relations* 66, S. 23–43.

Myles, James (1984): *Old age in the welfare state*, Lawrence: University of Kansas Press.

Naegele, Gerhard (1978): *Soziale Ungleichheit im Alter*, Köln: Hanstein.

Naegele, Gerhard (2013): »Handlungsfelder einer zukunftsgerichteten Alterssozialpolitik«. In: *Aus Politik und Zeitgeschichte* 63, S. 18–23.

Naegele, Gerhard/Tews, Hans Peter (Hg.) (1993): *Lebenslagen im Strukturwandel des Alters. Alternde Gesellschaft – Folgen für die Politik*, Opladen: Westdeutscher Verlag.

Neckel, Sighard (2003): »Kampf um Zugehörigkeit. Die Macht der Klassifikation«. In: *Leviathan* 31, S. 159–167.

Nelson, Todd D. (2007): »Ageism and Discrimination.« In: James E. Birren (Hg.), *Encyclopedia of Gerontology*, Amsterdam et al.: Elsevier, S. 57–64.

Neugarten, Bernice L. (1974): »Age Groups in American Society and the Rise of the Young-Old«. In: *Annals of the American Academy of Political and Social Science* 415, S. 187–198.

Neuhold, Petra/Scheibelhofer, Paul (2010): »Provincialising Multiculturalism«. In: *Prokla* 158, S. 85–100.

Nullmeier, Frank (2009): »Soziale Gerechtigkeit – ein politischer ›Kampfbegriff‹?«. In: *Aus Politik und Zeitgeschichte*, Ort: Verlag, 47, S. 9–14.

Nullmeier, Frank/Wrobel, Sonja (2005): »Gerechtigkeit und Demographie«. In: Judith Kerschbaumer/Wolfgang Schroeder (Hg.), *Sozialstaat und demographischer Wandel*, Wiesbaden: VS, S. 21–42.

OECD (2014): *Renten auf einen Blick 2013. OECD- und G20-Länder – Indikatoren*, OECD Publishing.

Offe, Claus (2006): *Strukturprobleme des kapitalistischen Staates. Aufsätze zur Politischen Soziologie.* Veränderte Neuauflage, hg. von Jens Borchert und Stephan Lessenich, Frankfurt/New York: Campus.

Ostner, Ilona (1995): »Arm ohne Ehemann? Sozialpolitische Regulierung von Lebenschancen für Frauen im internationalen Vergleich«. In: *Aus Politik und Zeitgeschichte* 36-37, S. 3–12.

Öberg, Peter (1996): »The Absent Body – A Social Gerontological Paradox«. In: *Ageing and Society* 16, S. 701–719.

Parsons, Talcott (1942): »Age and Sex in the Social Structure of the United States«. In: *American Sociological Review* 7, S. 604–616.

Phillipson, Chris (1982): *Capitalism and the construction of old age*, London: Macmillan.

Phillipson, Chris (1993): »The Sociology of Retirement«. In: John Bond/Peter Coleman/Sheila Peace (Hg.), *Ageing in Society*, London et al.: Sage, S. 180–199.

Phillipson, Chris (1998): *Reconstructing Old Age. New Agendas in Social Theory*, London et al.: Sage.

Phillipson, Chris (1999): »The Social Construction of Retirement«. In: Meredith Minkler/Caroll L. Estes (Hg.), *Critical Gerontology: Perspectives from Political and Moral Economy*, Amityville, NY: Baywood, S. 315–327.

Phillipson, Chris/Baars, Jan (2007): »Social theory and social ageing«. In: John Bond/Sheila Peace/Freya Dittmann-Kohli/Gerben J. Westerhof (Hg.), *Ageing in Society*, London et al.: Sage, S. 68–84.

Piketty, Thomas (2014): *Das Kapital im 21. Jahrhundert*, München: C. H. Beck.

Polivka, Larry/Longino, Charles F. (2006): »The Emerging Postmodern Culture of Aging and Retirement Security«. In: Jan Baars/Dale Dannefer/Chris Phillipson/Alan Walker (Hg.), *Aging, Globalization, and Inequality*, Amityville, NY: Baywood, S. 183–204.

Powell, Jason L. (2006): *Social Theory and Aging*, Lanham et al.: Rowman & Littlefield.

Prahl, Hans-Werner/Schroeter, Klaus R. (1996): *Soziologie des Alterns. Eine Einführung*, Paderborn: Schöningh.

Quéniart, Anne/Charpentier, Michèle (2011): »Older women and their representations of old age: a qualitative analysis«. In: *Ageing and Society* 31, S. 1–25.

Raab, Heike (2007): »Intersektionalität in den Disability Studies«. In: Anne Waldschmidt/Werner Schneider (Hg.), *Disability Studies, Kultursoziologie und Soziologie der Behinderung*, Bielefeld: transcript, S. 129–148.

Reckwitz, Andreas (2008): »Der Identitätsdiskurs. Zum Bedeutungswandel einer sozialwissenschaftlichen Semantik«. In: Andreas Reckwitz (Hg.), *Unscharfe Grenzen. Perspektiven der Kultursoziologie*, Bielefeld: transcript, S. 47–67.

Reindl, Josef (2009): »Die Abschaffung des Alters. Eine Kritik des optimistischen Alternsparadigmas«. In: *Leviathan* 37, S. 160–172.

Reinhard, Rebekka/Vašek, Thomas (2019): »Generationenkonflikt: Der Rebell in uns«. In: *Zeitonline*, 17.11.2019, URL: https://www.zeit.de/kultur/2019-11/generationenkonflikt-jung-alt-lebensstil-digitali sierung-klimaschutz [gesehen am 3. Mai 2020].

Richter, Emanuel (2020): *Seniorendemokratie. Die Überalterung der Gesellschaft und ihre Folgen für die Politik*, Berlin: Suhrkamp.

Ricœur, Paul (1992): *Oneself as another*, Chicago: University of Chicago Press.

Riley, Matilda W./Foner Anne/Riley, John W. (1999): »The Aging and society paradigm«. In: Vern L. Bengtson/K. Warner Schaie (Hg), *Handbook of Theories of Aging*, New York: Springer, S. 327–342.

Riley, Matilda W./Johnson, Marilyn/Foner, Anne (Hg.) (1972): *Aging and society: A sociology of age stratification*, Vol. 3, New York: Russel Sage Foundation.

Riley, Mathilda W./Riley, John W. (1992): »Individuelles und gesellschaftliches Potential des Alterns«. In: Paul B. Baltes/Jürgen Mittelstraß (Hg.), *Zukunft des Alterns und gesellschaftliche Entwicklung*, Berlin/New York: Walter de Gruyter, S. 437–459.

Rosenmayr, Leopold (1978): »Grundlagen eines soziologischen Studiums des Alterns«. In: Leopold Rosenmayr/Hilde Rosenmayr (Hg.), *Der alte Mensch in der Gesellschaft*, Reinbek: Rowohlt, S. 21–45.

Rosenmayr, Leopold (1983): *Die späte Freiheit. Das Alter, ein Stück bewußt gelebten Lebens*, Berlin: Siedler.

Rosenmayr, Leopold (1991): »Sozialgerontologie«. In: Wolf Dieter Oswald et al. (Hg.), *Gerontologie. Medizinische, psychologische und sozialwissenschaftliche Grundbegriffe*, Stuttgart: Kohlhammer, S. 530–538.

Rosenmayr, Leopold (1995): »Theorie und Praxis: Bemerkungen zur Altersforschung«. In: *Soziologie* 1-2, S. 138–146.

Rosenmayr, Leopold (1996): *Altern im Lebenslauf. Soziale Position, Konflikt und Liebe in den späten Jahren*, Göttingen: Vandenhoeck & Ruprecht.

Rosenmayr, Leopold (1999): »›Vor Greisengrau steh auf‹. Alte Menschen im Spiegel der Geschichte und der Kulturen«. In: Annette Niederfranke/Gerhard Naegele/Eckart Frahm (Hg.), *Funkkolleg Altern 1. Die vielen Gesichter des Alterns*, Wiesbaden: Westdeutscher Verlag, S. 51–99.

Rosenmayr, Leopold (2002): »Die neue Kultur des Alterns«. In: Fred Karl/Kirsten Aner (Hg.): *Die ›neuen Alten‹ – revisited*, Kassel: Kassel University Press, S. 155–160.

Rosenmayr, Leopold (2003): »Soziologische Theorien des Alterns und der Entwicklung im späten Leben«. In: Fred Karl (Hg.), *Sozial- und verhaltenswissenschaftliche Gerontologie*, Weinheim/München: Juventa, S. 19–44.

Rothermund, Klaus (2009): »Altersstereotype – Struktur, Auswirkungen, Dynamiken«. In: Josef Ehmer/Olfried Höffe (Hg.), *Bilder des Alterns im Wandel*, Stuttgart: Wissenschaftliche Verlagsgesellschaft, S. 139–149.

Rowe, John W./Kahn, Robert L. (1998): *Successful Aging*, New York: Dell Trade Paperback.

Rubinstein, Robert L. (1990): »Nature, Culture, Gender, Age: A Critical Review«. In: Robert L. Rubinstein/J. Keith/D. Shenk/D. Wieland (Hg.), *Anthropology and Aging*, Dordrecht et al.: Kluwer, S. 109–128.

Rudmann, Debbie Laliberte (2006): »Shaping the active, autonomous and responsible modern retiree«. In: *Ageing and Society* 26, S. 181–201.

Ruth, Jan-Erik/Kenyon, Gary (1996): »Biography in adult development and aging«. In: James E. Birren/Gary Kenyon/Jan-Erik Ruth/Johannes J. F. Schroots/Torbjorn Svensson (Hg.), *Ageing and Biography: Explorations in Adult Development*, New York: Springer, S. 1–20.

Ryder, Norman B. (1965): »The Cohort as a Concept in the Study of Social Change«. In: *American Sociological Review* 30, S. 843–861.

Saake, Irmhild (2002): »Wenig Neues vom Alter: Ein systemtheoretischer Ausweg aus gerontologischen Denkschleifen«. In: Ursula Dallinger/Klaus R. Schoeter (Hg.), *Theoretische Beiträge zur Alternssoziologie*, Opladen: Leske + Budrich, S. 275–296.

Saake, Irmhild (2006): *Die Konstruktion des Alters. Eine gesellschaftstheoretische Einführung in die Alternsforschung*, Wiesbaden: VS.

Sackmann, Reinhold (2018): »Demographie als Herausforderung für die Soziologie«. In: Klaus R. Schroeter/Harald Künemund/Claudia Vogel (Hg.), *Handbuch Soziologie des Alter(n)s*, Wiesbaden: Springer, S. 1–23, URL: https://doi.org/10.1007/978-3-658-09630-4_5-1 [gesehen am 5. Juni 2020].

Said, Edward W. (1994): *Orientalism*, New York: Penguin.

Sandberg, Linn (2008): »The Old, the Ugly and the Queer: thinking old age in relation to queer theory«. In: *Graduate Journal of Social Science* 5, S. 117–139.

Sauer, Birgit (2017): »Gesellschaftstheoretische Überlegungen zum europäischen Rechtspopulismus. Zum Erklärungspotenzial der Kategorie Geschlecht«. In: *Politische Vierteljahresschrift* 58 (1), S. 1–20.

Schachtner, Christel (1988): *Störfall Alter. Für ein Recht auf Eigen-Sinn*, Frankfurt a. M.: Fischer.

Schelsky, Helmut (1965): »Paradoxien des Alters in der modernen Gesellschaft«. In: Helmut Schelsky (Hg.), *Auf der Suche nach Wirklichkeit*, Düsseldorf/Köln: Eugen Diedrichs, S. 198–221.

Scherf, Henning (2008): *Grau ist bunt. Was im Alter möglich ist*, Freiburg: Herder.

Scherger, Simone (Hg.) (2015): *Paid Work beyond Pension Age. Comparative Perspectives*, Houndmills: Palgrace Macmillan.

Schimany, Peter (2003): *Die Alterung der Gesellschaft. Ursachen und Folgen des demographischen Umbruchs*, Frankfurt a. M.: Campus.

Schirrmacher, Frank (2004): *Das Methusalem-Komplott*, München: Blessing.

Schmähl, Winfried (2011): »Der Paradigmenwechsel in der Alterssicherungspolitik: Die Riester-Reform von 2001«. In: *Soziale Sicherheit* 12, S. 405–414.

Schmidt, Manfred G. (2015): »Alter und Politik: Auf dem Weg in die Gerontokratie«. In: Landeszentrale für politische Bildung Baden-Württemberg (Hg.), *Der Bürger im Staat, Heftschwerpunkt »Alter(n)«*, 2-3/2015, S. 88–94.

Schmitz, Jutta (2015): »Lust oder Frust? Erwerbstätigkeit im Rentenalter im Kontext aktueller Deutungen«. In: Landeszentrale für politische Bildung Baden-Württemberg (Hg.), *Der Bürger im Staat, Heftschwerpunkt »Alter(n)«*, 2-3/2015, S. 111–119.

Schroeter, Klaus R. (2000a): »Alter(n) in Figurationen – Figurative Felder im Alter«. In: Gertrud M. Backes (Hg.), *Soziologie und Alter(n)*, Opladen: Leske + Budrich, S. 109–138.

Schroeter, Klaus R. (2000b): »Die Lebenslage älterer Menschen im Spannungsfeld zwischen ›später Freiheit‹ und ›sozialer Disziplinierung‹.« In: Gertrud M. Backes/Wolfgang Clemens (Hg.), *Lebenslagen im Alter*, Opladen: Leske + Budrich, S. 31–52.

Schroeter, Klaus R. (2002): »Zur Allodoxie des ›erfolgreichen‹ und ›produktiven Alter(n)s‹«. In: Gertrud M. Backes/Wolfgang Clemens (Hg.), *Die Zukunft der Soziologie des Alter(n)s*, Opladen: Leske + Budrich, S. 85–110.

Schroeter, Klaus R. (2007): »Zur Symbolik des korporalen Kapitals in der ›alterslosen Altersgesellschaft‹«. In: Ursula Pasero/Gertrud M.

Backes/Klaus R. Schroeter (Hg.), *Altern in Gesellschaft. Ageing – Diversity – Inklusion*, Wiesbaden: VS, S. 129–148.

Schroeter, Klaus R./Künemund, Harald (2010): »›Alter‹ als Soziale Konstruktion – eine soziologische Einführung«. In: Kirsten Aner/Ute Karl (Hg.), *Handbuch Soziale Arbeit und Alter*, Wiesbaden: VS, S. 393–401.

Schultz, Susanne (2013): »Familienpolitik und die ›demografische Chance‹. Zur postkatastrophistischen Phase einer neuen deutschen Bevölkerungspolitik«. In: *Prokla* 173, S. 539–562.

Schulz, James H./Binstock, Robert H. (2006): *Aging Nation. The Economics and Politics of Growing Older in America*, Westport/London: Praeger.

Schwaiger, Liz (2006): »To Be Forever Young?« In: *International Journal of Ageing and Later Life* 1, S. 11–41.

Seils, Eric (2013): »Armut im Alter – aktuelle Daten und Entwicklungen«. In: *WSI Mitteilungen* 66, S. 360–368.

Sennett, Richard (1998): *Der flexible Mensch. Die Kultur des neuen Kapitalismus*, Berlin: Berlin-Verlag.

Seydack, Niclas (2020): »Corona-Krise: Danke für Nichts«. In: *ZEIT Campus*, 15. 06.2020, URL: https://www.zeit.de/campus/2020-06/corona-krise-generationenkonflikt-verschuldung-studenten-berufsanfaenger [gesehen am 16. Juni 2020].

Sinn, Hans-Werner (2014): »Deutsche Gerontokratie«. In: *Wirtschafts-Woche*, 07.06.2014, S. 37.

Sommer, Moritz/Rucht, Dieter/Haunss, Sebastian/Zajak, Sabrina (2019): *Fridays for Future. Profil, Entstehung und Perspektiven der Protestbewegung in Deutschland*, ipb Working Paper 2/2019, Berlin: Institut für Protest- und Bewegungsforschung.

Sontag, Susan (1972): »The Double Standard of Aging«. In: *Saturday Review*, S. 29–38.

SPD (2002): *Erneuerung und Zusammenhalt. Regierungsprogramm 2002-2006*, Berlin: SPD.

SPIEGEL (1989): »Es wird erbarmungslose Kämpfe geben«, Heft 31.

SPIEGEL (2000): »Ölwechsel für den Körper«, Heft 17.

Spindler, Mone (2009): »Natürlich alt? Zur Neuerfindung der Natur des Alter(n)s in der Anti-Ageing-Medizin und der Sozialgerontologie«. In: Silke van Dyk/Stephan Lessenich (Hg.), *Die jungen Alten*, Frankfurt/New York: Campus, S. 380–402.

Spindler, Mone (2014): *›Altern ja – aber gesundes Altern‹. Die Neugründung der Anti-Aging-Medizin in Deutschland*, Wiesbaden: Springer VS.

Stäheli, Urs (2000): *Poststrukturalistische Soziologien*, Bielefeld: transcript.

Staiger, Martin (2019): »Grundrente: Vermurkster Kompromiss«. In: *Blätter für deutsche und internationale Politik* 12/2019, S. 13–16.

Statistisches Bundesamt (Hg.) (2012): *Berechnung von Periodensterbetafeln*, Wiesbaden.

Stein, Gerd (1984): *Die edlen Wilden. Die Verklärung von Indianern, Negern und Südseeinsulanern auf dem Hintergrund der kolonialen Greuel*, Frankfurt a. M.: Fischer.

Straubhaar, Thomas (2014): »Gerontokratie: Raffgier-Herrschaft der Alten muss gestoppt werden«. In: Die Welt, 18.11.2014, URL: https://www.welt.de/wirtschaft/article134454250/Raffgier-Herrschaft-der-Alten-muss-gestoppt-werden.html [gesehen am 3. Mai 2020].

Tartler, Rudolf (1961): *Das Alter in der modernen Gesellschaft*, Stuttgart: Enke.

taz (die tageszeitung) (1994): »Am liebsten ›unwürdige Greisin‹«, 26. Juli 1994.

Tews, Hans Peter (1993): »Neue und alte Aspekte des Strukturwandels des Alters«. In: Gerhard Naegele/Hans Peter Tews (Hg.), *Lebenslagen im Strukturwandel des Alters*, Opladen: Westdeutscher Verlag, S. 15–42.

Therborn, Göran (2009): »The killing fields of inequality«. In: *eurozine*.

Tokarski, Walter/Karl, Fred (1989): »Die ›neuen‹ Alten. Zur Einordnung eines ambivalenten Begriffes«. In: Fred Karl/Walter Tokarski (Hg.), *Die ›neuen‹ Alten. Beiträge zur XVII. Jahrestagung der Deutschen Gesellschaft für Gerontologie*, Kassel: Kassel University Press, S. 9–12.

Tokarski, Walter (1998): »Alterswandel und veränderte Lebensstile«. In: Wolfgang Clemens/Gertrud M. Backes (Hg.), *Altern und Gesell-*

schaft. Gesellschaftliche Modernisierung durch Altersstrukturwandel, Opladen: Leske + Budrich, S. 109–120.

Tornstam, Lars (1992): »The Quo Vadis of Gerontology: On the Scientific Paradigm of Gerontology«. In: *The Gerontologist* 32, S. 318–326.

Tornstam, Lars (1997): »Gerotranscendence: The Contemplative Dimension of Aging«. In: *Journal of Aging Studies* 11, S. 143–154.

Townsend, Peter (1981): »The Structured Dependency of the Elderly«. In: *Ageing and Society* 1, S. 5–28.

Townsend, Peter (2006): »Policies for the aged in the 21st century: more ›structured dependency‹ or the realisation of human rights?« In: *Ageing and Society* 26, S. 161–179.

Tönnies, Ferdinand (2005 [1887]): *Gemeinschaft und Gesellschaft. Grundbegriffe der reinen Soziologie,* Darmstadt: Wissenschaftliche Buchgesellschaft.

Tremmel, Jörg (2008): »Rentnerrepublik: Barrieren gegen die Gerontokratie«. In: *Zeit online,* 01.05.2008, URL: https://www.zeit.de/online/2008/19/altenrepublik [gesehen am 2. Mai 2020].

Tulle, Emmanuelle (2003): »Sense and Structure: Toward a Sociology of Old Bodies«. In: Simon Biggs/Ariela Lowenstein/Jon Hendricks (Hg.), *The Need for Theory: Critical Approaches to Social Gerontology,* Amityville, NY: Baywood, S. 91–104.

Tulle-Winton, Emanuelle (1999): »Growing old and resistance: towards a new cultural economy of old age?« In: *Ageing and Society* 19, S. 281–299.

Turner, Bryan S. (1995): »Aging and identity: Some reflections on the somatization of the self«. In: Mike Featherstone/Andrew Wernick (Hg.), *Images of aging. Cultural representations of later life,* London/New York: Routledge, S. 245–262.

Twigg, Julia (2004): »The body, gender, and age: Feminist insights in social gerontology«. In: *Journal of Aging Studies* 18, S. 59–73.

Twigg, Julia/Martin, Wendy (Hg.) (2014): *The Routledge Handbook of Cultural Gerontology,* London: Routledge.

Ulrich, Bernd (2019): »Klimapolitik: Alt und unklug«. In: *Zeit online,* 13.03.2019, URL: https://www.zeit.de/2019/12/klimapolitik-demon

stration-schueler-fridays-for-future-generationenkonflikt [gesehen am 3. Juni 2020].

Villa, Paula (2007): »Der Körper als kulturelle Inszenierung und Statussymbol«. In: *Aus Politik und Zeitgeschichte* 18, S. 18–26.

Vincent, John (2006): »Ageing contested: Anti-ageing science and the cultural construction of old age. In: *Sociology* 40, S. 681–698.

Vobruba, Georg (1983): »Prävention durch Selbstkontrolle«. In: Max Manfred Wambach (Hg.), *Der Mensch als Risiko*, Frankfurt a. M.: Suhrkamp, S. 29–48.

Vogel, Claudia/Motel-Klingebiel, Andreas (Hg.) (2013): *Altern im sozialen Wandel: die Rückkehr der Altersarmut?* Wiesbaden: Springer/VS.

Vogel, Claudia/Simsonson, Julia/Tesch-Römer, Clemens (2017): »Teilhabe älterer Menschen«. In: Elke Diehl (Hg.), *Teilhabe für alle?! Lebensrealitäten zwischen Diskriminierung und Partizipation*, Bonn: Bundeszentrale für politische Bildung, S. 44–76.

Wagner, Peter (1998): »Fest-Stellungen. Beobachtungen zur sozialwissenschaftlichen Diskussion über Identität«. In: Aleida Assmann/Heidrun Friese (Hg.), *Identitäten. Erinnerung, Geschichte, Identität 3*, Frankfurt a. M.: Suhrkamp, S. 44–72.

Wagner, Gerald (2020): »Alternde Risikogesellschaft: Die Corona-Pandemie verschärft den Generationenkonflikt«. In: *Frankfurter Allgemeine Zeitung*, 12.04.2020, URL: https://www.faz.net/aktuell/wissen/geist-soziales/wie-die-corona-pandemie-den-generationen konflikt-verschaerft-16712332.html [gesehen am 13. April 2020].

Wahl, Hans-Werner (2003): »Verhaltens- und sozialwissenschaftliche Gerontologie in ihrer geschichtlichen Entwicklung«. In: Fred Karl (Hg.), *Sozial- und verhaltenswissenschaftliche Gerontologie*, Weinheim/München: Juventa, S. 87–110.

Wahidin, Azrini/Powell, Jason L. (2003): »Reconfiguring Old Bodies: From the Biomedical Model to a Critical Epistemology«. In: *Sincronia*, S. 1–12.

Walgenbach, Katharina (2007): »Gender als interdependente Kategorie«. In: Katharina Walgenbach/Gabriele Diezte/Antje Hornscheidt/Kerstin Palm (Hg.), *Gender als interdependente Kategorie*, Opladen/Farmington Hills: Barbara Budrich, S. 23–64.

Walker, Alan (1981): »Towards a Political Economy of Old Age«. In: *Ageing and Society* 1, S. 73–94.

Walker, Alan (1999): »Public Policy and Theories of Aging: Constructing and Reconstructing Old Age«. In: Vern L. Bengtson/K. Warner Schaie (Hg.), *Handbook of Theories of Aging*, New York: Springer, S. 361–378.

Walker, Alan (2002): »A strategy for active ageing«. In: *International Social Security Review* 55, S. 121–139.

Walker, Alan (2006): »Reexamining the Political Economy of Aging: Understanding the Structure/Agency Tension«. In: Jan Baars/Dale Dannefer/Chris Phillipson/Alan Walker (Hg.), *Aging, Globalization, and Inequality*, Amityville, NY: Baywood, S. 59–80.

Warnes, Tony/Phillips, Judith (2007): »Progress in Gerontology: where are we going now?« In: Miriam Bernard/Thomas Scharf (Hg.), *Critical Perspectives on Ageing Societies*, Bristol: Policy Press, S. 139–154.

Wartenpfuhl, Birgit (2000): *Dekonstruktion von Geschlechtsidentität – Transversale Differenzen*, Opladen: Leske + Budrich.

Weber, Max (1984 [1921]): *Wirtschaft und Gesellschaft*, Tübingen: J. C. B. Mohr.

Wehling, Peter/Viehöver, Willy/Keller, Reiner/Lau, Christoph (2007): »Zwischen Biologisierung des Sozialen und neuer Biosozialität: Dynamiken der biopolitischen Grenzüberschreitung«. In: *Berliner Journal für Soziologie* 17, S. 547–567.

Westdeutsche Zeitung (2020): *Laschet fordert Nachdenken über durch Corona-Lockdown verursachte Schäden*. In: URL: https://www.wz.de/politik/landespolitik/laschet-fordert-nachdenken-ueber-durch-corona-lockdown-verursachte-schaeden_aid-50253821 [gesehen am 15. Juni 2020].

Westerhof, Gerben J./Barrett, Anne E./Steverink, Nardi (2003): »Forever Young?« In: *Research on Aging* 25, S. 366–383.

Westerhof, Gerben J./Tulle, Emmanuelle (2007): »Meanings of ageing and old age«. In: John Bond/Sheila Peace/Freya Dittmann-Kohli/Gerben J. Westerhof (Hg.), *Ageing in Society*, London et al.: Sage, S. 235–254.

von Wiese, Leopold (1954): »Über das Alter«. In: Ders., *Spätlese*, Köln/Opladen: Westdeutscher Verlag, S. 29–38.

Winker, Gabriele/Degele, Nina (2009): *Intersektionalität. Zur Analyse sozialer Ungleichheiten*, Bielefeld: transcript.

Woodward, Kathleen (1991): *Aging and its discontents. Freud and other fictions*, Bloomington/Indianapolis: Indiana University Press.

Wurm, Susanne/Schöllgen, Ina/Tesch-Römer, Clemens (2010): »Gesundheit«. In: Andreas Motel-Klingebiel/Susanne Wurm/Clemens Tesch-Römer (Hg.), *Alter im Wandel. Befunde des Deutschen Alterssurveys (DEAS)*, Stuttgart: Kohlhammer, S. 90–117.

Zaidi, Asghar/Gasior, Katrin (2011): »Armut und Deprivation älterer Menschen in Europa«. In: Lutz Leisering (Hg.), *Die Alten der Welt. Neue Wege der Alterssicherung im globalen Norden und Süden*, Frankfurt/New York: Campus, S. 77–112.

Ziguras, Christopher (2004): *Self-Care. Embodiment, Personal Autonomy and the Shaping of Health Consciousness*, London/New York: Routledge.